客户世界管理—运营—技能基准系列

呼叫中心运营与管理

赵 溪 主编

清华大学出版社
北 京

内 容 简 介

呼叫中心产业在中国的发展已走过了十多个年头，随着国内应用呼叫中心的企业逐渐将工作重点转向关注运营管理的成熟度，正在有越来越多的呼叫中心本着结合行业实际状况和需求的原则，积极探索和逐步形成一整套适合中国特定市场环境的运营管理方法。

本书结合 CC-CMM 呼叫中心能力成熟度模型，从四个篇章：基础篇、规划篇、运营篇、技能篇为大家揭示呼叫中心运营与管理的精髓。通过对呼叫中心发展历程、现场管理技巧、胜任力要求等描述，为中国呼叫中心中层管理人员的成长提供了有益借鉴。

本书封面贴有清华大学出版社防伪标签，无标签者不得销售。

版权所有，侵权必究。举报：010-62782989，beiqinquan@tup.tsinghua.edu.cn。

图书在版编目(CIP)数据

呼叫中心运营与管理 / 赵溪 主编. —北京：清华大学出版社，2010.10（2023.3重印）
 ISBN 978-7-302-23785-3

Ⅰ. 呼… Ⅱ. 赵… Ⅲ. 无线电通信—电话业务—企业管理 Ⅳ. F626.13

中国版本图书馆 CIP 数据核字(2010)第 171237 号

责任编辑：张立红　高晓晴
封面设计：许文婷
版式设计：康　博
责任校对：胡雁翎
责任印制：丛怀宇

出版发行：清华大学出版社
　　　　　http://www.tup.com.cn
社　总　机：010-83470000
投稿与读者服务：010-62776969，c-service@tup.tsinghua.edu.cn
质　量　反　馈：010-62772015，zhiliang@tup.tsinghua.edu.cn
地　　　址：北京清华大学学研大厦A座
邮　　编：100084
邮　　购：010-62786544

印 装 者：北京同文印刷有限责任公司
经　　销：全国新华书店
开　　本：185mm×230mm　印　张：26.75　字　数：508 千字
版　　次：2010 年 10 月第 1 版　印　次：2023 年 3 月第 13 次印刷
定　　价：68.00 元

产品编号：037879-02

本书编委会

主　编：赵　溪

副主编：罗　隽　宋依锋

编　委：葛舜卿　杨　萍　陈小妃　何志环
　　　　嵇赟华　王　超　胡捷伦

总　　序

当众多中国企业在试图建立核心竞争力时，我们很少见到有哪个企业着眼于以客户关怀、客户关系管理为基础的核心竞争力。

中国企业做大的情节根深蒂固，但方式无非是资本运作，收购兼并，"市场运作"(点子炒作，"一招鲜"打天下)，政策取巧。

中国有着越来越多的"全球500大"企业，但那常常是沾垄断或国家意志之光，鲜有企业依赖战略管理创新，更没有什么企业依赖客户亲密度(customer intimacy)。

随着市场机制的完善，在还没有真正见到"500强"时，我们首先看到的是效益滑坡，豪言落空，骗局曝光，法人遁空。

大多数的竞争优势都是短暂的，因为许多今天看起来是竞争优势的东西过不了多久就成为竞争必需。而失去竞争优势的企业除了出局外，至多也只能不赚不亏。

企业发展竞争优势的道路有多种，以技术创新、地域延伸为基础的竞争优势变得越来越缺乏差异性。而以客户关怀、客户关系服务为基础，可以发展出多种差异性的竞争优势。

遗憾的是，国内的企业很少有成熟经验，即使是最优秀的中国企业，其客户关怀的理解也常常局限在"上门服务，进门铺布脱鞋"的层面。

国际企业的表现常常被误读，比如DELL的成功不是被以"酸葡萄"眼光歪曲，就是理解成"直销分销优劣"之争。

东方文化传统中本来对服务的理解就非常有限，日文中的"服务"与免费常常是同一意义，而中国长期以来只有身不由己的伺候，没有用以创造客户体验，进而换取商业回报的"服务"。

现在已经非常普及的 MBA 教育中能够传授此道的师资也极为匮乏。众多的 MBA 在校或毕业生听惯了经济学大师或策划大师的讲座，听完我的演讲常常感觉似乎是另一套全新学问。

企业以客户资产的建立为中心而发展的战略、组织、流程、人员管理、技能、技术的行为可以涵盖多个方面，如同《客户世界》在封面上列出的各类：客户服务、客户关系、客户分析、客户挽留、客户忠诚、客户互动、客户洞察、客户关怀、客户获取、客户满意、客户发展、客户体验等等。

为了将这些方面的研究与实践系统化，我们推出了这套"客户世界管理—运营—技能基准系列"丛书。希望其中每一本书的出版对于国内的专业教育与自由探讨都会带来帮助与启迪。

我们期望着越来越多的企业把眼光放到客户身上，不断打造基本功，在客户关怀上通过创新建立竞争优势，让中国的广大客户在市场经济中体会、享受本应有的企业"以人为本"后带来的感觉。

我们更希望看到作者队伍的不断壮大与读者群的迅速成长、实际工作者实践范围的扩展，同步于中国社会的文明与经济的进步。

"试看将来的世界，必定是客户的世界！"

2004 年 8 月 7 日，旅行途中于太原国贸大酒店

袁道唯，爱立信(中国)商业咨询部总经理，首席咨询师。同时兼任《客户世界》杂志总编辑，同济大学经管学院顾问教授。出生于上海。20 世纪 80 年代初赴美，先后获美国南加州大学生物工程硕士和心理学哲学博士，在加州大学尔湾分校进行生物数据处理博士后研究。1993 年后担任过百老汇连锁百货公司财务系统专家，美国亚洲商联的首席资讯长等职。1998 年回国在北京组建九五资讯并任首任总裁。以后历任戴尔(中国)直销部总监，中国惠普电子销售部总经理，咨询事业部管理咨询总监等职。长期从事呼叫中心，互联网业务开发，直复营销，数据库营销与客户关系的高层管理与客户咨询。

序

进入21世纪的第二个十年,可以真切地感受到与客户相关的现代产业的蓬勃发展。人类的经济活动已完全由生产主导到需求主导,并开始进入真正以客户为中心的时代。企业无论大小、产品与商业模式无论是复杂还是简单,客户互动、客户服务和客户管理,都越来越成为企业成功的核心因素之一。呼叫中心最初只是作为一个"通讯增值业务"出现在计算机和现代通讯的集成应用领域。而现在它已经成为企业客户互动的核心载体和主要渠道。可以断言,信息时代商务形态的持续变革,必将推动呼叫中心逐步成为企业的核心竞争力之一。

呼叫中心运营与管理的根本目标当然是按照公司战略的要求提升整体绩效。问题是如何提升。我们总是看到一个普遍存在的现象,即从一线从业人员到后台支持人员再到管理层,总是忙于日常事务和管理工作的执行,而忽略设计、规划与系统优化。企业运营中的问题通常都是以具体的、细节的方式表现出来的,但究其本质往往是系统性问题。解决这些问题切忌"头痛医头,脚痛医脚",而必须用系统的方法来解决细节问题。只有通过设计、执行、监控与评估这三个环节的周而复始,才能实现系统持续优化,从而提升呼叫中心的整体绩效。呼叫中心的运营管理需要科学的方法和有效的执行。

提升呼叫中心的运营与管理水平,"人"无疑是决定性因素。在中国呼叫中心产业快速发展的同时,运营管理水平的提升相对滞后,其中尤以从业人员队伍专业化程度较低的问题最为突出。或者说,符合高水平呼叫中心运营与管理所需要的专业化人才供给严重不足。

呼叫中心的从业人员尽管可以通过工作实践积累经验,从而提高自身的业务能力。但是很多情况下,他们所要面对的问题常常是超出他们实践所获得的有限经验的,特别是缺乏对于呼叫中心运营的系统性、整体性的认识。这样的成长方式和成长速度显然不能适应呼叫中心成长的需要。呼叫中心从业人员需要在工作实践的基础上，开展专业的、系统性的学习，并结合工作实践从而提升自身能力。他们不仅需要掌握与自身从事的业务单元有关的专业技能，同时必须对整个呼叫中心的全景图有相当的了解，只有这样才有可能获得更大的成长空间。这不仅会影响从业人员的个人成长，更为重要的是，这将关系到整个呼叫中心产业的健康、持续发展。

  本书的基本定位是为呼叫中心中层管理人员提供一本有体系的学习教材。本书的编撰团队非常专业，既有系统性、理论性，又与现阶段中国呼叫中心业务运营实践紧密相连。

  祝愿朋友们，能通过本书的学习有所收获，并在工作实践中得到应用，从而不断成长。

刘钢

于 2010 年 8 月 7 日深夜

  刘钢：复旦大学国家示范性软件学院副院长、CC-CMM 国际标准研究中心副主任、电子商务研究中心副主任。中国呼叫中心产业能力建设管理规范专家委员会副主任委员。中国电子商务协会通信分会副秘书长。担任多家企业和地方政府高级顾问。

前 言

近年来，呼叫中心产业在中国的发展算得上是高歌猛进了。从社会经济学的角度来看，呼叫中心已被各行业广泛应用，社会认可度不断上升，社会依赖性越来越强，尤其是其创造的社会价值和经济价值已越来越引人注目。从呼叫中心自身发展而言，管理渐趋精细化、人性化、成熟化和系统化。呼叫中心的类型也越来越多，从客户服务到产品销售，从便民服务到外包服务……其类型的增多说明了呼叫中心定位的丰富性与广泛性。从呼叫中心产业的发展角度而言，产业交流大会、专业杂志、专业网站等媒介为专业化交流打开了方便之门；行业评选、行业认证等工作的逐步成熟为产业的发展发挥了引领的作用。

与此同时，我们也看到与一些国家的呼叫中心行业相比，我们仍处在起步阶段；我们的产业规范还未正式建立，配套设施还有待进一步完善，我们的运营能力还需要进一步提高，运作模式还需要更加灵活。与我们自身的期望相比，我们似乎还不能为每个项目定制最恰当的流程，也不能有效地降低员工流失率，我们对客户忠诚度的把握总显得有些无能为力，为新产品设计的引导还欠缺功力；与客户或者社会对我们的期望相比，我们的价值还不能被社会最深刻地挖掘，我们的整体表现总会有不尽如人意之处。一句话的感觉就是：我们还不够成熟。

评价一个行业成熟度的标准在行业间似乎是大同小异的：社会认可度、行业规范度、价值创造力、迎合社会期望的能力、发展速度的稳定度、目标的明确度等。如此说来，对照每个标准，呼叫中心行业离成熟的距离不远，但也需要我们的追赶。

套用那句老话就是，机遇与挑战同在。

呼叫中心发展到今天，对于每一个从业人员来讲，有值得欣慰之处，值得骄傲之地，也有值得憧憬之点。但更让我们关注的是那些我们一直孜孜以求的、亟待改进与提高的关键点。在这些关键点中，人员的青黄不接似乎最让人心痛。铁打的呼叫前沿，流水的座席员；基层管理人员的培养似乎总是那么漫长；精英管理团队的目标似乎还有些遥远……然而对于我们每一个在呼叫中心行业奋斗的人而言，发现缺点对我们不单单是遗憾那么简单，因为这就是我们奋斗的起点！

为此，我们认真整合了产业相关的资源，务求从源头开始梳理出一些思路，用最原始的方法去做打基础的工作。本书的基本定位是为国内呼叫中心中层管理人员提供一本"有体系"的培训教材，力求为那些奋斗在呼叫中心行业中可爱的人们提供工具，让他们少走些弯路，多增添借鉴。基于 CC-CMM 呼叫中心能力成熟度模型国际标准的体系，我们形成了本书的整体框架，务求与国际接轨。本书的编撰团队的主要成员同时也是由国家发改委以及工业和信息化部共同发起的《中国呼叫中心产业能力建设管理规范》这样一个"国字号"标准的起草班底，这就保证了本书的内容体系与国家标准保持一致。在此基础上，我们将全面开发后续的国家标准培训课程体系及考核题库，务求基于规范形成系统，长期有效地对产业人才的培养发挥支撑和指导的作用！

本书的编写过程务求与现阶段中国呼叫中心机构业务运营实践保持紧密一致。我们在广泛参阅了大量实际的培训资料后，最终选定了"芒果网客户服务中心"内部使用的教材体系为基础蓝本；在此基础之上，上海微创软件公司的内部培训团队对原有体系进行了革命性地改造，形成了现今的框架；按照框架内容的要求，我们邀请了多位产业专家加入编辑团队参与编撰工作，务求最大限度地将一本务实和负责任的教材呈现给各位读者。除编委会人员之外，在此感谢严晶、李旭俊、常翔、孙飞等人为书籍编撰出版所作出的努力。

让我们一起为呼叫产业在国内的发展尽力、效力、努力！

编者

2010 年 8 月 28 日

目　录

第一篇　基　础　篇

第一章　呼叫中心管理引论 …………………………………………………… 3
　第一节　呼叫中心在企业中的应用价值 …………………………………… 3
　第二节　呼叫中心的发展历程 ……………………………………………… 5
　第三节　呼叫中心的现状和展望 …………………………………………… 8
　第四节　呼叫中心管理的策略和方法 ……………………………………… 16

第二篇　规　划　篇

第二章　呼叫中心基础建设 …………………………………………………… 23
　第一节　呼叫中心战略规划 ………………………………………………… 23
　第二节　呼叫中心组织架构规划 …………………………………………… 24
　第三节　呼叫中心信息系统规划 …………………………………………… 28
　第四节　呼叫中心空间规划 ………………………………………………… 29

第三章　呼叫中心人力资源规划 ……………………………………………… 35
　第一节　人员职责定义 ……………………………………………………… 35
　第二节　人员储备 …………………………………………………………… 41
　第三节　职业发展道路规划 ………………………………………………… 57
　第四节　人尽其才机制 ……………………………………………………… 58
　第五节　人员奖惩机制 ……………………………………………………… 61

第四章 呼叫中心运营流程规划 ·················· 65
第一节 流程创建 ·················· 66
第二节 呼叫中心的关键用户流程 ·················· 67
第三节 呼叫中心的运营支撑流程 ·················· 68

第五章 呼叫中心绩效管理规划 ·················· 71
第一节 绩效管理的定义 ·················· 71
第二节 绩效管理的意义 ·················· 73
第三节 绩效管理的实施步骤 ·················· 74
第四节 绩效考核模型参考 ·················· 80
第五节 目标管理实施模型 ·················· 87

第三篇 运 营 篇

第六章 话术与脚本管理 ·················· 93
第一节 话术及脚本撰写技巧及注意事项 ·················· 93
第二节 脚本写作的几点注意事项 ·················· 96
第三节 常用语、销售用语、疑难情景的脚本撰写 ·················· 97

第七章 现场管理 ·················· 101
第一节 现场管理的定义 ·················· 101
第二节 现场管理人员的角色与职责 ·················· 102
第三节 现场管理工作的内容与方法 ·················· 105
第四节 成功的班前班后会 ·················· 111

第八章 流程管理 ·················· 113
第一节 流程的集中式管理 ·················· 113
第二节 流程的执行度管理 ·················· 115
第三节 流程的更新管理 ·················· 116

第九章 投诉管理 ·················· 117
第一节 投诉管理的基本概念 ·················· 117

目 录

  第二节 投诉管理的意义 ··· 118
  第三节 顾客投诉管理的原理 ·· 119
  第四节 如何建立科学、高效的客户投诉管理体系 ······················· 120
  第五节 投诉处理技巧 ·· 124

第十章 人员管理 ··· 129
  第一节 服务人员的选聘 ·· 129
  第二节 人员流动管理 ·· 143
  第三节 员工激励 ··· 150
  第四节 有成效的内部沟通 ·· 161

第十一章 话务预测及排班 ·· 163
  第一节 数据的收集 ·· 163
  第二节 数据的分析 ·· 165
  第三节 确定班次及当值人数 ·· 166
  第四节 指标回顾及排班改进 ·· 167

第十二章 风险管理 ··· 171
  第一节 风险管理定义 ·· 171
  第二节 风险类型 ··· 172
  第三节 风险定性和定量分析 ·· 173
  第四节 风险规划与控制 ·· 174

第十三章 运营指标管理 ··· 177
  第一节 呼入指标 ··· 177
  第二节 呼出指标 ··· 192

第十四章 成本和效益管理 ·· 195
  第一节 成本模型 ··· 195
  第二节 成本控制方法 ·· 199
  第三节 效益提升方法 ·· 203

第四篇 技 能 篇

第十五章 培训技巧 ··· 213
    第一节 培训内容及分类 ·· 213
    第二节 培训应遵循的原则 ·· 215
    第三节 培训的特点 ·· 216
    第四节 呼叫中心培训十要素 ··· 219
    第五节 常用的培训方法 ·· 221
    第六节 培训师心理压力成因与对策 ·· 225
    第七节 培训导师姿态与眼神 ··· 228
    第八节 培训效果的评估手段 ··· 228

第十六章 质量管理 ··· 231
    第一节 质量的概念 ·· 231
    第二节 质量管理的目的和意义 ·· 232
    第三节 质量管理的基本原则 ··· 234
    第四节 服务质量提供的原则 ··· 235
    第五节 质量管理的方法 ·· 236
    第六节 质量管理常用工具 ·· 247
    第七节 关键指标监控体系的运行 ··· 254
    第八节 监控、持续监测系统 ··· 255
    第九节 监听标准和技巧 ·· 255
    第十节 监听监控的策略与技巧 ·· 259

第十七章 团队建设及管理 ··· 267
    第一节 团队的定义 ·· 267
    第二节 团队的构成要素 ·· 268
    第三节 团队的类型 ·· 274
    第四节 团队的发展阶段 ·· 277
    第五节 弹性的统一团队 ·· 284
    第六节 团队建设的四大误区 ··· 291

第七节　人员奖惩机制…………………………………………293

第十八章　流程改进能力……………………………………………297
　　　第一节　流程及流程改进的定义………………………………297
　　　第二节　流程及流程改进的作用和目的………………………299
　　　第三节　流程改进的前期准备…………………………………299
　　　第四节　流程分析、设计和优化………………………………300
　　　第五节　流程框架的构建………………………………………301
　　　第六节　流程的验证、测评……………………………………316
　　　第七节　进行流程的标准化及落实流程的培训………………318
　　　第八节　制定流程推行计划及流程的推行……………………319
　　　第九节　流程维护及持续改进…………………………………320

第十九章　压力管理…………………………………………………323
　　　第一节　压力的真相……………………………………………324
　　　第二节　压力是弹簧，你弱它就强……………………………325
　　　第三节　压力VS动力…………………………………………328
　　　第四节　压力源…………………………………………………330
　　　第五节　压力管理的内容………………………………………331
　　　第六节　压力管理的具体措施…………………………………333

第二十章　时间管理…………………………………………………337
　　　第一节　什么是时间……………………………………………337
　　　第二节　每个人的一生有多少时间……………………………338
　　　第三节　时间重要性……………………………………………338
　　　第四节　什么是时间管理………………………………………339
　　　第五节　时间管理目的…………………………………………345
　　　第六节　时间管理三部曲………………………………………345
　　　第七节　如何利用自己的时间…………………………………349
　　　第八节　如何对待别人的时间…………………………………357

第二十一章 高效执行力 ································ 359
第一节 什么是执行力 ································ 359
第二节 有效提升个人执行力 ·························· 360
第三节 提升个人执行力的关键 ························ 364
第四节 怎样提升下属的执行力 ························ 369
第五节 提升团队执行力的主要方法 ···················· 377

第二十二章 沟通技巧 ···································· 391
第一节 沟通的重要性 ································ 391
第二节 沟通失败的原因 ······························ 393
第三节 有效的沟通技巧 ······························ 397

第二十三章 报表管理 ···································· 403
第一节 报表的种类 ·································· 403
第二节 报表应用 ···································· 408
第三节 报表管理 ···································· 410

第一篇 基 础 篇

　　任何一个行业的发展、壮大都建立在该行业的从业人员对该行业的充分认识和深刻理解上。只有对该行业进行全维度的了解,才能准确把握行业脉搏,正确引导行业发展、快速提升行业价值。尤其对于呼叫中心这个新兴的行业,从业人员对本行业的认识、认知、认可直接关乎行业的发展。从运营的角度来讲,成本控制、高效运营、利润获取以及客户忠诚度建立、员工归属感上升等都建立在对呼叫中心的价值、意义及对现状、前景的认识和理解上。本篇将重点介绍呼叫中心行业的价值、历程、现状及未来等,作为学习和把握规划、运营、技能的基础。

第一章

呼叫中心管理引论

呼叫中心的管理，其难度不亚于任何一个工厂。即便对于一个只有几个座席的小呼叫中心而言，其管理也牵涉方方面面，可谓是"麻雀虽小，五脏俱全"。本章的管理引论，力图从基础讲起，纵观呼叫中心行业，为呼叫中心的管理提供认识基础，并成为各管理层面的方向指引。

第一节 呼叫中心在企业中的应用价值

呼叫中心作为新一代的客户服务中心，其出现的最初目的是通过更为先进的技术手段，为客户提供方便、高效、便捷的服务和畅通、双向的联络方式，满足客户日益增长的服务需求，使企业在激烈的市场竞争中处于有利地位。因此，呼叫中心最早出现在以服务为导向的企业之中，但随着呼叫中心行业的快速发展，现已被广泛应用于各行业之中。

随着呼叫中心的发展，其服务内容、对企业的价值、运作形式等都有了较大的改变，但客户服务依然在呼叫中心的业务中占有相当大的比重。但在通常情况下，售后服务是免费提供给客户的，呼叫中心在服务中提供了劳动和价值，却无法获得确切和可以计算的服务收入。但是呼叫中心提供的售后服务并不是真正无偿的，在销售产品时，厂家已将售后服务的费用加进了销售成本，我们称之为产品服务溢价。因此，呼叫中心对此类型的服务收入可采取以计算产品服务溢价的方式，通过计算为客户提供的服务给产品带来的附加价值，从所提供的售后服务中获得。然后售后服务的实现是间接的，而且由于产品竞争压力的加剧，企业在销售产品时往往会采取减少服务，降低价格的政策，因此在价格竞争激烈的市场中，售后服务的价值往往无法在产品的价格中体现，这一方面使产品的服务品质降低，另一方面使企业对客户服务中心的投入减少，要保证企业客户服务中心的生存和发展，我们必须为客户服务中心发展出能够直接实现其服务价值的服务类型。这也是各个呼叫中心目前大力发展的各种售前服务类型的原因。

售前服务的价值是按服务带来的预期价值的一定比例来计算的。售前服务的收入和成本通常按项目进行核算。例如企业利用呼叫中心进行直复式营销活动，我们可以较为准确地计算出此次活动所产生的销售机会，并可以根据企业的销售历史计算出销售机会转化真实销售的比例，从而可以计算出企业此次营销活动所产生的现实价值。这种以销售机会来计算呼叫中心服务价值的方式，通常适用于销售周期较长的设备产品或耐用消费品；对于销售周期较短的快速消费品，我们还可以直接计算活动所带来的销售收入增加量，并以此来衡量营销活动的服务收入。

客户服务中心作为企业客户关系管理系统中的枢纽和执行者，在对改善企业的客户关系，将短期客户转变为长期客户直至忠诚客户的过程中处于主导地位。提升呼叫中心在客户关系管理系统中的地位需要做好以下几个方面的工作：(1)加强客户资料的收集整理工作，建立完整、及时更新的客户信息数据库；(2)做好客户行为调查分析工作，为企业的经营活动提供信息支持；(3)利用客户数据库，做好客户的个性化服务工作；(4)利用客户数据库，对企业的研发部门、服务部门提供支持。

企业的经营活动是以市场为导向的，而客户服务中心作为与客户接触最密切最频繁的部门，有可能而且有必要参与到企业的市场营销活动中，并发挥重要的作用。呼叫中心在企业市场营销活动中可以承担以下工作：(1)市场调研工作；(2)企业信息定向发布；(3)产品市场反馈收集；(4)客户关系维持；(5)销售机会挖掘；(6)交叉营销；(7)向上营销。

企业的经营活动是以获利为目的的，提升呼叫中心对企业获利能力的支持，是提升客户服务中心地位的重要环节。呼叫中心对企业获利能力的支持来自于以下几个方面：(1)将客户服务中心财务独立核算，考核其运营成本的同时，对其服务收入进行考核；(2)通过市场调研，竞争对手分析等活动，加强企业对市场的把握，提高企业在竞争中的优势；(3)提高客户服务中心对客户服务的品质，使客户愿意为此服务支付服务溢价；(4)在条件许可时，开拓有偿服务，提高客户服务中心的获利能力；(5)利用客户服务中心广泛的客户接触能力，开拓新的营销模式，节约企业的营销成本，提高营销活动的性价比。

第二节　呼叫中心的发展历程

一、呼叫中心的历史

世界上第一个具有一定规模的、可提供7×24小时服务的呼叫中心是由泛美航空公司在1956年建成并投入使用的，其主要功能是可以让客户通过呼叫中心进行机票预定。随后AT&T推出了第一个用于电话营销的呼出型呼叫中心，并在1967年正式开始运营，采用的是800被叫付费方式。从此以后，利用电话进行客户服务、市场营销、技术支持和其他的特定商业活动的概念逐渐在全球范围内被接纳和采用，直至形成今天的规模庞大的呼叫中心产业。

在世界一些发达国家首先发展起来的呼叫中心产业，在经历了十几年的快速发展后，目前其传统呼叫中心的增长率已放慢到32%。而且完全基于电话的呼叫中心数量增长也在变缓，从1999年的4%降到2003年的0.8%，主要原因是因为传统呼叫中心产业的日趋成熟和稳定。现在具有web功能的多媒体呼叫中心正在快速增长。

中国引入呼叫中心的概念在20世纪90年代中后期。呼叫中心(Call Center)在国内有时也叫客户服务中心(Customer Care Center)。1998年以前，中国呼叫中心产业主要集中在电信业的一些服务领域。1998年以后，随着电信业务的增长，呼叫中心作为提高客户服务质量的重要手段不断引起运营部门的重视，电信业的其他服务领域，如1000固定电话客户服务中心，1860移动电话客户服务中心等在多个城市纷纷建成。与此同时，对信息化应用程度较高的行业，如银行、证券、保险，和以服务导向为驱动的市场化行业，如IT业、家电、远程购物等行业也开始不同程度地应用呼叫中心服务。

我国的呼叫中心首先是从中国电信、中国移动开始的。当时应用这一技术的目的在于改善服务质量和态度，密切与客户的关系，所以主要是为客户提供信息、咨询、投诉、查询等服务，当然也完成一些话费核对工作，甚至做一些收费、销售手机的工作。可以说主要停留在"服务"上。

在西方一些国家，几年前就已把这种前台的服务延伸到了后台。也就是我们说的客户信息管理，即把前台获得的大量数据移动到了后台，并运用一些经实践证明可行的算法，把杂乱无章的用户数据提炼成供决策用的宝贵数据资源。

这些来自前台的数据好像蕴藏在地下的石油，在未被加工前无法直接使用，而经过精细加工，就可以成为各种有用的材料、半成品和成品。而CRM本身就是一个把来自各种输入的信息数据加工、整理的工厂。这些数据加工后最终将为企业的高层管理者和决策者提供决策依据。因此，人们也叫它决策支持系统。

实际上，呼叫中心(不是指传统的而是指现代的)的概念应该包括CRM部分，因为只有具备了CRM部分，呼叫中心或客户服务中心才能真正地升华到一个新的层次，才会真正从根本上改善服务质量和提高竞争能力。没有CRM的帮助，可以说一切竞争方式都是粗浅和表面的，甚至是主观的。

可见，后台基于数据仓库的数据存储和挖掘，以及相应的应用和算法设计是为了作数据整理和分析。客户信息管理原则是在法律允许的范围内对广大个人或企业用户资料的积累和利用。目前，我国正在研究、开发和应用的多为前台部分。

二、呼叫中心的发展

最近十年来，国内外呼叫中心已迅速发展成一种新兴产业，出现了专用的软硬件设备提供商、系统集成商和大批运营商。现已在电信、银行、保险、证券、电力、交通、海运、航空、旅游、税务、商业、娱乐等行业建立了先进的呼叫中心，将市场开发、销售和客户服务统一为一个系统平台，在市场竞争中为企业带来巨大利润，成为各行各业的制胜法宝。

基于CTI技术和Internet的现代呼叫中心，融合了IP、WAP、ASP、TTS、DW、和CRM等最新技术，将呼叫中心业务与Internet服务相结合，将服务对象扩大到Internet用户和拥有WAP手机的移动用户群，出现了功能更强大的多媒体呼叫中心，具有无线功能的互联网呼叫中心(WICC)、服务范围更广阔的IP呼叫中心和为全球跨国公司服务的虚拟环球呼叫中心，并以庞大的数据库为基础，逐步实现个性化服务，促使呼叫中心从过去的单纯的"成本支付"中心逐步走向多种经营的赢利中心。

呼叫中心的发展，从不同的角度看，有不同的发展历程。

从技术的角度来看，呼叫中心的发展经历了四代。

第一代呼叫中心：人工热线电话系统

呼叫中心，早期是指一个由两人或更多人组成的、在一个特定地方用专用设备处理电话业务的小组。这些人就是通常所说的呼叫中心代理(人)。一个呼叫中心可以只提供信息接收服务，也可以只提供信息发送服务，或者是一个混合式呼叫中心，其呼叫中心服务代表会负责所有的工作。第一代呼叫中心硬件设备为普通电话机或小交换机(排队机)，简单、造价低、功能简单、自动化程度低，一般仅用于受理用户投诉、咨询；适合小企业或业务量小、用户要求不高的企业/单位使用。

第二代呼叫中心：交互式自动语音应答系统

随着计算机技术和通信技术的发展，第一代呼叫中心由于基本人工操作对话务员的要求相当高，而且劳动强度大、功能差，已明显不适应时代发展的需要。因此，功能完善的第二代呼叫中心系统随即应运而生。第二代呼叫中心广泛采用了计算机技术，如通过局域网技术实现数据库数据共享；语音自动应答技术用于减轻话务员的劳动强度，减少出错率；采用自动呼叫分配器均衡座席话务量、降低呼损，提高客户的满意度等。但第二代呼叫中心也存在一定的缺点：它需要采用专用的硬件平台与应用软件，还需要投入大量资金用于集成和客户个性化需求，灵活性差、升级不方便、风险较大、造价也较高。

第三代呼叫中心：兼有自动语音和人工服务的客服系统

与第二代呼叫中心相比，第三代呼叫中心采用CTI技术实现了语音和数据同步。它主要采用软件来代替专用的硬件平台及个性化的软件，由于采用了标准化的通用的软件平台和通用的硬件平台，使得呼叫中心成为一个纯粹的数据网络。第三代呼叫中心采用通用软硬件平台，造价较低；同时由于新型平台较为灵活，可以不断增加新功能，特别是中间件的采用，使系统更加灵活，系统扩容升级方便；无论是企业内部的业务系统还是企业外部的客户管理系统，不同系统间的互通性都得到了加强；同时还支持虚拟呼叫中心功能(远程代理)。

第四代呼叫中心：网络多媒体客服中心

第四代呼叫中心具有接入和呼出方式多样化的特点，支持电话、VoIP电话、计算机、传真机、手机短信息、WAP、寻呼机、电子邮件等多种通信方式。能够将多种沟通方式格式互换，可实现文本到语音、语音到文本、E-mail到语音、E-mail到短消息、E-mail 到传真、传真到 E-mail、语音到 E-mail 等自由转换。第四代呼叫中心引入了语音自动识别技术，可自动识别语音，并实现文本与语音自动双向转换，即可实现人与系统的自动交流。第四代呼叫中心是一种基于 Web 的呼叫中心，能够实现 Web Call、独立电话、文本交谈、非实时任务请求等功能。

从功能和应用的角度来看，呼叫中心的发展历程经历了如下三个阶段。

第一代：以提供信息服务为主的呼叫中心。我国广泛采用的 114 信息服务台就是一个代表。目前仍有不少这样的呼叫中心。

第二代：不仅提供信息服务，而且可以形成交易，并设有配送系统和金融支付系统。它已成为电子商务的一部分。我国目前已有这一类的呼叫中心，它的功能配置要比 114 完善得多。如电话预订机票等业务。

第三代：以上两代是以"呼叫中心"为主，或者叫做以"我"为主。不管是信息服务还是形成交易，都是用户呼入后再提供服务。第三代则是以用户为"主"，以用户为核心，让用户成为真正的"上帝"。作为呼叫中心，要全面了解用户的爱好，知道他在什么时候需要什么？他需要什么样的帮助？呼叫中心要主动"登门"服务，为客户提供"个性化"的服务。因此，它需要有关用户详细资料的庞大数据库(这些数据必须是不侵犯个人隐私权的、合法的)，并用功能强大的数据仓库，对不同用户的各种需求作出分析、判断，供公司领导人作决策参考，以便使公司获得更大的投入产出比。另外，它需要具备各种方便的接入技术(有线、无线)，有灵活的语音－文字相互转换功能等，为用户提供全方位服务。

第三节 呼叫中心的现状和展望

从 2009 年全年行业态势来看，中国呼叫中心市场的巨大潜力依然吸引了世界范围内越来越多的优秀系统设备提供商的加入。他们带来了先进的技术与设备，使中国在呼叫中心硬件设备方面迅速与世界先进水平接轨。目前，中国相当比例的呼叫中心在系统设备配置上已十分高端，在很长一段时间内完全可以满足业务运行的需求。呼叫中心在接入技术上，已经由单一信息交互通道——电话，转变为多种形式的多媒体信息通道——电话、传真、E-mail、Web、VoIP 等。呼叫中心已不再简单地用电话与客户实现互动，而是要将电话、传真、E-mail、Web、VoIP、短信等多媒体通道与客户实现互动。但就实际应用而言，相比亚太其他区域这些先进的接入方式应用得还很少。传统的电话接入处理和IVR应答仍然是使用率最高的技术方式。

现代通讯系统技术、互联网技术和交互式视频信号系统的发展将作用于呼叫中心，使其向着智能化、个人化、多媒体化、网络化、移动化发展。互联网呼叫中心、多媒体呼叫中心以及虚拟呼叫中心在未来中国市场，也将随着企业对呼叫中心认识程度的进一步提高、客户关系管理市场及设备制造商的全力推动而得到推广。未来的呼叫中心将基于语音、数据和视频等信息技术，从而使呼叫中心在功能上得以飞跃。

此外，我们从政策环境、经济环境和应用技术层面对呼叫中心行业的发展及前景做了进一步剖析。

1. 政策环境

近年来，全球性的经济结构调整和升级不断加速。发展现代服务业，尤其是呼叫中心业务(包括外包服务)，是提升中国在国际分工体系中的地位，以及国家整体竞争力的必然选择。结合国内外各大调研机构的研判，以及我们的调研数据都表明：在国际金融危机背景下，中国地区以现代信息服务业为核心的新兴服务经济正在迎来一个新的高速发展浪潮。目前，以呼叫中心产业为代表的绿色产业的迅速发展，为中国新一轮产业结构升级提供了巨大的增长空间。作为现代服务产业体系中的重要一环，呼叫中心产业集现代信息行业、高科技行业、客户服务行业、服务外包行业等于一体，且其"零排放"、"零污染"、"零能耗"的特性，以及几乎不对生态环境构成任何威胁和破坏的属性，完全符合中国整体经济发展的利益。

具体而言，呼叫中心产业将为整个中国的发展带来以下4大社会效益：

- 拉动基础设施建设，优化相关投资环境
- 提高居民收益水平，促进区域经济协调发展
- 创造大量的就业机会，改善部分地区当前严峻的就业形势
- 打造行业人才高地，提高劳动力的整体素养

从市场整体而言，中国的呼叫中心市场政策面依然维系了前几年的趋势。前两年在大部委改革中，工业和信息化部特别设立了软件服务业司，作为专门指导、协调软件和信息服务业发展的专业司。呼叫中心即属于该司管理范畴内。从地方的发展来看，除了上海、北京、大连等服务产业发展较快的城市，江苏省、山东省、西

安、重庆、成都等各省市也先后推出政策扶持服务产业的发展。从建立服务外包园区到为服务外包企业提供税收优惠，各级政府期望把促进服务外包产业发展作为推进中国产业结构调整、转变外贸发展方式、增加高校毕业生就业机会的重要途径。

另一方面，从大环境上政府正在积极推进呼叫中心产业，确定了北京、天津、上海、重庆、大连、深圳、广州等20个城市为中国服务外包示范城市，并在20个试点城市实行一系列鼓励和支持措施，地方政府牵头，民间机构协助的呼叫中心产业园区成为发展高潮。优惠的政策条件、丰富和低成本的座席资源，将吸引国内外的外包呼叫中心运营商加大在中国的投资力度，呼叫中心服务外包项目也将会更多地流向中国。

与此同时，从2008年初起正式生效的《新劳动合同法》对劳动密集型的呼叫中心企业和相关机构的影响正在接下来的时间逐步加深。可以看到，"新劳动合同法"导致了用工成本的提高，无固定期限合同使企业用人更加谨慎，人力资源部门也因此增加了许多工作量。短时期看来，新劳动法为企业的用人增加了许多条条框框。但是从长远来看，新劳动法强化企业规范用人制度，保护员工利益，提升了企业在经济全球化背景下的市场竞争力。

2. 经济环境

毫无疑问，在宏观经济层面上对于中国地区呼叫中心市场影响最大的因素莫过于始于2008年底的全球金融危机。这场危机从美国的次贷风波发展成全美国的金融危机，进而蔓延成欧美乃至全球的金融危机。现在，随着危机进一步深化和蔓延，虽然较多专家持有比较乐观的态度，但是此次危机还是切实地影响到了中国。

从呼叫中心产业层面上来看，自2009年伊始，中国国内的众多呼叫中心企业和相关机构，尤其是从事离岸外包服务的企业，比较明显地感受到了这股全球性的寒流。全球经济危机的负面效应以及由此引发的一系列变化，对中国大陆地区呼叫中心的运营和生存状况产生持续的巨大影响。而在这期间，很多企业也以此为契机重新考虑如何控制自身的资本，在恶劣的环境中通过自身的变化应对更加激烈的竞争局面。根据我们所掌握的数据可以研判：能够通过这次危机严峻考验的呼叫中心将会成为最终的胜利者，也必将获得长久的生命力。

对于呼叫中心的发展来说当周围的客观环境发生重大转变的时候，发展目标及远景是否能够顺势而变，是呼叫中心能否顺利渡过危机的前提所在。所以在不是一帆风顺的发展历程中，及时把好发展目标之舵，被很多企业视为发展的重中之重。在经济危机席卷全球的关口，不但要保证呼叫中心的运营稳定，还要节省运营成本。呼叫中心如果想从这场危机中得以幸存并有所发展，必须从战略的高度来实施成本控制。换句话来说，不是单纯地削减成本，而是要提高运营能力、并确保服务质量。单纯削减成本，是十分危险的，会导致服务质量的下降，甚至失去已经拥有的市场。

复旦大学 CC-CMM 研究中心发布的《年度中国呼叫中心运营标杆管理报告》中提到通过对比过去的数据和分析结果，发现过去几年一些好的方法(Best Practices)在近几年中依然被证明富有成效。国内的标杆型企业不约而同地都在努力做好如下几点。

(1) 完善的内部运营管理体系

作为呼叫中心管理中重中之重的运营部分，目前几乎所有的标杆企业或机构都在寻求全面规划一个完整的体系或系统方法论。运营时不仅仅只是考虑一个点，而是将很多点或线上的问题统一成一个完整的体系或方法。从而站在更高的角度上来协同运营整个呼叫中心的日常工作，并与中心的战略和年度规划相匹配。国内外成熟的标准则为这些企业提供了很好的参考和学习路径。

(2) 数字化管理+成本精算

任何一个呼叫中心由成本中心成功转型价值中心的首要前提是要进行成本核算，通过数字化管理控制各项费用的支出。成本控制包括可控费用和不可控费用两个方面。每周、每月、每季汇总各项成本支出，并对异常数据和超支费用做出标记，分析原因，由相关责任人对异常数据和超支费用做出合理解释。

(3) 树立自上而下的整体成本控制意识

控制成本的能力是任何呼叫中心都必须具备的"生存技能"，在运营的每一个环节都需要有控制成本的意识和手段。成本意识要从方方面面来控制：避免租用奢侈的办公室、举办铺张的会议、乱砸活动费用等等。否则一旦遇到经济或其他方面的困难，或者市场发生大幅改变的时候，呼叫中心企业很容易出现现金流上的问题，或者财务上入不敷出，变成了"成本中心"。

(4) 努力打造集约型、扁平化的组织结构

打造集约型、扁平化的组织结构不仅仅是为了控制财务收益，同时还可以提高

产能和工作效率。因此，我们注意到非常多的各行业中的标杆型企业都致力于适当地削减一些中层(行政)管理人员，将原本垂直型管理结构逐步转变为扁平型管理结构。

3. 技术环境

在全球金融波动情况下，呼叫中心技术的发展日益求精。技术发展的整体趋势并未发生大的转变，可以看到基于软交换的融合通讯将会越来越多地主导国内呼叫中心市场，注重呼叫中心人力资源优化的排班及运营管理系统将会得到快速增长。

一些新的技术应用趋势发展迅速。如把传统的交换技术成功地切换到了软交换和融合通讯，托管平台的出现和软交换普及使得CTI平台厂商生存空间越来越小，但排班及人力资源优化技术得到了普遍增长和认同，电话营销技术也有了蓬勃发展。最终呼叫中心技术适应了市场的驱动，并且完成了技术华丽转身，满足了呼叫中心业务发展需要。

(1) 呼叫中心技术发展回顾及总体特点

呼叫中心的功能是指通过多种接触媒介(电话、传真、互联网访问、E-mail、视频、短信、WAP 等)为客户提供交互式自助服务和人工服务的系统；呼叫中心通常提供业务咨询、信息查询、账务查询、投诉与建议、业务受理、交易处理、电话回访、客户关怀、市场调查、数据清洗、电话营销等综合性服务；它是集电信语音技术、呼叫处理技术、计算机网络技术、数据库技术、WFM 技术于一体的跨信息技术和电信技术的系统。

呼叫中心作为提升客户服务水平和沟通效率的基本手段，最初是由大型电信运营商和银行等高端行业的客户服务、大型的外包呼叫中心发展而来。由于市场竞争越来越激烈，提升客户服务的质量和效率成为越来越多的企业和政府的迫切需求；更重要的是呼叫中心可以作为新型营销渠道给企业带来巨额收入，而成本相比传统营销却低很多。所以，我们不难理解十年来呼叫中心自身前所未有的发展速度，及在企业级用户中迅猛的普及速度。

为了顺应技术发展潮流、节省成本、降低风险，企业开始逐渐采用软交换、融合通信等方式来构建自己的呼叫中心，丰富获取客户信息的渠道。经历了传统通信方式、网络虚拟呼叫中心、点击呼叫中心等方式后，软交换和融合通信成为呼叫中心发展的必然趋势。在呼叫中心建设完成以后，如何有效地进行数字化运营管理一直困扰着众多呼叫中心，随着呼叫中心的普及和大规模化，排班等人力资源优化技术得到了普遍认同，正迎来一个新的发展机遇。

国内呼叫中心经过 10 多年的长足发展，呼叫中心技术一直以市场驱动和特有的前瞻性，不断地发生变革，推动呼叫中心产业的发展，普及呼叫中心各种应用。

(2) 传统交换技术已经全面走向软交换及融合通讯时代

2008 年中，中国呼叫中心产业的软交换和融合通讯市场仍处于导入期，市场并未出现井喷式的增长。尽管软交换和融合通讯已成为不可避免的发展趋势，融合数据、语音、视频以及移动功能的数据传输网络将成为未来市场需求与发展的重点，然而国内用户对于统一通信的部署情况并不乐观，主要原因在于产品的成熟度、用户的认可程度不高。

但到了 2009 年，全年中国软交换和融合通讯市场保持了快速的增长势头，到目前为止基本保持了40%的平均增长比例，虽然 2008 年末由美国次贷危机引发的全球金融海啸环境下，增长趋势有所放缓，但全球金融危机的反作用将进一步提高企业对降低成本的追求，对统一通信产品的认知，所以会更有助于呼叫中心产业软交换和融合通讯的发展。

根据相关统计和预测，2009 年全年中国融合通讯市场规模已达到 46.6 亿元，同比增长超过 50%。第四季度市场将出现反弹趋势，增长速度超过 12%，市场规模 13.53 亿元。

(3) 人力资源管理优化技术正成为行业关注焦点

在呼叫中心技术领域里面，大家一直关注着呼叫中心的工程性建设。关于国内呼叫中心建设的现状和所处的阶段，从技术的角度来说有大家较为一致的关于第一代、第二代、第三代、第四代的说法，目前已经到了第五代(基于软交换及融合通讯的呼叫中心)。但实际上，近几年，国内呼叫中心技术领域的关注点已经悄悄地发生了变化。

前几年大家的关注点是能否成功地进行呼叫中心系统建设，以满足自己的业务需求，都比较担心呼叫中心系统建设失败所引发的投资风险。至于建设完成以后，呼叫中心的日常运营和管理，呼叫中心管理人员都在自己摸索前进。

现在尽管呼叫中心使用了多种产品，但这些产品技术已经非常成熟，目前几乎不存在呼叫中心建设失败的风险。越来越多的人在深入研究呼叫中心的运营和管理，管理人员也越来越认识到：运营管理才是呼叫中心成功的关键。

例如：如何提高客户满意度？并不是大量增加中继线提高接通率就能解决的，这涉及人员培训、质量监控、劳动力排班管理、成本管理、ATT 和 SL 等方方面面，而通常的呼叫中心系统集成解决不了这些问题。再例如：如何有效控制呼叫中心运营成本？从长期的角度来看，一个典型的呼叫中心只有 10%的成本是花在系统建设上的，全部运营费用的 90%以上用于支付工资、网络成本和日常的项目开支。呼叫中心运营和管理水平的高低，直接影响到企业的成本。

最近几年，在呼叫中心普及化和大规模化的背景下，基于人力资源优化技术的排班及运营管理软件越来越得到关注和普及，是呼叫中心产业发展的必然。

(4) 电话营销技术得以迅猛发展

过去这么多年，国内呼叫中心产业在业务层面上一直比较侧重于客户服务中心，侧重通过呼叫中心提升客户服务的质量和效率。但是在最近 2 年，基于呼叫中心的电视购物、保险营销等业务疯狂地展开，使得电话营销技术在呼叫中心技术发展上画了浓重的一笔。

十年前，规划和建设一个呼叫中心核算成本大约是 20 万/个席位，也就是说当时的呼叫中心技术和建设成本是非常高的。但现在呼叫中心的技术和建设成本已经大幅度降低了，甚至我们看到在外包公司谈论呼叫中心的每个席位(包含电脑、席位和电话)等等一个月不到 1000 块钱，所以说传统设备已经不是最重要的了。近几年呼叫中心产业重要的是两个方面：一是呼叫中心的运营管理更加有效、更加精致；另外一个就是价值的创造，实际上就是如何使呼叫中心成为一个利润或价值中心。呼叫中心技术的革新和发展也正是主要围绕这两点展开的。

电话营销成功的关键因素主要有：品牌、数据、产品、系统、团队及管理。其中系统是电话营销的内部引擎，如果引擎不好，这个车子就算会动也会动得很慢，因为要花很大的力气把这个车子推动。电话营销引擎，实际上就是 CRM 通过外拨技术。一个强有力的技术引擎可以快速清洗客户数据，提高接通率；可以使外呼脚本流程更加灵活，提高成交率；可以帮助实现预览拨号和预测拨号，有效降低成本；可以帮助及时了解和掌握库存、配送等全部业务流程环节，实现以电话营售为中心高效率运转。

综观目前中国呼叫中心的产业发展现状，主要有如下特点。

① 中国呼叫中心产业规模走势

中国呼叫中心产业经过 10 多年的平稳发展，产业规模不断扩大，呼叫中心几乎已经遍布全国各行各业；座席总体规模也从 1998 年的 7.2 万上升到 2009 年的 34.5 万，年复合增长率接近 15%。2002—2009 年中国呼叫中心产业规模走势如图 1-1 所示。

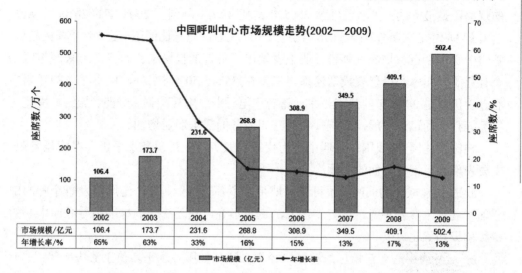

图 1-1　2002—2009 年中国呼叫中心产业规模走势

资料来源：复旦大学 CC-CMM 研究中心制定的《2009 年中国呼叫中心运营标杆管理报告》

随着电信、金融、保险等行业逐渐实施呼叫中心的单点集中，以及各行各业对呼叫中心的需求逐年上升，单点座席数也呈逐年上升的趋势。2009 年的单点平均座席数已经达到 178 个。

从国际的视野来看，全球的呼叫中心产业仍然是一个朝阳产业，其正在辐射和带动地区经济的深入发展。在当今全球金融危机中，只有呼叫中心产业是相对受影响较小的区域。这个产业具备资本运作的全部特征，同时不久的将来，中国将成为世界上最大的业务承载国；无论对于国内还是国外的业务需求，中国都会作出贡献，尤其在全球呼叫中心产业的发展中，中国大陆地区具备特殊的资源条件，相信中国呼叫中心的市场和座席规模将在未来几年中有更美好的发展。

② 中国呼叫中心市场的投资规模

中国的呼叫中心产业在经历了 2002 年至 2003 年间井喷式的发展之后，进入了一段稳定增长的时期，每年的市场投资规模保持 15% 左右的增长。2009 年由于中国政府的经济刺激政策，投资规模增长略有上升。2009 年的投资规模已然达到 502 亿。

③ 中国呼叫中心行业分布分析

研究显示，2008年国内呼叫行业投资分布中，电信行业在呼叫中心产业中所占的规模还是最大的。虽然已经从2005年占比40%下降到了2008年的26%，但从发达国家呼叫中心现状来看(电信所占比例为10%左右)，这个比例还有近一步下降的趋势。呼叫中心在制造、物流、零售行业中表现出了良好的投资增长态势，未来两年这三个行业的呼叫中心投资规模增速都将保持在35%～50%。另外，中小企业的呼叫中心建设仍旧是2008年的热点，并且随着广电行业、电视购物、医药、旅游、快速消费品等行业的迅速发展，这些行业对呼叫服务的需求明显增加。

相比发达国家，我国以呼叫中心为代表的服务行业规模及水平仍存在明显差距；主要表现为以下几方面的问题：

a. 在快速成长的同时，不可避免地带来了各个行业、各个地区以及每个呼叫中心的发展水平参差不齐，运营管理方法良莠不齐，缺乏统一的标准指导呼叫中心的持续建设和优化；

b. 对呼叫中心运营指标的解释口径不一致，如服务水平、员工流失率等；

c. 缺乏权威的中国呼叫中心运营管理的最佳实践、指标体系和标杆数据；

d. 呼叫中心的多渠道和多功能发展无序、缺乏协调和指导。

因此呼叫中心业界关于出台国家指导标准的呼声在过去两三年中不绝于耳。事实上，我国产业标准缺失已经成了导致产业游离发展、缺乏整体提升，阻碍各行业呼叫中心加速繁荣的关键限制因素。

所以呼叫中心在接下去的十年发展必然会以标准化管理作为核心。通过实施标准拉近不同行业，不同地区呼叫中心间的距离，然后取得整体提高。

第四节　呼叫中心管理的策略和方法

呼叫中心从它开通服务开始，就是一个持续运营、集中处理企业客户信息的实体，无论其定位是否为开通24小时×365天全天候服务的运营机构。因此，呼叫中心的运营管理策略是一个不间断设计、执行、改进的反复过程。

运营管理策略的制定大体需考虑以下几个方面的内容：

一、确定呼叫中心的市场开拓计划及相应的实施方案

呼叫中心作为企业信息服务平台的门户,代表特定的企业发布或搜集客户及市场信息是其基本职能。因此,如何让特定的人群获知、了解、熟悉及习惯通过这种特殊的门户来与企业传达相关的信息,这本身就存在一个市场开拓的问题。采用特定的服务号码(如 95-或 96-字段的"特服号码",企业 800 被叫方付费号码),通过外呼(Outbound Call)或短信群发等形式,配合采用市场广告宣传等手段,让特定的客户群体接受并乐于采用这种信息渠道是运营管理策略中的第一环。对于外包型呼叫中心来说,其价格确定、市场牵引、市场驱动、服务特色建立等都对这种推广产生重要的影响。

二、预测呼叫中心的规模

呼叫中心话务量的估算有一套严格完善的方法和算法。简单地对一个客户服务机构的话务量进行估算,大体会涉及:客户数量、年增客户数量、现日处理电话数量、现有对外电话状况等主要因素;结合对平均通话时间的估算我们将可以对现阶段所需的服务人员数量进行估算和短期预测,如表 1-1 所示。

表 1-1 呼叫中心用户需求预测表

呼叫中心用户需求预测表			
单 位		联系人	
联系电话		传 真	
地 址		邮 编	
预测指标:			
预计系统开通后,每小时有多少通电话打入			
平均每通电话,客户信息服务员需要与来话人通话多长时间(秒)			
平均每次通完电话后,客户信息服务员需要多长时间处理善后工作(秒)			
20 秒内应答来话的百分比不低于(通常为 80%)			
来话放弃的百分比(Abandon Rate)不高于(通常为 10%)			
其他需求描述			

三、具体的业务流程

业务流程是开展特定服务的工作规程,因此,业务流程的制定应简明清晰可操作,可以界定具体的负责人并分清责任。具体内容我们将在第四章——呼叫中心运营流程规划中阐述。

四、项目管理

作为一个以服务为产品的机构,呼叫中心采用全员化的项目管理方法。将管理重点放在实施上,采用项目经理制度及矩阵管理方法,责任到人。因此,呼叫中心的管理应树立服务项目意识,为项目服务。

做好项目管理要注意八个基本原则:
- 项目范围的界定管理
- 项目的时间管理
- 项目成本管理
- 项目质量管理
- 项目人力资源管理
- 项目沟通管理
- 项目风险管理
- 项目采购管理

五、用户信息收集、整理、存储、利用

呼叫中心的价值有三层含义:其一,透过客户服务中心的运作,我们可以将企业外部的客户信息和市场信息汇总搜集,通过为企业客户提供更便捷通畅的信息渠道来实现客户的高满意度和良好客户体验的客户服务;其二,我们可以通过对所有客户信息资料的汇总分析,进而实现主动的客户营销;第三,将外部的客户信息和市场信息与企业内部的财务信息和业务信息相融合,通过数据挖掘的方法,我们可以实现企业自身业务流程的完善和优化。

客户服务信息处理流程如图 1-2 所示。

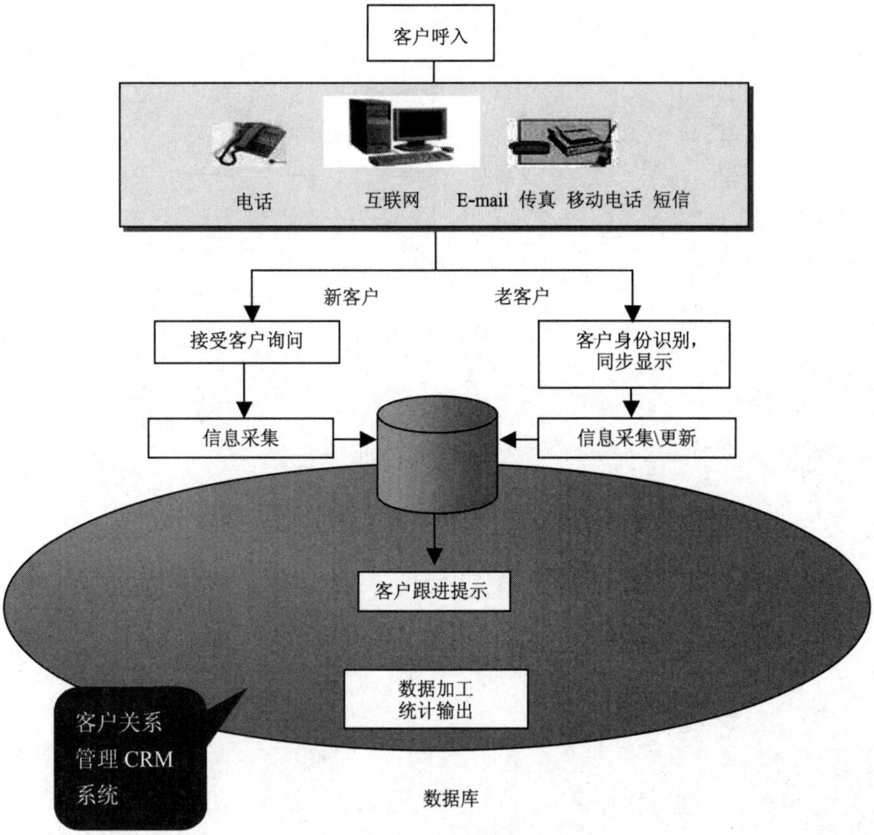

图 1-2 客户服务信息处理流程

思考题

1. 制约中国呼叫中心行业发展的主要因素有哪些？
2. 呼叫中心能从哪些方面帮助企业提升效益？
3. 目前，中国的呼叫中心从功能上讲，有哪些类型？
4. 3G 技术将对呼叫中心带来哪些切实的影响？
5. 作为呼叫中心从业人员，我们能为加速行业规范化、标准化做些什么？

第二篇　规　划　篇

呼叫中心作为一个管理功能齐全、投资巨大的行业来说，其前期的规划非常重要。任何规划的失误都将导致定位的偏离、目标达成的失败及人力、物力、财力的浪费。并且，随着企业的战略调整、市场及竞争对手的变化、呼叫中心自身的发展、行业发展大趋势等的转变，呼叫中心也需要进行阶段性或者提升性规划。这种规划，直接影响到呼叫中心的使命完成、目标达成。本篇从基础建设、人力资源、流程管理、绩效管理等方面探讨呼叫中心的规划关键点，为准确、高效的规划提供指引。

第二章

呼叫中心基础建设

一个卓越的呼叫中心，不是靠技术领先建起来的，而是靠周密细致地规划。可以说没有好的规划和合适的策略，就没有合适的呼叫中心。呼叫中心的基础建设包含战略规划、组织架构规划、信息系统规划和空间规划等。

第一节 呼叫中心战略规划

呼叫中心的战略规划是一个复杂的规划过程，需要全面分析企业所处行业的特点和竞争对手的呼叫中心的现状和运作情况，以及企业内部整体经营战略、客户服务部门与其他部门的关系等来综合确定呼叫中心的使命和目标。具体来讲，呼叫中心战略涉及客户战略、业务规划和技术规划三个层面。

一、客户战略：呼叫中心的规划之源

有些企业建立呼叫中心，往往把工作重心放在关注呼叫中心的技术和设备上，一开始就受非常大的局限。其实，建立呼叫中心，首先应该谈到的是企业客户战略，只有具备了清晰的客户战略，才能清楚地找准呼叫中心的战略定位。

要实行客户战略，首先要分析我们客户的特点和企业所在行业的特点，逐步建立起"以客户为中心"的企业理念，确定如何建立市场营销体系？如何细分你的客

户群？如何为不同的客户群提供差异化的策略？业务发展战略？客户关系建立与发展规划？以及客服中心定位(成本中心/利润中心)与目标、客服中心制度和文化、客服中心管理和运营模式等。

二、业务规划：呼叫中心的规划之本

业务规划主要是定位呼叫中心提供的业务类型，如只是咨询和信息服务型(主要为客户提供产品咨询和信息服务)，还是售后服务型(主要提供售后服务和支持)，或电话营销型(主要做产品市场推广、商机挖掘和电话销售)，或外包型(将自己的业务外包给专业的呼叫中心)。

不同的业务规划，将会形成不同的系统建设需求重点，如售后服务型主要是解决大量呼入和知识库的建设等，电话营销型的重点则是外拨和调查问卷管理、商机管理等，外包型则主要是考虑如何选择合适的服务提供商及如何协调相互的关系等。

三、技术规划：呼叫中心的规划之魂

技术规划则是根据客户战略和业务规划，考虑相应的技术实现策略，如接入方式规划(是否需要电话、传真、短信、Web 接入、E-mail 接入、视频接入等全部或部分接入方式)，是需要自动外拨还是有人工外拨？是集中建设还是分散建设等？

第二节 呼叫中心组织架构规划

客户服务机构的组织结构和服务规则是运营管理的核心内容之一。一个机构的组织结构，通俗地说就是对要执行的任务如何加以分工、分组并实现协调合作。呼叫中心采用什么样的组织结构是由企业、呼叫中心自身的特性与企业所在的行业情况决定的；进行呼叫中心组织结构设计所需要考虑的因素很多，举例来说：管理幅度、策略目标、业务流程、产品及客户情况等等；外部因素包括行业特点、市场特点等方面。

通常的组织结构包括：职能型结构、项目型结构、矩阵型结构等几种。

1. 职能型结构

对工作活动的分类主要是根据活动的职能。运营部，市场部，销售部，培训部，财务部。一个项目到来，各司其职。可以打个比方，要完成的任务是装一辆汽车，部门一只负责装前右车门，部门二只负责装前左车门……如果每个部门完成任务的时间最长是 9 秒，则装一辆汽车就需 9 秒钟。效率高，资源运用充分，对中层领导和员工的要求较低。这种组织结构盛行于 20 世纪五六十年代。IBM、通用、大众汽车公司、松下、壳牌集团都采用这种组织结构。主要的不足是可能会导致各部门之间的冲突，职能部门的目标有时会凌驾于组织的整体目标之上。灵活性相对较差，有时顾客提出的要求难以满足，存在官僚主义作风，互相推脱责任。对于变革的反应速度慢，压抑了员工的创造性和积极性。

2. 项目型结构

工作任务按项目类型进行部门化。来了一个项目，设一个项目经理，他有自己的运营人员，市场人员，培训讲师，财务人员，都只对他负责。资源难以共享，灵活，对客户负责。项目管理者要注意自己的领导风格要随着下属的成熟度而调整。只有当领导风格和下属的情况相匹配时，才会绩效最大。这就是组织行为学中的权变理论。项目管理的要点是管理者应学会如何授权。图 2-1 为管理者授权程度示意图。

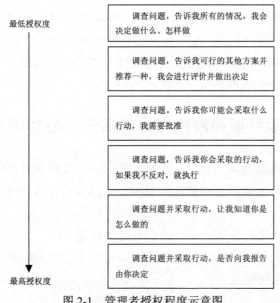

图 2-1　管理者授权程度示意图

3. 矩阵型结构

综合职能型结构和项目型结构的所长,在部门职能分工的基础之上加入项目管理的方法,可以有效地对资源加以整合利用,同时也可保障专门项目的专项管理。缺点是每个管理节点均需双头汇报,往往导致产生权力的叠加或管理盲点。组织结构优缺点比较见表2-1所示。

表2-1 组织结构优缺点比较

优缺点 结构	优　点	缺　点
职能结构	效率高,资源运用充分 对中层领导和员工的要求较低	灵活性相对较差 反应缓慢,不注重客户
项目结构	能有效控制资源 向客户负责	职能弱化,成本效益较低 项目间缺乏知识信息交流
矩阵结构	可以有效利用资源 专业知识可供所有项目使用 促进学习、交流知识 沟通良好、注重客户	双层汇报关系 需要平衡权力

呼叫中心组织架构设计的原则除了大家所熟知的企业架构设计的通用原则:如任务目标原则、分工合作原则、统一指挥原则、管理幅度合理原则、责权对等原则、执行和监督分设原则、协调有效原则及适应性、均衡性、前瞻性之外,还要充分考虑呼叫中心行业的一些特点。

一、组织架构设计应与呼叫中心的定位及目标相一致

以呼叫中心的战略需求为依据,理顺组织架构,合理划分部门职责,通过对呼叫中心战略目标的一致认同,强化组织目标与组织成员行为方向的一致,从而增进组织绩效。

- 组织架构要考虑关注重要客户的小组建设问题;
- 通过合并的销售型和服务型团队来提高员工的工时利用率,同时减少跨团队合作而带来的时间延迟;
- 呼叫中心内部面对客户的服务工作同行政工作相分离;

- 建立全国级的呼叫中心组织架构服务企业高端大型客户；
- 在不增加管理层次的前提下提高一线员工工作的丰富性；
- 考虑灵活的工作安排，如全职、兼职及灵活的排班安排；
- 建立基于扁平的、灵活团队的组织结构，以便能迅速对客户及细分市场的需求做出反应；
- 组织结构必须与组织成长及客户细分战略相适应。

二、呼叫中心组织架构与核心服务流程的有机结合

作为企业价值链的有机构成，客户管理已经成为企业核心流程的重要一环；呼叫中心作为企业客户关系管理的交互平台及信息平台，在企业价值链中的作用日益得到企业管理者的重视；明确了呼叫中心在企业价值创造中的地位和作用后，树立"以顾客为中心"的思想，将极大地增强企业面对多变竞争环境的适应能力；所以在呼叫中心组织架构的调整上，要确保呼叫中心的内部结构与关键业务流程相似，体现权威、责任、及绩效挑战的直接统一。

三、构建明确授权的、有效的呼叫中心人力资源管理体系组织平台

对于呼叫中心，客户的每一通电话都有其一定的独特性，一线的客户服务代表和基层业务主管需要对绝大多数的客户问题进行直接处理；即使在流程清晰、知识共享的情况下，每个人都形成了自己处理客户问题的独到方式和技巧，呼叫中心内部工作人员的主动性和积极性对于呼叫中心整体目标的实现具有非常重要的作用；所以呼叫中心组织结构的设计要考虑明确授权的问题，根据知识在呼叫中心内部的分布来分配相应的决策权。最好的方式是把决策权传递给拥有相关知识的人。

四、实际与发展相结合的原则

随着呼叫中心在企业中的定位变化，如由客户服务中心到价值中心再到利润中心，由信息中心到客户关怀中心、考核中心的不断演变，呼叫中心的工作重点和职能部门的重要性亦随之变化，因此在进行呼叫中心组织结构设计时，要突出呼叫中

心现阶段的重点工作和重点部门，同时也要考虑呼叫中心将来的发展方向，本着职能设定，部分岗位暂时合并的原则，力求呼叫中心现实和发展的协调与均衡。如在一些小型的呼叫中心，现场管理和培训这两个不同的职能可以暂时合并到一个岗位。

五、考虑呼叫中心人员发展原则

人是呼叫中心最宝贵的资源，每年呼叫中心的流失人员中，大约20%左右是因为呼叫中心没有提供良好的职业发展规划，因此在组织设计中，除了分层级设定管理职位外，还可增设多类型的"虚拟职位"，例如：兼职培训讲师、兼职呼叫中心讲解员与兼职现场业务指导等职位，让一线客户服务代表也参与了解呼叫中心的部分管理工作，提升其对呼叫中心工作的认同感，呼叫中心管理层也可以从多方面培养人员，建立有效的呼叫中心人员选拔机制。

通过对以上原则的认识，结合企业的产品、服务及客户分类来确定呼叫中心计划采用客户服务代表通用技能型组织结构，销售、服务、专家支持相分开的组织结构，销售、服务、专家支持相结合的组织结构，以及以上三种结构的充分结合。通过建立完善的呼叫中心组织体系，不仅能够准确定位呼叫中心内部的核心职能，构建起完善的部门和职位体系，而且有效地营造了呼叫中心执行力所需要的内部环境和管理保障。

第三节 呼叫中心信息系统规划

一个大型企业(尤其是集团类企业或组织)的信息化建设过程中，一般需要进行三个层次上的信息化规划，即：信息化战略规划、信息系统规划、信息资源规划。

一、信息化战略规划

企业信息化战略(规划)作为企业经营发展战略的一部分，描述如何有效、经济、规范、连续地推进企业信息化建设，是对企业信息化建设从企业目标、总体策略、实施步骤、关键技术、相关规范、人员培训、信息化阶段划分及费用估算等方面给出的总体规划。

信息化战略规划的目的是保证企业信息化建设符合企业的整体经营战略，为信息化建设项目的投资提供决策依据，保证公司信息化建设具有延续性。

信息化战略规划的内容包括：企业发展战略、使命和目标、企业业务环境、业务模式及流程、信息化的战略意义和目标、企业信息化的总体架构(技术架构、业务架构、数据架构、组织架构)、企业信息化的实施步骤和预算、信息化全员培训、年度计划。

二、信息系统规划

企业信息系统规划的目的是依据企业资源状况、企业整体管理业务需求及当前技术环境，对企业具体的管理信息系统从系统目标、总体功能结构、关键功能需求、关键信息需求以及从企业管理全局出发，规划相关业务运作方式及主要业务流程，估计管理信息系统的费用，规划开发进度。

三、信息资源规划

信息资源规划(Information Resource Planning, IRP)，是从企业全局的高度，对企业管理所需要的信息，从采集、处理、传输到利用的全面规划。

为了完成信息资源规划，需要从企业的业务出发，通过业务相关数据分析，沿路径"业务用户视图"—"业务数据类"—"业务数据库"规范企业的业务数据环境。从决策需求出发，沿路径"分析主题"—"多维模型"—"数据仓库"规划企业的分析型数据环境。

第四节　呼叫中心空间规划

设计合理的呼叫中心空间，能有效提高服务质量，增强团队凝聚力，保持合理的人员稳定性，对于提升工作效率有着举足轻重的作用。反之则会降低员工的满意度，间接影响顾客/最终客户体验，提高运营成本。空间规划有四块核心内容：功能区划分、动线设计、照明、降噪。

一、功能区划分

功能区划分指对整体空间进行合理的规划和布局，将不同的功能区域分开。既保证各个区域之间日常运营的互不干扰，也能使相互之间维持有效的沟通和交流。

呼叫中心一般至少包含如下三类功能区域。

顾客服务座席区：为顾客提供服务的座席区、主管、质量监督人员和培训人员所用的办公区域等。在这一功能区内员工与顾客直接接触，是呼叫中心业务的主"战场"，也是大多数员工在工作时间呆得最久的区域。因此这一区域对空间设计的要求最高。

服务/休闲区：为员工提供服务支持和休息的区域，如机房、更衣室、茶水间等都属于服务/休闲区。座席代表的日常工作强度非常大。一个格局合理、布置温馨的休息区可以让员工充分利用休息时间，以更好的精神状态面对工作。对于提供24×7服务的呼叫中心，一个放有床铺的供夜班员工小憩的宿舍也是必不可少的。

行政办公区：不直接与顾客打交道的人员工作的区域，如财务，人事等人员的办公场所，以及会议室和培训室等。行政办公室和会议室的空间要求与一般的企业无异。培训教室内除了投影音响等常规培训设备外，还应具备适量的台席设备如电脑、耳麦等，使得新进员工可以在仿真的环境中学习。

二、动线

动线，是建筑与室内设计的用语之一。意指人在室内室外移动的点，连合起来就成为动线。动线是设计之源、设计之本。

所谓动线规划是指将建筑物内所有物品，依据人体工学、使用目的、空间需求、管理效益、人机互动等原则，做最妥善的安排，使建筑物内的人员能有效管理空间与从事相关业务，达到人、建筑空间、建筑物中的物体，三方面能互相作用，和谐共存的目的。

呼叫中心属于人员密集型空间，如果没有对动线善加规划，会造成拥挤、迂回、迷路等多种不良的状况。这会给呼叫中心的人员管理带来很大的难度。也会使身在其中的工作人员感到不方便。

在规划呼叫中心动线时，需要把握以下几个原则：

1. 通畅原则

在呼叫中心里，需要设置若干个通道(主通道及次通道)，这样有利于人员的分流。每条通道最小的宽度不低于 1.2 米，主通道甚至会有 2 米。这样即便是几个较大的班组换班也不会造成拥堵的情况。

2. 便利原则

呼叫中心内有许多为座席配套的功能区，比如：厕所、茶水、休息。在设置动线时，应该根据这些功能区的分布安排合理的通道，保证座席人员是在任何岗位都能迅速、方便的抵达。

3. 节省原则

呼叫中心的空间是很宝贵的，动线的规划应在保证上述两个原则的基础上做到物尽其用，避免重复，提高空间利用率。

4. 2米的主通道

不但是动线分流、区域分隔、避免了人员进入异性空间的方向感的问题，而且在平面中形成向上的"成长分支"，寓意积极向上茁壮成长。

动线的规划，是呼叫中心设计的第一步，也是至关重要的一步。

三、照明

呼叫中心是一种要求较高的室内办公环境，高强度、长时间的工作，对于 CSR 而言，视觉疲劳是主要的身体反应之一。特别是 7×24 小时的话务区，照明强度和均匀性，就更加重要。

在一些欧美国家执行着比我们更加严格的环境照明标准。在英国，办公室的照明强度被要求在 700lx 以上。但是目前"照明"是很多呼叫中心营运主管很少重视的，或者说是比较难以表达的一种需求。近年来随着自建或改建中大型呼叫中心的增加，优化照明变得可行。

在设计阶段，通过一些专业软件的运用，结合现场的朝向、采光及平面，规划出合理的照明布局。使整个呼叫中心尤其是坐席区不产生"照明死角"。同时也不会增加营建及将来使用的成本。

四、降噪

噪音一直是呼叫中心管理者最为困扰的问题之一。针对这一课题，不少设备供应商都相继提出了对应的解决方案，比如目前使用较为广泛的降噪功能耳麦；这些设备，很大程度上抑制了"噪音污染"对呼叫中心环境的影响，也越来越多地被使用单位所接受。但是这些都是事后的手段。如果在呼叫中心营建初期，就能通过以噪音控制理论为基础的空间设计，合理使用专业的降噪建筑材料，使呼叫中心的建筑本身具备"降噪"功能，那降噪的效果会更加理想。

在空间设计中，吸声与隔声是降噪的主要手段。

1. 关于吸声

在吸声降噪过程中，常采用多孔吸声材料、板状共振吸声结构、穿孔板共振吸声结构和微孔板共振吸声结构来实现降噪的目的。多孔材料一直是主要的吸声材料，目前被广泛运用在装饰装修工程中的是石英棉及隔音棉。

此外室内绿化对于降低环境噪音、净化空气、美化环境有着重要的作用。绿化可以控制噪声在声源和接受者之间的空间自由传播，声能遇到树叶形成的介质，其阻力比空气介质大得多，并能反射和吸收入射到树叶表面、树干、树枝上的声能。由于每片树叶的柔软性，部分声能在低音频率范围内变为树叶固有振动频率的振动声能，使其变为热能；另一部分声能被大量的树叶所吸收。由此可见，绿化如同各种物质介质一样都具有吸收声能的作用，介质的稠密度越高，则效果越明显；同时，密植的树木是声波传播途径上的绿色屏障。在众多植物中，阔叶植物是非常有利于吸声降噪的。

对于呼叫中心，绿化不但能使整个环境更为舒适，缓解员工的视觉疲劳，更是吸声降噪最简单的方法。尤其针对一些之前没有进行空间降噪规划的呼叫中心是非常行之有效的补救措施。

呼叫中心是人员高度集中的场所，其布局又主要是以开敞式为主。因此吸声是呼叫中心"降噪"最为重要的手段。我们可以针对呼叫中心的墙面、顶面进行吸声处理，对于墙面顶面受原有建筑限制不能按标准使用吸声材料的，则可使用空间吸音体来达到需要的效果。对于一些无法再进行空间吸声改造的呼叫中心，可以大面积的增加绿植来起到吸声的作用；这些手段本身的造价并不比传统的装饰装修手段贵，只是用部分的吸声材料替代传统的装修材料，从而使建筑空间本身具备吸声效果。一定会给呼叫中心未来的使用带来方便。

2．关于隔音

应用专门构件将噪声源和接收者分开，隔离噪声在介质中的传播，从而减轻噪声的污染程度的技术称为隔声。

隔声这个概念还是比较好理解的，通俗点讲，就是我们用墙体或者类似的结构，将噪音隔开。在呼叫中心的空间内，有很多辅助功能的空间，如员工休息区、培训室会议室等。为了使其不影响话务员的正常工作，这些空间的分隔必须采用隔声技术。

思考题

1. 如何使你的应用系统与业务流程更好的匹配？
2. 如何做到客户规划、业务规划和技术规划的有机结合？
3. 环境设计中如何增加人性化因素和企业文化因素？
4. 呼叫中心的架构规划如何随发展阶段、团队规模而改变？
5. 在做基础规划时，如何做到更经济的实现目标？

第三章

呼叫中心人力资源规划

人的因素，是任何一个机构的灵魂。每一个目标的实现都需要人的参与。可以说，任何一个团队的表现、任何一个任务的结果都是由人的个人素质、团队素质所决定的。因为人是决定质量、技术的关键因素。所以，呼叫中心的人力规划工作就非常重要了。

人的规划，直接决定着员工的忠诚度、潜能开发、工作效率、工作质量，也决定着团队的氛围、团队的整体表现。结合企业定位进行职责制定，结合企业目标进行人员选聘、结合人员素质进行职业规划等，都对呼叫中心的运营表现起着先决作用。

第一节 人员职责定义

人是客户服务中心的灵魂。对于人员的管理不仅仅是客户服务运营管理的重点，同时也是管理的难点和价值的源泉。因此，在开始日常的运营管理工作之前，首先界定客户服务中心的人员职责是非常有意义的。

以一家企业自建的客户服务中心为例。该呼叫中心通过制定客户服务原则与标准、拟订标准的服务工作流程，来协调各部门的工作，为企业所拥有的客户提供优质服务，塑造和维护良好的企业形象与信誉。

客户服务中心的核心价值，是通过建立完善的客户服务体系，为客户提供完善的优质服务，保持和不断提升客户对企业的满意度，提升企业的品牌知名度和美誉度，提高顾客重复购买率，从而为企业创造源源不断的商机。客户服务部的具体职能如下。

一、总体职能

1. 客户调查与开发管理

通过开展客户调查活动，了解客户各方面情况，收集信息为企业开发潜在客户提供依据。

2. 客户关系管理

通过建立客户关系管理制度，不断改进客户服务方式，完善客户服务体系，巩固和加强与客户之间的关系，为企业的销售工作提供支持，进而优化企业的品牌形象。

3. 大客户管理

成立专门的大客户服务小组，为企业的大客户量身打造个性化的服务，提供有针对性的全方位服务，加强与大客户的合作关系，提高企业经营利润。

4. 售后服务

通过建立售后服务管理制度，规范企业售后服务各项工作的实施情况，履行承诺，提高客户满意度与忠诚度。

5. 客户投诉管理

通过建立客户投诉管理制度，巧妙运用处理技巧，消除企业与客户之间的误会，达到互相谅解，为企业的经营和销售活动营造最佳的外部环境。

6. 呼叫中心管理

通过建立先进的呼叫中心系统，有效地为客户提供高质量、高效率、全方位的服务，同时进一步协调企业的内部管理，提高员工工作效率。

二、对内职能

(1) 负责制定客户服务的原则、标准，协调企业各部门之间的工作，为客户提供优质的服务。

(2) 负责新客服人员的业务培训及服务业绩考核等工作。

(3) 负责制定各种标准的工作流程，并对客户服务人员进行流程培训，使之熟悉掌握各种工作流程，提高客户服务工作效率。

(4) 负责记录客户基本情况、需求、意见、建议的次数与内容，并分类统计。

(5) 负责归集业务系统信息，把握业务系统总体情况，不断提高业务的管理水平和工作效率，提高客户满意度。

(6) 负责收集其他企业的客户服务部资料，并进行整理、分析、挖掘、学习。

(7) 负责为企业的产品、设备提供强有力的售后服务保障。

(8) 负责定期向企业有关领导和相关部门通报客户意见或者反馈产品销售情况；为企业制定合理解决方案提供参考信息。

三、对外职责

(1) 负责收集和整理企业的新产品或服务使用后的客户反馈信息，为企业相关部门改进新产品或服务质量提供可靠的依据。

(2) 负责进行客户信息调查和管理，尤其是客户的使用习惯调查和管理，并对搜集到的客户信息进行整理和归档，建立有用的客户信息库。

(3) 负责受理和处理客户投诉，解除企业与客户之间的纠纷，维护企业的信誉和形象。

(4) 负责搜集客户的提案建议，并对客户的提案进行审核、评估和实施，为企业未来的发展提供宝贵建议。

(5) 对外负责提出且执行企业的售后服务措施，并制定、修改和实施相关售后服务标准、计划与政策，是企业售后服务工作的具体指导和监督部门。

(6) 负责设立服务咨询窗口，为客户提供咨询服务，帮助客户发现和解决有关新产品使用等各种问题，促进企业与客户之间的有效沟通。

(7) 负责加强软硬件设施建设，为提供高效优质的服务作保障。

呼叫中心是企业服务、销售、产品实现的重要平台，那么呼叫中心不同岗位的主要职责具体该如何定义呢？

1. 呼叫中心营运经理的岗位职责

(1) 规划、管理及控制呼叫中心的日常运作，以便用有效及高效的方法达到品质与成本目标。

(2) 制定相关现场制度、服务规范以及业务经营指导意见。

(3) 负责管理整个呼叫中心的运作表现，质量保险，生产率及成本效率控制等目标，并全面监管日常客户服务。

(4) 在符合优质服务的目标下，确保呼叫中心的资源得到最有效的使用。

(5) 管理被分派项目的整体质量、绩效与生产力产出。

(6) 设计并优化客户相关流程和业务支撑流程(包含一般电话处理、骚扰电话处理、工单处理、追电处理、投诉处理、留言处理、申请复核监听结果处理、网上应答处理等)；以确保相应岗位对流程和规范的遵循度。

(7) 及时发现及校正任何影响生产力及服务质量的营运问题。培养积极向上并且具有专业服务、营销技能的工作团队。

(8) 根据员工月度、季度、年度考核办法，负责具体实施绩效考核。

(9) 负责提升呼叫中心业务绩效、达成呼叫中心整体的既定业务目标。

(10) 负责员工的日常管理(包括纪律管理、假期管理、考勤管理、日常沟通等)，负责提升、维系呼叫中心员工的士气与满意度，控制流失率。

(11) 定时召开呼叫中心业务会议，与员工就近期发现的问题进行交流、沟通。在会议上及时解决通用性问题。

(12) 做好呼叫中心业务实施过程中与其他相关部门的沟通、协调工作。

(13) 负责解决部门内矛盾与冲突，保证部门内团队间的协作与发展。

(14) 负责呼叫中心设备完整性的管理。

2. 呼叫中心主管的岗位职责

一线的团队主管(supervisor, team leader)的工作主要集中在人的管理。团队主管是管理层与一线呼叫中心专员(CSR) 之间的桥梁和纽带，是呼叫中心管理措施实施的具体执行者，对一线呼叫中心专员的士气及服务水平高低有着直接的影响。团队主管直接向运营经理进行汇报。

(1) 监督及管理呼叫中心专员的日常操作，确保能按时、保质的为客户提供服务，或者完成每天制定的营销目标。

(2) 管理自己负责小组的日常运作，确保小组整体运营绩效符合既定要求。

(3) 监督并评估小组成员的工作质量与效率，及时发现问题并采取相应的改善措施。

(4) 为组员提供及时指导及支援，不断提升自己班组呼叫中心专员的服务质量及促进日常操作的顺利实施。

(5) 时时监督电话流量状况，并适当部署资源以符合服务水平、及时率等要求。

(6) 帮助回答呼叫中心专员无法解决或者复杂的用户咨询，处理来自客户的投诉。

(7) 确保企业客户服务部新服务及新项目的执行。

(8) 按时向运营经理提交每日，周度以及月度工作小结。

(9) 积极地获取回馈，并向呼叫中心运营经理推荐有关服务效率改进方案。

(10) 识别小组成员的能力结构，将优秀员工推荐给运营经理，并帮助绩效不达标的员工提高、改善。

(11) 负责该小组呼叫中心设备完整性管理。

(12) 协助培训新进客服人员，确保团队所有员工明确项目进度及个人目标。

(13) 负责新进人员受训后的辅导责任。

(14) 负责小组日常事务管理，及时完成上级交办的任务等。

(15) 负责督导小组中呼叫中心人员的业务，确保员工遵守工作守则。

(16) 负责向组员传达中心的重要工作、工作安排及相关信息。

(17) 参与与呼叫中心软硬件系统相关的决策，比如对现有系统升级的要求，如何更有效地改进或使用相关系统等。

3. 客户调查主管的职责

(1) 制定公司客户调查总体规划，年度计划和费用预算，在公司批准后组织实施。

(2) 制定公司客户调查的详细工作规程和细则，并监督各部门和人员按程序作业。

(3) 负责客户调查项目的组织和实施，并提出调研报告供领导和有关部门决策参与。

(4) 筛选合格的调查人员，并对业务进行培训、指导、对工作业务进行考核。

(5) 筛选专业调研机构、保持正常联络，对委托调查项目进行协调、督促、验收。

(6) 采取各种方法，在各个质量控制点进行监控，确保调查结果的质量和可信度。

(7) 接受公司各部门的客户与市场信息咨询,或主动提供定期的信息服务。

(8) 对相关客户资料进行收集、整理、归类建档、确定客户资料的保密,并妥善保管。

(9) 创造条件,推行调查工作和数据处理的信息化。

4. 客户投诉主管的职责

(1) 负责处理客户投诉相关制度的制定,经业务负责人审批后执行。

(2) 负责制定统一的客户投诉案件处理程序和方法。

(3) 定期对客户投诉专员投诉受理情况进行检查。

(4) 负责对客户投诉专员进行投诉受理方式、方法培训。

(5) 负责特殊客户投诉工作的受理及跟踪处理。

(6) 负责对客户服务部门工作进行服务质量评估。

(7) 协助各部门开展对客户投诉案件的分析和处理工作。

(8) 负责检查审核投诉处理通知,确定具体的处理部门。

(9) 负责定期向客户服务经理汇报客户投诉管理的工作情况。

(10) 负责客户投诉突发事件、投诉专员不能解决的投诉事件处理。

5. 质检专员的职责

(1) 根据设计的质量监控体系,监督、检查通信质量和服务质量,对重点问题进行分析并提出改进意见,将发现的个人问题和整体问题反馈给运营经理,为其整体管理提出支撑信息。

(2) 担当挂钩团队的学习委员,指导改进服务质量和业务水平,组织员工业务水平考试。

(3) 根据本室内部质量检查情况,提出整改措施,结合典型案例进行整理分析,编制指导手册和业务水平测试题并组织员工现场辅导。

(4) 负责根据本室内部质量检查情况,反馈培训需求及培训方案。

(5) 负责对客户有理由投诉、表扬工单及各分公司远端拨测、采编公告等情况进行复核。

(6) 负责搜集、汇总、上报工作流程优化及业务采编资料库信息的系统性、准确性、实效性等方面的意见和建议。

6. 培训专员的职责

(1) 负责根据设计的培训计划制定部门内部培训方案，为员工业务学习提供教材，负责新员工岗前培训工作。

(2) 组织培训场地与培训设备、组织落实培训会务及其他行政事务，并做好培训效果的评估，确保培训活动的顺利开展。

(3) 根据人力资源发展规划，协助运营部门策划员工职业生涯的执行方案，开发员工中长期培训发展的渠道、协助办理各类相关手续。

(4) 负责根据部门需求，配合完成在岗培训工作，不断提高话务员整体服务水平。

(5) 负责客服中心培训素材库(资料)的整合和管理。

(6) 为提高窗口人员的业务素质及服务技能，负责网上考试及短信知识题库的维护及更新(注：有些呼叫中心的知识库维护及更新由知识库管理专员完成)，设计考题，并安排员工每月网上考试，提升中心员工综合业务水平。

(7) 负责开展本部门的兼职培训师选拔、任用及能力考核，做好兼职培训师授课辅导工作。

(8) 搜集并反馈一线培训信息，参与开发标准课程。

7. 客服代表的职责

(1) 负责综合受理各类业务，对公司客户提供业务咨询、费用查询、故障申告、投诉受理等服务。

(2) 积极参加各类业务培训，不断提高自身素质和业务技能。

(3) 收集整理客户信息，及时向班组长及上级部门反映。

(4) 在客户服务过程中，正确引导客户使用公司产品，把握向上、交叉销售机会，促成交易，同时做好新业务的促销工作。

(5) 严格遵守各项纪律和管理规范，依照业务流程和业务规范的说明开展工作。

第二节　人员储备

在企业中有三大资源：人力资源、物力资源和财力资源，其中最为重要的是人力资源。企业的人力资源是指能够推动整个企业发展的劳动者所拥有能力的总称。

在知识经济环境下,企业之间的竞争,归根到底,是企业之间人力资源优劣的竞争。

企业人力资源管理是指企业对人力资源的获得、开发、保持和利用等方面所进行的计划、组织、协调和控制的一切活动。人力资源管理策略的基本原则是:根据企业发展战略的要求,有计划的对企业内部的人力、物力、财力进行合理配置,并通过有效的培训和开发策略,激发员工的工作积极性,使员工的潜能得到充分的发挥,从而确保企业战略目标的实现。

对于一个新组建的客户服务中心而言,在完成技术和设备的设计与选型后的另一项重要的任务就是建立起适合企业发展的人员组织结构,为了保证这个组织结构可以发挥正常的功能,人员的配备就显得极其重要。

人员选聘录用是企业人员配备的基础性工作,为了使企业人员配备恰当,加强人员选聘录用的规范化、制度化建设就成为客户服务中心人力资源管理制度设计中关键的一个环节。整个呼叫中心的人员招聘筛选基本按照以下步骤进行,明确招聘目的、招聘需求的分析、人员招聘策略制定、招聘方案的确定、人员选拔的进行及招聘工作的评估。

一、明确招聘目的

通过建立完善的人力资源招聘管理系统,以使呼叫中心能够在中长期内从质量上和数量上为不同的岗位空缺提供合理的补充及必要的储备。

二、招聘需求的分析

呼叫中心招聘需求分析的核心是确定招聘要求、数量和人员结构,见表3-1。

表3-1 招聘需求分析表

名　　称	详　情	建　议
人员需求	确定招聘岗位的职位描述,即所要求人员的基本知识、经验和技能等任职资格	自然条件:包括学历、性别、年龄、性格、语音语调、语言等方面的具体要求 个人技能:包括工作经验、个性特征、体能需求、技能需求等具体要求

(续表)

名 称	详 情	建 议
人员需求	确定招聘岗位的职位描述，即所要求人员的基本知识、经验和技能等任职资格	任职要求：高中或以上学历，声音自然、甜美，普通话及广东话流利，懂英文者更佳，2年以上呼叫中心经验，五笔打字50字以上
招聘数量	各岗位确定具体的招聘人数	需将人员流失率及淘汰率计算在内，据经验，往往招聘数量应为实际需求人数的120%
人员结构	人员结构包括年龄结构、性别结构、学历结构、性格结构、工作经验结构等	年龄结构：招聘时要充分考虑到不同的年龄段，适当拉开年龄层次；尽量避免较多女性从业者在某个年龄段，因结婚、生育集中等个人因素而带来的人员紧缺；同时不同年龄段的搭配有利于使整个团队既有朝气又不失沉稳
		性别结构：在招聘时，人员要保持恰当的性别比例，可以缓解女性从业人员过多，而导致的工作气氛单一、沉闷问题，从而提高工作效率

三、基于服务胜任力的人员招聘策略

企业在选择与客户接触的第一线员工时，最重要的标准是服务胜任力。服务胜任力结构主要因素是知识、技能、能力和其他个性因素(简称为KSAO)。服务胜任力招聘中更关注候选人的情感特征和与客户积极接触的能力。

多数简历只能提供关于候选人的基本情况，而缺乏关于他们能力和个性特点的重要信息。当我们希望得出候选人能力和特点的看法时，简历的价值是很小的。在实际招聘过程中，人员规格和工作描述的作用同样很受局限性，没有深度，更缺乏感情。这种程序几乎没有提供适合第一线的员工挑选的有效标准。

四、将挑选标准重新排序

将挑选标准按下列顺序排列：一是个性特点，如积极的态度、时刻准备采取行动、温暖和友爱、口齿清楚、开放、诚实、可靠、真诚地帮助他人、高水平的自我意识、主动学习的心态、天才的创造性、清楚明白的准则和信念；二是技能和知识，如使用有效开展工作的支持系统的潜力、能够写一封好信、快速计算、能快速阅读理解复杂文章、使用第二外语(如有必要)、能快速获得组织和产品的知识、好的记忆(如老客户的姓名)；三是经验，具有丰富的呼叫中心或者服务行业的工作经历。

五、做挑选决策时，保持一定的主观性

得到有关候选人的信息越多，越可能做出正确的人事决定。但做决定时必须考虑自己的主观印象和直觉敏感，不能仅仅依靠有限的客观指标。不管挑选程序多么客观，最后的决策仍会涉及主观性。人们总会为对某一候选人的主观、直觉提供客观的理由，不会选择一个自己都感觉不好的候选人。对候选人所收集的客观数据总显得简单而有限，而每一个人都有复杂的心理和独特的思维和行为模式。机械的挑选程序是无法探得这些细节的，但正是这些细节可能对客户服务产生实质性的影响。

六、使用包括直线经理在内的面试小组

对挑选最后负责任的人是新员工的直线经理而不是人力资源部，因此让直线经理参与决策是很重要的。新员工将从属的团队也应该参与挑选。团队成员对新员工是否具备提供一流服务的品质最有发言权。如团队成员不喜欢某一新员工，该团队甚至整个公司就会面临动机和服务质量方面的问题。

七、把每一个候选人当成潜在客户，提高对他们的反应速度

最佳候选人被雇用的机会是很多的，一个出色的候选人不会被动接受你所提供的机会。当确定一个候选人就应告诉他，是多么希望他(她)尽快加入，让对方感觉到他(她)的重要性。人力资源部门不应该仅通知决定，并让人员按程序办事。

八、在招聘和挑选中进行创新

有些乐于创新的公司往往在招聘中运用新方法。对广告方式进行创新；选择招聘助理时进行创新，如邀请客户参与招聘工作；在选择过程进行创新，如访问候选人并在其家中进行面试；在电话交谈中开始挑选工作；在候选人从进门时就开始观

察：他们和别的候选人交谈了吗？他们坐在一个空桌子边或与另一人相邻而坐？这些公司没有任何事先设计好的关于成功员工的可借鉴模式，而是把每一项新员工的招募和选择工作都看成是一种创新的挑战。

以微软招聘为例。为了跟上高速的业务增长需求，微软必须不断聘用高素质员工。微软之所以能保持业内的领先地位，很大一部分原因与其独特的招聘方式有关。它的招聘不是针对某个职位或群体，而是着眼于整个企业需求。这就意味着要确保招聘到长远来看适合企业的人才，而不仅是考虑让他们目前担负的具体职位要求。在产品周期通常只有6到18个月的软件行业，岗位责任和职位变动频繁。微软公司的招聘着眼于"才能"，关注应聘者思考和解决问题的方式，目标是为了聘到孜孜不倦的学习者，能随时解决业内新问题的人以及适应业务需要、能在公司内变动工作的人。

微软的经理们在招聘过程中会使用代表不同才能的彩色卡片。这些卡片根据微软公司以下的"成功六要素"提出了多种"才能"：个人专长、绩效、顾客反馈、团队协作、长远目标及对产品和技术的挚爱。所有经理以彩卡上列出的问题为指导，在面试及评价候选人时都有同样的标准和要求。

微软认为：才能独立于职责和职位之外，可从一项工作"转到"另一项工作上，反映了微软公司"着眼于企业全局，而非某一职位"的聘人哲学；才能显示出员工发展的业绩潜力，无需回顾过去的实际业绩，微软公司利用"才能"区别员工水平，并判断员工需要培养哪些技能才能符合公司发展的要求。

1. 招聘方案确定

招聘方案的内容包括招聘的目的和意义、时间安排和工作进度、招聘活动参与者的职责、信息发布的渠道、广告内容及预期效果等。呼叫中心提交招聘方案经领导批准后，在实施过程中争取其他相关部门的配合与支持。需要特别强调的是合理安排招聘活动时间；通常一个招聘活动，从正式发布招聘信息，到确定被选拔者的时间最好不要拖得太久(建议不要超过四周)，尽可能保证整个招聘活动安排紧凑，流程顺畅。

2. 招聘选择渠道

根据时效要求制定呼叫中心的年度人员招聘计划，分解到月，甚至周；根据人员结构和数量要求结合对本身历史数据的参考来确定招聘渠道的选择。不同的时期选择合适的渠道,表 3-2 为招聘渠道统计表。

表 3-2　招聘渠道统计表

渠　道	优　点	缺　点
网上招聘	费用低廉、自由度高、可以考察一些应聘者的基本技能,例如使用电脑、网络的能力、英语阅读能力	信息真实性不高,不能有面对面的感知,同时部分符合要求的人群会错过网上信息
媒体广告	信息传播范围广、速度快、应聘人员数量大、层次丰富、吸引力大、单位选择余地大	人力资源部门筛选简历时间多,高端人士很少采用这种求职方式
大型招聘会	可供选择机会大、缩短招聘与应聘时间、容易传播各自的信息、针对性强	较多高级职位、不适合初建的呼叫中心的人员招聘
中小型招聘会	针对性强、费用低、节约时间。便于了解行业中其他企业的招聘需求	较优秀的基层专业技术人才和管理人才不太愿意参加这种规模的招聘会
校园招聘	节约招聘成本、适合初级水平人员。可招到可塑性较高的人员	有较大的不稳定性、须控制招聘比率,否则容易造成流失而加大招聘成本
猎头公司	招聘速度快、质量高、针对性强、成功率较高	成本高、一般适合高端人才。大批量的人员招聘和基层人士招聘不适合这种方式
员工推荐	成功概率大,稳定性好,具有一定的可靠性,而且对企业和相关业务有一定了解	数量少、容易形成小团体
招聘外包	风险低,专业性强	可控性较低

3. 人员选拔的进行

呼叫中心人员选拔的方法是根据不同岗位的特点,按照一定的流程来筛选应聘者;许多呼叫中心在招聘过程中设计了较有特色的人员选聘工作流程,以便考核应聘者是否具备相应的技能,一般情况下,选拔步骤设计的越仔细,考核要点越明确,人员招聘效果越好。

人员选聘主要有如下四种方式。

(1) 材料法

材料法是通过一些材料信息来考查和选聘人才的方法。选聘材料的常见形式主要有申请表、履历分析、证明材料、推荐信、背景调查等。材料法主要了解的是个人的基本信息及背景材料，它可以为其他测评方法(如面试)提供一定的参考。

① 申请表

申请表是选聘过程的第一步。典型的申请表的内容包括：求职者的背景资料，如姓名、地址、教育程度、社会关系、工作经历、特长、兴趣爱好、要求的职位等等。一张填好的申请表可以达到三个基本目的。一个是确定求职者是否符合工作所需要的最低资格要求，以便确定最少的候选人；第二，申请表可以帮助招聘者判断求职者具有或不具有某些与工作相关的属性，例如，可以通过工作经历来判断其经历是否与招聘的工作岗位所需能力有关；第三，申请表中所包含的资料可被用来"警示"任何与求职者有关的潜在问题领域。例如，经常的工作变换可能是不稳定的表现。由于职务的不同，以及招聘工作的差异，通常会有多种申请表格。申请表的设计关键在于保证每个项目均与胜任某项工作有一定关系。申请表比较客观，易审核，成本低，所以它是选拔人才过程中被普遍使用的技术之一。

② 履历分析

个人简历是以应聘者自我记录和评价形式表现出来的个人履历资料，它和申请表一样，既可以判定求职者是否符合工作所需要的最低资格要求，又可以了解求职者的基本信息、行为表现史等。而且，个人简历比较客观，不易受到文化、意识形态等方面的影响，还具有公关效果，所以，个人简历的应用非常广泛和普遍。

③ 证明材料

证明材料在人事选拔中也被普遍使用，但它的信效度仍然无法达到我们所需要的水平。证明材料既可以用于证明过去的经历，证明求职者提供材料的真实性，又可用于提供目前和未来可能的绩效水平信息。前一方面的信度和效度较好，所以，对证明材料的使用应以事实材料作为核查的基础。

④ 推荐信

推荐信实际上是证明材料的另一种形式，但人力资源经理并不认为推荐信十分有用。在一项调查中，仅有12%的回答者认为推荐信"很有价值"，而大部分人力资源经理认为电话推荐比书面推荐更可信，因为电话推荐需要更直接的交流和更坦率的评价。

⑤ 背景调查

背景调查是一种直接证实候选人的事实信息的有效方法。有研究表明，领导与一般同事提供的材料比较真实，所属人事部门提供的材料并不真实，而亲戚朋友提供的材料往往会夸大其词，因此背景调查对于证实个人信息，消除有关疑问是很有必要的。

(2) 面试法

面试技术兴起于20世纪50年代的美国，它有着广泛的应用。面试是指在特定时间、地点所进行的，在主考官面前被测人用口述方式回答问题，通过主考人和求职者双方面对面的观察、交谈等双向沟通形式，来了解被测者的素质特征、能力状况以及求职动机等方面情况的一种人员甄选与测评技术。主考官根据被测人在面试过程中的行为表现，观察分析被测评人回答问题的正确程度来予以评定成绩。一般来说，面试可以分为开放式面试、结构化面试和半结构化面试。

开放式面试就是没有既定的模式、框架和程序，招聘者可以"随意"向求职者提出问题，而对求职者来说也无固定答题标准的面试形式。这种方式灵活性很大，对于应聘高层人员比较适合，同时对于主考官的个人素质要求和评价能力要求较高。

结构化面试是近些年来逐步发展、成熟并被广泛采用的一种面试形式，它首先以工作分析为前提，确定面试的测评要素和岗位常模，在每一个测评维度上预先编制好一系列的面试题目，并制定出相应的评分标准，面试过程要遵循一种客观的评价程序。它类似于一种标准化的面试。在劳动密集型的岗位选聘时经常会采用这种方式，它可以帮助考官在短时间内筛选出一部分基本符合岗位素质常模的人选。在客户信息服务员选聘时可以采用这种方法。

结构化面试一般包含九大步骤：①准备面试；②接待候选人；③提出问题；④询问候选人工作动机；⑤回答候选人问题；⑥介绍公司和职位；⑦结束面试；⑧笔记整理/打分；⑨评估候选人。

其中准备面试的时候要做到明确选拔的标准、确定面试对象、准备面试问题和准备面试反馈表；在面试过程中要审阅背景资料，澄清一些在看简历时发现的一些疑问。随后围绕面试职位所需要的能力展开提问；在结束面试后要给出初步评分，填写面试者的能力项目表格。表3-3为能力项目表格。

表 3-3 能力项目表格

Interviewer A(ESC or TL): _____			Date & Time_____
Recommendation O Strong Hire	O Hire	O Weak Hire	O No Hire
从你个人角度来看,微软的操作系统 Windows XP 在使用时有什么缺点和优点			
你使用过哪些浏览器,这些浏览器和 IE 比有什么优缺点			
你使用过 Outlook 或者 Outlook Express 么?你觉得两者之间的区别是什么			
你最擅长哪方面的技术?你对哪方面的技术感兴趣			
其他问题和总体评价			

半结构化面试是介于开放式面试和结构化面试之间的一种形式。它结合两者的优点,有效避免了单一方法上的不足。总的说来,这种面试方法有很多优势,面试过程中的主动权主要控制在评价者手中,具有双向沟通性,可以获得比申请表中更为丰富、完整和深入的信息,并且面试可以做到内容结构性和灵活性的结合。

(3) 情境访谈法

情境访谈是运用一种特定情境下的关键事件作为考核求职者行为反应的一种方法。它是要提高对工作有关行为取样的可靠性,它的基本做法是:首先根据系统的职务分析获得与职务有关的行为取样,并据此设计情境问题;二是对每个求职者都提出根据职务分析所提的问题;三是对每个求职者的回答进行"客观"的打分。例如,有关出勤的情境问题可以设计如下:"你的妈妈患感冒卧床,你是家里唯一的孩子,你的父亲出差在外,但你又必须在九点钟准时上班。在这种情况下你将怎么办?"主考官提出问题后,就根据有关专家事先讨论并制定好的标准给求职者的回答打分。如,较差的回答是"我要待在家了——我的家人是第一位的",中等的回答是"我要给经理打个电话,向他解释一下,如果条件允许,我会请一会假。但如果工作非常繁忙,我会来公司先处理工作。",优秀的回答是"她只是有点感冒,如果情况很严重,我看是否能委托朋友帮忙,但我还应该尽量上班"。应当指出的是,在情境访谈中虽可以有效地把求职者的一些工作态度鉴别出来,但往往在对这些两难问题的评定中又会抹杀掉求职者的另外一些品质,并且在有些时候,经验丰富的求职者也会判断出如何回答是最佳的,博得考官的好感,而隐藏自己的实际品质。因此在使用情景访谈法时,主考官应该凭借丰富的经验用不同的情境,通过不同角度测试求职者的品质。

(4) 测试法

测试法是在面试的基础上进一步对应聘者进行了解的一种手段。通过测试可以消除面试过程中主考官的主观因素对面试的干扰，增加招聘者的公平竞争。发掘应聘者的能力与潜力，剔除应聘者资料和面试中的一些伪信息，提高录用决策的正确性。测试法是人才选拔中的重要工具，它的主要特点就是标准化程度高。测验的种类很多，但大致可分为这样几大类，即纸笔考试、心理测验和工作取样测验。

纸笔考试就是我们通常所说的考试。考试应用的领域非常广泛，自我国科举首创笔试以来，一直沿用至今，并且现在笔试已逐步向标准化、客观化发展。但考试更偏重于知识和技能的考察，所以它在考察人的综合素质时受到一定的局限。

心理测验是现代人员测评过程中的一种非常重要的技术。心理测验可以反映求职者的能力特征，预测其发展潜能，也可以测定求职者的人格品质及职业兴趣等。心理测验包含能力测验(智力测验、特殊能力测验：如机械能力测验等)、人格测验(其中也包括一些职业价值观测验、诚信度测验等)及性向测验(例如能力倾向测验、个性倾向测验、职业倾向测验等)。心理测验是一种标准化、客观化程度较高的测验，但其中有一些心理测验的信效度仍不理想。心理测验也可以分为自陈测验、评价量表及投射测验，自陈测验和评价量表的操作较为简单，易标准化，但受文化程度、文化背景等因素影响；投射测验虽解释和评价较为复杂，但它不易受文化背景等因素影响，而且它更为适合于含蓄的东方人，所以，投射测验可能会有更广阔的发展空间。

表 3-4～表 3-7 为心理测试示例(Keirsey 职业人格分类测验)。

表 3-4　心理测试示例表

情　境	备　选	
1. 聚会时，你倾向于	a. 与许多人交谈(包括陌生人)	b. 仅仅与你认识的人交谈
2. 和一般人相比，你更显得	a. 更实事求是	b. 更善于洞察
3. 对你来说更不能忍受的是	a. 仅仅思考、而不接触事物	b. 重复做同样的事情
4. 给你印象更为深刻的是	a. 行为的适当性	b. 行为所产生的体验
5. 更能吸引你的是	a. 事实	b. 情感/情调
6. 你的工作方式更多的是	a. 集中于最后的冲刺	b. 可以在任意时间工作
7. 你作决定时倾向于	a. 相当谨慎	b. 有些冲动
8. 参加聚会时，你常常	a. 直到最后还精神饱满	b. 时间一长就觉得无趣,想离开

(续表)

情　境	备　选	
9. 你更欣赏	a. 有逻辑头脑的人	b. 创造性的人
10. 你所感兴趣的更多的是	a. 现存的事物	b. 可能的事物
11. 评价别人时，你更注重	a. 原则与方法	b. 具体情境
12. 接洽别人时，你常常更	a. 客观	b. 个人化
13. 你的行动比别人更	a. 准时	b. 轻松自由
14. 更让你不安的是事情	a. 尚未完成	b. 再也没什么好做
15. 对于你的朋友，你常常	a. 对每个人的近况了如指掌	b. 迟于别人知晓信息
16. 做平常的事，你更倾向于采取	a. 常规的方式	b. 自己独有的方式
17. 作者应该	a. 直截了当	b. 留有创造性理解的余地
18. 你更喜欢	a. 连贯的思考	b. 友好的人际关系
19. 你更乐于作	a. 逻辑的判断(基于事实)	b. 价值判断(基于信念)
20. 你更希望事情	a. 决定下来并安排好	b. 留有继续讨论和调整的余地
21. 你是哪一种人？	a. 严肃而果断	b. 自然随意
22. 电话交谈时，你	a. 见缝插针，无所不谈	b. 集中于非说不可的事情
23. 你更倾向于认为事实	a. 比空论更重要	b. 是价值、信念等原理的例证
24. 你更倾向于觉得，探究未来	a. 有些惹人烦	b. 令人神往
25. 你更偏重于	a. 头脑冷静	b. 热心肠
26. 你认为更糟的是	a. 不公正	b. 缺乏同情
27. 你处理事件时倾向于	a. 通过明智的决策	b. 自由的或看时机而定
28. 让你感觉更好的是	a. 物品购定之后	b. 有机会选购
29. 与人见面时，你倾向于	a. 首先开口交谈	b. 等待别人与你说话
30. 在你看来，常识是	a. 基本是毋庸置疑的	b. 常常是值得怀疑的
31. 一般来讲，孩子不能做的是	a. 派上实际的用场	b. 实现幻想
32. 作决定时，你更乐于利用	a. 规则	b. 感觉
33. 你比一般人更	a. 冷峻	b. 温和
34. 你更欣赏的是	a. 胸有成竹(准备充分)	b. 随机应变
35. 你更看重的是	a. 确定性	b. 开放性
36. 和新人共事给予你更多的是	a. 兴奋感	b. 受挫感
37. 你更多地属于	a. 重实际的人	b. 为奇思妙想所动的人
38. 对别人的行为，你更看重	a. 效果	b. 方式
39. 讨论会上，更能让你满意的是	a. 讨论的充分性	b. 达成一致
40. 对你影响更大的是	a. 头脑的思考	b. 心灵的感悟

(续表)

情 境	备 选	
41. 你更乐于从事的工作是	a. 有具体明确的要求	b. 基于有变通余地的原则
42. 你更倾向于寻求	a. 井然的条理	b. 任何新事物
43. 你交友的倾向是	a. 朋友多而未必熟悉	b. 朋友少却知根知底
44. 你更看重的是	a. 事实	b. 价值与信仰
45. 你更感兴趣的是	a. 产品的制造与分配	b. 设计与研究
46. 更让你满足的称赞是	a. 富有理性的人	b. 感情丰富的人
47. 你更属于哪种人	a. 坚定而有恒	b. 忠实而投入
48. 通常你更喜欢的陈述是	a. 决定性的	b. 建议性的
49. 让你感觉更好的是	a. 决定做出之后	b. 决定之前
50. 对陌生人，你常常	a. 言谈自如并持续到最后	b. 没有什么好说
51. 更能使你相信的是	a. 实际经验	b. 内心的直觉
52. 你感到自己比别人更	a. 务实	b. 富有创造性
53. 对你更合适的赞美是	a. 很有理智	b. 很有感觉
54. 对你更合适的描述是	a. 公正无私	b. 富有同情心
55. 你的处事方式倾向于	a. 有备无患	b. 顺其自然
56. 处理亲戚事件时，你更倾向于	a. 通过讨论，达成一致	b. 就事论事/见机行事
57. 当电话铃响时，你更多的是	a. 首先拿起话筒	b. 希望其他人去接电话
58. 你更感到自豪的是自己	a. 对事实真相的把握	b. 有丰富的想象力
59. 通常你更为关注的是	a. 基本事实与信息	b. 言外之意或深层含义
60. 在你看来，更大的错误是	a. 太感情用事	b. 太实际或太现实
61. 你更接近于	a. 铁面包公	b. 慈面菩萨
62. 你更喜欢的情境是	a. 程序分明	b. 挥洒自如
63. 你更喜欢	a. 规范化	b. 自由度
64. 你比一般人更	a. 平易近人	b. 沉默
65. 写作的时候，你更倾向于	a. 陈述事实	b. 发挥想象
66. 对你来说，更难的是	a. 认同别人	b. 利用别人
67. 你希望自己今后更加	a. 善于推理	b. 有人情味
68. 更大的错误是	a. 不能区分事物	b. 太挑剔
69. 你倾向于从事	a. 周密计划的工作	b. 随机应变的工作
70. 你更倾向于	a. 目标明确，计划周密	b. 水到渠成

表3-5 计分示例

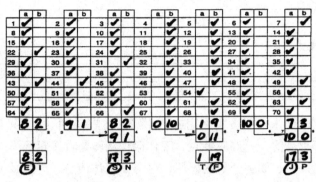

表3-6 心理测试分析表

题号	a	b	题号	a	b	题号	a	b	题号	a	b	题号	a	b	题号	a	b	题号	a	b
1			2			3			4			5			6			7		
8			9			10			11			12			13			14		
15			16			17			18			19			20			21		
22			23			24			25			26			27			28		
29			30			31			32			33			34			35		
36			37			38			39			40			41			42		
43			44			45			46			47			48			49		
50			51			52			53			54			55			56		
57			58			59			60			61			62			63		
64			65			66			67			68			69			70		
合计																				
类型	E外向	I内向		S感知	N直觉		S感知	N直觉		T思考	F体验		T思考	F体验		J决断	P理解		J决断	P理解

表3-7 各种职业个性的人员分布

大　类	小　类	%	人　数
监护 43.46%	监管者	11.06	697 416
	检察员	10.58	667 251
	供应者	12.18	768 126
	保卫者	9.65	608 360
个人发展 30.14%	教师	7.44	469 495
	牧师等使者	8.60	542 120
	顾问	7.30	460 300
	医生	6.80	428 830
技术理性 13.76%	分析师	3.20	201 973
	发明家	2.24	140 980

(续表)

大　　类	小　　类	%	人　　数
技术理性 13.76%	策划者	5.24	330 508
	设计师	3.08	194 494
行动艺术 12.63%	文艺业主、指挥、导演等促进者	2.71	170 714
	乐器、玩偶等器具操作师	2.16	136 223
	表演者	4.79	302 162
	艺术作家	2.98	187 723
合　　计		100.01	6306 675

　　工作取样测验要求求职者实际完成(或模拟)一些空缺职位的职责。它比其他任何选拔方法具有更高的一一对应特点。工作取样测验是直接对行为进行评价。工作取样测验的效度决定于职务分析的好坏，这与情境访谈是一样的。首先进行职务分析，然后确定关键行为，再设计打分系统。与情境访谈所不同的是，工作取样测验在行为确证后，要设计一个操作性的测验对求职者进行测试。工作取样测验的主要缺点是设计与使用过程中的费用太高，而且它在专业的适用范围上过于单一，缺乏通用性。

　　下面以一线旅游顾问为例，通过简历筛选、听试、面试、笔试、性格测试等多种手段的组合，针对应聘人员进行选拔；简单流程如下：应聘者简历筛选→初选→听试→面试、笔试→确定受聘者；这里重点介绍简历筛选、听试及情景模拟测试法。

九、简历筛选

　　这是一种结合招聘后应聘人员发来的简历进行筛选的方式，根据求职申请表上的详细要求及岗位描述，对所有应聘人员的简历情况进行初审，合格者方可进行听试。初选的基本条件是在拿到应聘人的履历表时就可以确定的，如果不符合基本条件者，就可以直接过滤、排除。

旅游顾问初选的标准

- 对工作经历的描述(有无频繁跳槽的经历)。
- 曾经担任过的工作性质及职责描述(有无相关工作经验，是否适合呼叫中心的工作)。

- 根据性别进行筛选：考虑适当的性别比例。
- 工作地点与居住地点之间的距离：单向交通需要两个小时以上车程就可直接放弃。
- 薪资：如薪资要求过高，即可直接放弃。
- 年龄：具备一年以上工作经验，18 岁以上 35 岁以下；年龄太大，学习意愿会降低；年龄太小，则其工作稳定性差。
- 根据学历进行筛选，要求应聘者必须达到规定程度以上的学历，剔除硕士以上的高学历。
- 简历的结构、文字、语法及格式(文字逻辑表述能力)。

十、听试筛选

由于呼叫中心从业人员大都要通过电话实现服务，所以语言的应用能力应该是旅游顾问选聘的重要考核指标，通过听试可以考核应聘者的电话沟通、与人交流的能力，从而判断应聘者是否具备良好的可开发、可塑造的品质。把听试作为筛选的重要一关，也避免了考官受应聘者外貌形象等外在因素的影响，忽略了语音能力考核的重要基准。

听试着重测试了解应聘者的声音(如语音、语调、语速)、倾听理解表达能力、情绪消化能力、自我认知能力及语言表达方面(如电话礼仪、逻辑性、表达及反应等)；呼叫中心具体结合招聘的岗位进行听试问卷的设计；呼叫中心只要根据实际的需要赋予以上项目不同的权重即可。同时为了有效控制听试时间，必须对招聘听试呼出人员进行专业的技巧培训，以便统一标准。

以下是国内某大型航空企业的呼叫中心所设计的听试问题，供大家参考：
- 请简单描述个人及目前工作情况？(表达与组织能力)
- 你最有成就感的地方在哪里？最受挫折的地方在哪里？(反应与逻辑分析)
- 你来应聘本职位，你认为自己的优势是什么？(自我认知能力)
- 请你听取以下录音，并按照你的理解对录音内容进行复述。(测试理解归纳和复述能力)

- 对该应聘者的复述给予负面评价，如："我觉得你完全没有抓住要点"，"我觉得你复述得比较糟糕"，关注应聘者的回答和反应(情绪消化能力)，问题结束后对应聘者进行解释并致歉和致谢。

十一、情景模拟测试(或角色扮演)

情景模拟测试法是一种非常有效的选择方法，情景模拟是根据被试者可能担任的职位，编制一套与该职位实际情况相似的测试项目，将被试者安排在模拟的、逼真的工作环境中，用多种方法来测试其心理素质、电话处理能力、应变技巧等一系列方法。一方面可以从多角度全面观察、分析、判断、评价应聘者；另一方面由于被测试者被置于其未来任职的模拟工作情境中而测试重点又在于实际工作能力，这样节省了大量的培训时间及费用。

十二、招聘工作的评估

招聘评估是招聘工作的最后一道工序。评估就是对招聘过程的每个环节进行跟踪，以检查招聘是否在数量、质量以及效率方面达到了标准。
- 判断招聘效果：主要是看空缺的岗位是否得到了填补，录用率是否符合招聘计划。
- 选择最佳招聘广告登载媒体：通过对招聘结果的分析，选择最佳招聘广告登载媒体。
- 衡量招聘的质量：短期内，主要根据求职人员的数量和实际录用人数的比例来确定招聘的质量；长期来看，就要根据受聘人员的流失率来判断招聘的质量。
- 衡量效率的费用指标：可以用多种方式对费用进行分析，如较常用的指标是计算每一个人的平均费用。

以上呼叫中心招聘步骤的介绍，有助大家有效解决呼叫中心人员招聘筛选标准化建设的问题，从源头上确保招聘的质量，在确保呼叫中心服务品质持续提升的同时，有效减少人员的流失，降低运营成本。

第三节 职业发展道路规划

面对因为持续不断的流失、招聘再培训带来的服务水准的波动，不少呼叫中心管理者的目光已经开始转向员工的职业生涯发展规划；同时也认识到通过帮助呼叫中心从业人员具体设计及实现其个人合理的职业生涯计划，不仅协调了员工个人的目标与企业长期发展愿景，而且有助于形成更加具有凝聚力的服务队伍，能够更加有效地调动员工的积极性和创造性。

一、呼叫中心进行员工职业生涯规划的原因

- 部分呼叫中心缺乏对人员的能力开发和个人发展指导，这使员工缺乏归属感和目标，员工的工作动力仅来源于自身的发展目标和责任感。
- 由于工作性质的枯燥，部分在呼叫中心工作多年的从业者对于现有工作已经缺乏积极性和主动性，只以不犯错误来要求自己。
- 呼叫中心内部一线员工多处于迷茫状态，部分呼叫中心频繁的短期项目给从业人员带来很大的不确定性压力，如果有更好的机会，部分员工将会立即选择离开。
- 部分长期项目出于客户及稳定的需要，基层管理人员极少变动，这也使部分员工感到在呼叫中心内部的升迁几乎没有希望。
- 如不进行职业发展规划，将存在更多人员流失的隐患。

二、为员工设计职业生涯发展计划的好处

- 可以帮助企业更深入地了解员工的兴趣、愿望，以使他们能够感觉到自己的工作受到上层重视，从而促使其发挥更大的主动性。
- 由于管理者和员工有更多的时间沟通，使得员工产生积极的上进心，从而为呼叫中心的工作作出更大的贡献。
- 由于了解了员工希望达到的目标，管理者可以根据具体情况来安排对员工的培训及指导。
- 可以适时地用各种方法引导员工进入呼叫中心新的工作领域，从而使个人目

标和呼叫中心的目标更好地统一起来，降低员工的失落感和挫折感。
- 能够使员工看到自己在这个企业及行业内发展的希望、目标，从而达到稳定员工队伍的目的。

三、呼叫中心员工职业生涯发展计划的多方向性

- 纵向发展：呼叫中心员工职务等级由低级到高级的提升，如由一线座席员→资深座席员→班组长→运营主管→运营经理等。
- 横向发展：员工在同一层次不同职务之间的调动，对于旅游行业的呼叫中心，可以由酒店组→机票组→度假组→VIP→商旅。横向发展有助员工积累各个方面的经验，为以后在呼叫中心行业内的发展创造有利的条件。
- 向后发展：前台向工单后台发展，或者向质检、培训师、IT服务等后台支撑部门发展。
- 向外发展：结合企业内部需求，或者针对一些有特殊原因或情况的同事，可以考虑跨部门发展，例如财务结算中心、人力资源、人事助理等。

向呼叫中心核心方向发展：虽然职务没有晋升，但是却担负了更多的责任，有了更多的机会参加更有挑战性的工作，如掌握多项技能的资深客服代表、呼叫中心内部培训专家、服务客户产品专家等。

第四节　人尽其才机制

"人—职匹配理论"即关于人的个性特征与职业性质一致的理论。其基本思想是，个体差异是普遍存在的，每一个个体都有自己的个性特征，而每一种职业由于其工作性质、环境、条件、方式的不同，对工作者的能力、知识、技能、性格、气质、心理素质等有不同的要求。进行职业决策(如选拔、安置、职业指导)时，就要根据一个人的个性特征来选择与之相对应的职业种类，即进行"人—职匹配"。如果匹配得好，则个人的特征与职业环境协调一致，工作效率和职业成功的可能性就大为提高。反之则工作效率和职业成功的可能性就很低。因此，对于组织和个体来说，进行恰当的"人—职匹配"具有非常重要的意义。而进行"人—职匹配"的前

提之一是必须对人的个体的特性有充分地了解和掌握。那么企业又应该如何实现"人—职匹配"呢？

为做到这一点，我们将引入话务员素质模型(或者胜任力模型)设计这一概念。

素质又称"能力"、"资质"、"才干"等，是驱动员工产生优秀工作绩效的各种个性特征的集合，它反映的是可以通过不同方式表现出来的员工的知识、技能、个性与内驱力等。素质是判断一个人能否胜任某项工作的起点，是决定并区别绩效差异的个人特征。

呼叫中心在进行话务员素质模型设计时，首先要能够根据其自身的运营特点进行设计，显然一个以咨询解答为主要服务目的呼叫中心和一个以营销为主要服务目的的呼叫中心在进行话务员素质模型的设计时会有较大的不同。前者更注重的是业务知识的掌握，而后者则更注重营销能力。素质模型的设计还应考虑岗位的特性，不同岗位的话务员其素质模型的设计也会有所不同，比如以接咨询电话为主的话务员和主要负责投诉事件处理的话务员，在素质模型的设计方面也存在较大的差异性。

下面就以一个以营销为主的呼叫中心人员的素质模型设计来进行举例。

第一步：进行角色定位，营销类客服专员主要应承担如下职责

(1) 收集分析与营销工作相关的各类信息，其中涉及企业及其所在行业的产品销售、市场竞争状况，以及本企业的营销目标、营销理念、经营哲学等。除此之外还包括本企业产品的全部知识与信息，以及客户对于产品性能、形态等各方面的需求与期望等。

(2) 根据收集与加工的信息和应完成的销售目标，制定电话销售计划。

(3) 瞄准目标客户并建立关系。根据市场调查结果，以及客户名单、订购信息、潜在客户的购货查询资料等，瞄准并预测客户数量。同时对客户进行电话拜访，确定目标客户。

(4) 制定销售计划和客户电话拜访计划。确定向客户介绍哪些产品性能，以及哪些指标能满足客户需求的产品特征，并制定相应的客户电话拜访计划，统筹时间。

(5) 执行销售计划。通过客户电话拜访和各种促销手段的落实、例外事件的处理、信息的采集与整理等工作，确定销售任务能否达成，以及下阶段销售计划制定的关键环节。

第二步：进行素质模型设计

(1) 影响力。影响力素质是绩效优异的营销人员所应具备与运用的最普遍的素质，往往与潜在的成就导向相互作用，最终驱动高绩效的达成。在实践电话营销的过程中，影响力素质的发挥通常有以下几种方式。

① 关注与顾客建立信任感或给对方留下某些具体且深刻的印象(包括声音、语言等各种细节)。

② 通过了解客户最关心与敏感的问题，满足其要求来施加影响，显示其所代表的企业对客户的重视与理解，从而获得客户对企业的持续信任与忠诚。

③ 了解客户对营销工作以及相关人员的看法，采取行动预测与引导他人的行为。

(2) 主动性。电话营销人员的主动性常常表现为做事坚持不懈的精神与毅力，即为完成某项任务一次又一次地尝试不同的方法，面对失败与拒绝也决不放弃。从长期的角度而言，主动性还意味着抓住机遇，迅速采取行动以应付未来潜在的威胁，提前付出比工作要求更多的努力等等。

(3) 人际理解力。人际理解力是电话营销人员需要具备的核心素质之一，它也是影响力素质和客户服务素质发挥作用的基础。具备了这种素质的电话营销人员，能够根据客户的只言片语来判断他们的意图与倾向，并预测其未来的需求，以此调整自己的方式。所谓"设身处地"地想客户之所想，为客户创造价值就是这个意思。

(4) 客户服务。客户服务也是优秀营销人员所具备的基本素质之一，体现在为客户提供符合其需求的产品与服务，以及在客户做出重大决策时充当他们的顾问等方面。特别作为后者，要与客户建立长期稳定的合作关系，优秀的电话营销人员往往要扮演令人信赖的顾问角色。显然，这一角色的成败，不仅需要营销人员对客户的需求有持续正确的认识与理解，同时还要求营销人员能够本着客户导向的原则对客户提出各种建议。

(5) 自信。主要表现为对自身能力以及面对各种挑战充满信心，面对失败不放弃、不懈怠，反而积极应对等。自信是电话营销人员所具备的最基本的素质之一。当然，所有的营销人员都必须具备承受或容忍失败与拒绝的某种忍耐力，但是在解释与处理失败与拒绝的方式上，优秀的营销人员与一般的营销人员则会体现出较大的差异性。通常优秀的营销人员会以一种积极乐观的态度对待失败与拒绝，在解释失败的原因与总结失败的教训时，不但能够客观地对各种外因进行分析，包括激烈的市场竞争以及客户对于其他产品的偏好等,而且能够客观地评价自己做了什么与没做什么,并制定相应的积极改进计划。而一般的营销人员则往往会因为遭到失败与拒绝而失去斗志,或者找出许多理由为自己辩护。

(6) 信息搜寻。即搜寻有关产品、技术发展、潜在客户、客户需求以及市场竞争等方面信息的能力,也是电话营销人员的必备素质之一。有些素质较高的营销人员会通过多种方式进行收集,他们关注通过询问、调查等直截了当的方式来获取信息。

(7) 关系建立。与客户建立信息合作关系是营销工作的核心内容之一。关系建立主要体现在与客户保持联系,定期进行电话拜访、与客户形成定期良好的互动交流等。

(8) 归纳思维。归纳思维主要用于分析与总结客户的心理与相关行为,以便解决客户提出的问题,或者得到进一步与其接触的机会等。

(9) 自控能力。当面对客户的抱怨、投诉或抵制情绪时,营销人员必须具备良好的自我控制和调节能力,以积极的心态去面对。

(10) 团队合作。团队合作从一定意义上也可以视为一种培养与开发人才的有效方式,同时为加强呼叫中心现场管理起到支持作用。

话务员素质模型的建立对呼叫中心人员的招聘进行了有效指导,开展基于素质要求的人员招聘与甄选活动,事实上为构建一个基于素质的人力资源管理系统提供了很好的基点,同时也有利于呼叫中心后期的运营和管理,从而最终实现呼叫中心在企业中的价值。

第五节 人员奖惩机制

呼叫中心管理者最不愿看到的一件事情是,你的优秀员工离开了你的呼叫中心,投入到竞争对手的怀抱。作为一名管理者,一定要明白:员工的忠诚度不是与生俱来的,是要经过精心培育的。其中常用的一种手段就是通过适当的激励措施,使员工能够保持持续忠诚和对工作的最大投入度。但是,仅仅做了员工激励还远远不够,你还必须进行正确、高效的激励。

以下就是员工激励中常用的几种不同手段。

1. 给予员工有竞争力的薪酬

尽管有很多人认为金钱不是最好的激励手段，但我们不得不承认，薪酬福利是大多数员工为企业工作的首要原因。对于绩效表现优秀的员工，给予一定的薪酬提升或者额外的金钱奖励，必定会进一步保持和促进这些员工的工作热情和投入度。

2. 给予员工其他激励与奖赏

如上所述，金钱不是万能的。员工的激励也并不需要每次都体现在金钱上。其他如带薪假期、小礼物、免费午餐或晚餐、购物券、演出票、班次选择权或者更好的工位等手段也都可以用来持续激励员工。

3. 对于员工出色地完成工作表示认可与感谢

当员工因出色完成工作受到认可和表扬的时候(例如，传统式的流动红旗、小星星奖励、光荣榜；现代式的电子邮件表扬、大屏幕祝贺、例会表扬等)，员工是感到很骄傲和自豪的。而对于工作成绩的认可又会鼓舞他们向着更高的目标前进。

4. 提供丰富的培训机会

额外的或提高性的知识与技能培训机会也同样是一个很重要的激励因素，尤其是那些学习主动性高，能力强的员工。而且，这不仅能够起到员工激励的作用，而且还可以持续提升员工的绩效水平和生产力。

有效员工激励需要注意如下几点。

1. 了解员工的需求

不同的员工、不同的性格、在不同的阶段、针对不同的工作性质和任务所对应的激励需求也是不一样的。比如，同样工作岗位的两个员工，有可能一个注重金钱的激励，而另一个更看重额外的培训提升机会。因此，要想对不同员工提供有效的激励，就要了解每个员工的具体需求，然后分别采取对应的激励措施，这样才会收到更好的效果。另外，也可以提供多样化的激励选择，让员工来掌握主动权。

2. 个人化给予员工的奖品或礼品

附着管理者手写的感谢卡的礼物或者针对员工的兴趣爱好专门选择的奖品等往往会在员工身上留下更长久的激励效果，比如，流行的电子产品、歌手的唱片、电影的 DVD、餐厅的餐券等等。激励的方式和手段是多种多样的，关键是要把握员工的需求，才能起到应有的激励作用。

除了奖励以外，对于某些表现不好的员工，我们也要适当进行惩罚。

一提到惩罚，人们往往想起绩效考核或扣钱，其实这些只是惩罚的某些手段。惩罚机制与激励机制的目的其实是一样的，都是为了引导员工，告诉员工公司倡导怎样的行为，反对怎样的行为，帮助他们纠正错误。因此在一些呼叫中心里，惩罚被称为负向激励。

惩罚的手段并不局限于扣奖金。对于影响不大的错误行为可以采取口头批评的方式；对于影响重大的错误行为如泄漏公司机密等可以上升到开除员工并要其承担法律责任。同时惩罚的手段可以结合绩效管理和职业生涯发展等来设置，如对于绩效连续不达标的员工采取下岗再培训，对于违反行为规范的员工取消其评优机会等。

在建立和实施惩罚机制时，要注意以下几点。

1. 预先设置好惩罚的触发点和具体措施

惩罚的触发条件和惩罚的具体方式方法应该有清晰的定义，全体员工知晓并理解这些条文。在错误行为发生之前，这些明晰的条文是对员工的行为指引。在错误行为发生后，这些条文是处罚的依据。如果没有预先设定的惩罚条文，势必会造成处罚程度不一致等不公平的现象。

2. 惩罚对事不对人

惩罚的目的是帮助员工提高。因此惩罚的对象是错误的行为，而不是犯错误的人。在实施惩罚措施要考虑到受罚员工的感受，如非必要尽量不要以公开方式处罚员工。

3. 言必行，行必果

必须按照设计好的惩罚措施来实施惩罚，不能由于种种借口而减轻或不实行惩罚。例如有些时候，由于业务量的压力，连续多月绩效不能达标的员工并没有按照规定参加脱岗培训。表面上看，业务量的压力得到缓解。可是实际上这些绩效不达标的员工在线的时间越长，为公司创造的不满意客户就越多，这种方式无异于饮鸩止渴。同时也会让其他员工感觉既定的惩罚措施只是一纸空文，对大家的约束力就会下降，对于绩效达标的员工造成不良的引导。

思考题

1. 当我们不能提供太多的管理岗位的时候,如何对优秀员工进行激励?
2. 人员的惩罚机制对运营管理的效果到底有多大?
3. 在一些呼叫中心中,对员工的不规范行为直接罚钱,对此你怎么看?
4. 在你的团队中,是否每个人都清楚知道自己的职责呢?
5. 团队、个人职责是否是一成不变的呢?

第四章
呼叫中心运营流程规划

流程是呼叫中心管理的核心之一。那么什么是流程呢？著名管理学家 H.J.约翰逊认为业务流程是把输入转化为输出的一系列相关活动的结合，它增加输入的价值并创造出对接受者更为有效的输出。而在 ISO9000 的定义中认为业务流程是一组将输入转化为输出的相互关联或相互作用的活动。流程就是一组相互关联的活动，在这些活动中投入各种要素，包括信息、资金、人员、技术等，最后通过流程产生客户所期望的结果，包括产品、服务或某种决策结果。对于员工来说，流程就是工作的流转，员工根据它知道先做什么，再做什么，最后得到满意的结果。

有了流程，但如果流程不够规范，我们仍然不能获得理想的结果。所以我们需要流程管理。流程管理最终希望提高顾客满意度和公司的市场竞争能力并达到提高企业绩效的目的。流程管理能够帮助我们：

通过精细化管理提高受控程度，确保员工服务方式的一致性；

通过流程的优化提高工作效率；

通过制度或规范使隐性知识显性化；

通过流程化管理提高资源合理配置程度；

通过流程落地，快速实现管理复制。

第一节 流程创建

在进行流程管理之前，我们首先需要创建流程。呼叫中心流程创建一般包括以下几个步骤。

第一步：流程识别

在识别流程时，我们需要考虑到呼叫中心所涉及业务的方方面面，不能有遗漏。我们需要对现有的业务进行分析，发现关键目标和需求，确定呼叫中心运营过程中的关键流程。例如呼叫中心的主要目标之一是提高客户的满意度。于是在定义流程时，就需要把影响客户满意度的关键指标提取出来，比如及时率，问题解决率，投诉率等等，并综合考虑结果和成本之间的关系，来定义需要的流程。

呼叫中心的流程主要分为关键用户流程和运营支撑流程。关键用户流程取决于呼叫中心服务于哪些客户，有哪些服务渠道和方式(电话、网络等)，有哪些服务类别(咨询、预约、投诉等)，有哪些服务项目等。而运营支撑流程往往关联到招聘流程、培训流程、话务量预测流程、绩效考核流程等。

第二步：流程定义

识别出需要制定的流程之后，接下来就需要设计流程了。设计的环节，需要把握几点：符合实际、可操作性、有效性。在设计服务流程时，尤其要站在客户的角度去思考这样的步骤和程序是否有利于客户的体验。

在流程设计中我们应该注意如下问题。

(1) 流程设计要充分考虑到执行者的便利性，否则该流程会对执行者的士气有一定的影响，也不利于流程的实施。

(2) 在刚开始设计流程时，我们可以先设计相对而言比较简单，易于实施的流程。这样可以充分保证流程执行的效率。在流程实施了一段时间，得到稳固之后，我们可以将其做进一步的优化。

(3) 在流程中只包括必要的步骤。在设计流程时，可以先将获得输出结果所必须经历的活动列出来，然后考虑流程正常运转需要哪些活动支持，把它们添加到流程中，避免流程中堆砌过多的执行活动。

(4) 在流程中要明确动作的时间点和相关责任人。

(5) 流程文档规范，统一化。在起草流程的过程中，我们需要把所有流程文档的格式统一化，使用文字说明与流程图相结合的模式，使流程能够易懂易用。从而节省了流程培训方面的成本以及现场班组长对流程的答疑时间，并保证了流程能被有效地执行。

第三步：流程试点

在流程设计好之后，并不能马上部署使用。因为设计者只是从理论和自己的经验出发，虽然流程的设计考虑到了使用者的各个方面，但我们并不能确保其能够在实际情况下产生其应有的作用。因此我们需要在流程部署的部门选择一小部分的成员(比如一个呼叫中心的小组)进行试点，并跟踪衡量试点结果，根据结果来修正流程。

第四步：流程部署

当流程在试点过程中不断被修正完善，其结果达到了预期的目标后，我们就可以把流程部署到整个部门了。在部署的过程中我们注意以下方面。

(1) 流程的宣布与传达：在向员工传达流程时，要确保员工能够从同一个来源获得/了解流程。否则的话，可能造成员工对同一个流程产生不同的理解。传达的方法有流程培训，通过小组会议宣布，把流程存储到公司的网站上，以便所有与业务相关的员工都能方便地获取。

(2) 抽查流程部署情况：在流程刚部署完后，我们需要定期的抽查部署的情况来确保员工都按照流程来做；并检测流程的有效性。

(3) 解决部署中发生的问题：当我们在抽查的过程中发现问题(如：部分员工对于流程的理解不一致，或者员工未按照流程来执行等)需要立即采取措施，以免问题的影响面扩大。

第二节　呼叫中心的关键用户流程

呼叫中心关键用户流程就是那些能够让客户服务代表为客户或者终端用户提供高质量服务或者产品的流程。这些流程一般包括那些客服代表直接与客户联系，需要依靠客服代表的能力来达到客户或者最终用户要求和目标的流程。关键用户流程主要分为业务处理流程和业务监控流程。

1. 业务流程

业务处理流程是所有与最终用户直接或间接接触的流程,如呼入/呼出服务、电子工单处理、业务提升、业务转移等等。业务处理流程的设计务必要做到简单、清楚,让客户服务代表在简单的业务培训后,能够根据该流程顺利地处理业务,并能够提供高质量的服务。

2. 业务监控流程

业务监控流程是为了通过对座席处理的业务随机进行抽样,来对座席为最终用户提供服务时所表现的流程性、专业性和准确性进行审核。通过业务监控来发现座席独有的问题以及流程上共有的问题,并加以更正。监控流程通常通过远程、实地观察或者审核座席提供给客户的书面回答来完成。它是关键用户流程中另外一个重要的组成部分。虽然业务监控流程不会直接与最终用户发生关系,但它是保证服务质量的一个有力的手段。在设计监控流程时要注意:

(1) 确保所有业务线都有监控流程,所有从客户或者终端用户处收到的信息都被监控到;

(2) 确保与业绩相关的细节都被监测到;

(3) 定义监控的频次;

(4) 要有可行的监控方法;

(5) 监测取样要具有代表性;

(6) 当监测有所发现时,必须要有和该员工之间的沟通方案,来告诉他/她正面或负面的反馈。

第三节 呼叫中心的运营支撑流程

呼叫中心的运营支撑流程就是指实现或维持与最终用户相关的关键流程、达到服务目标水平所必需的流程。这些流程包括人员配备流程,人员排班流程,绩效管理流程,培训、信息系统管理等。

以人员配备与排班流程为例，它就是根据对将来业务量达到方式的预测，来提前计算需要的员工人数，预先完成招聘和培训。并依据人员的能力，业务的需要，来合理安排人员的上班时间。使呼叫中心有适当的座席数来服务最终用户和达到运营指标目标，为用户提供满意的服务。

思考题

1. 在做流程规划时，需考虑的因素有哪些？
2. 如何将操作流程与运营流程结合？
3. 如何评估流程？

第五章

呼叫中心绩效管理规划

绩效管理从表面来看，是通过考察员工业绩来衡量员工的表现。但实际上，绩效管理是激励员工、有效管理员工的直接手段，其实施效果甚至影响到团队的氛围、企业文化等方面，更决定着员工的满意度。绩效管理对运营起着调节性的帮助作用。

绩效管理对员工起着导向作用，直接决定着员工的努力方向，也决定着团队的整体表现。如此看来，对绩效管理的规划就显得尤为重要了。

第一节 绩效管理的定义

绩效管理是通过管理者和个人经过沟通制定绩效计划、进行过程中的绩效监控、绩效考核，提供绩效反馈与改进，以促进员工业绩持续提高并最终实现企业目标的一种管理过程。

绩效管理是一个完整的系统，在这个系统中，组织、经理和员工全部参与进来，经理和员工通过沟通的方式，将企业的战略、经理的职责、管理的方式和手段以及员工的绩效目标等管理的基本内容确定下来，在持续不断沟通的前提下，经理帮助员工清除工作过程中的障碍，提供必要的支持、指导和帮助，与员工一起共同完成绩效目标，从而实现组织的远景规划和战略目标。

绩效管理强调通过计划、组织、指挥、协调与控制等管理手段使公司、部门(集体)及员工个人绩效获得提高，以确保公司战略目标的实现。其次绩效管理的循环包含了绩效计划制定、日常绩效指导与反馈、绩效考核及个人回报等四个环节的活动。

关于绩效管理，人们有两种截然不同的观点，持积极态度的人认为绩效管理是企业管理者的"圣杯"，认为它能在更大程度上帮助企业实现其战略目标和远景规划，在未来的几十年里，它将是最重要的管理工具之一；持消极态度的人则认为被广泛传诵的绩效管理不过是一块食之无味、弃之可惜的鸡肋而已，他们认为"讨厌"的绩效管理已经影响到了他们的正常工作程序，扰乱了他们的工作计划，无端地给他们和员工之间造成了敌对情绪，麻烦透了。

结合多年呼叫中心管理经验，笔者认为绩效管理总体来说是一个比较完美的管理系统，有科学的方法和技巧可供遵循，绩效管理系统并不是人们通常所理解的德勤能绩的定性评价，也不是管理者被要求限时完成的填表任务，相反，作为管理系统，它拥有比较健全的法则。

绩效管理是什么？

绩效管理是一种领导与员工之间就工作职责和提高工作绩效问题持续进行沟通的过程。

绩效管理不是什么？

不是领导对员工做某事

绩效管理强调的是管理人员和员工双向的沟通，不是单向的由"领导"进行的某件事，当然通常绩效沟通是由管理人员发起的。

【错误观点】绩效管理是迫使员工更好或者更努力工作的"棍棒"。

【正确解释】从公司层面的来讲，是希望通过绩效管理将每一个岗位中的每一个人纳入实现公司战略目标的计划中，因此如果员工能够将自己视为公司战略的一部分，那么绩效管理就不能被认为是"棍棒"。从日常的绩效管理工作来讲，绩效管理是管理人员在帮助员工清除工作障碍，提供支持、指导和帮助的过程。实现既定的工作目标是绩效管理的目的所在,而非单纯的迫使员工更加努力工作的"棍棒"。

【错误观点】绩效管理只在工作效能低下时使用。

【正确解释】工作效能低下时需要使用绩效管理，工作成绩斐然时也需要使用。这和传统意义上的奖惩分明是一致的，不仅需要明确的惩罚，也需要明确的奖励。

【错误观点】实施绩效管理需要每月月底浪费大量人力进行数据统计工作。

【正确解释】 数据统计确实是绩效管理当中非常重要的一个环节，只有以客观公正的数据作为支持，才能进行有效的绩效管理。但是绩效管理不仅仅表现在需要进行大量的数据统计工作，其他几个环节也同样重要。

我们只有消除了这些误解，正确的认识绩效管理的目的和意义，才能更好地进行绩效管理的各个步骤，达到最终的目标。

第二节 绩效管理的意义

根据以上对于绩效管理的定义进行的表述，我们大致应该了解了什么是绩效管理。现在我们从公司、管理人员、员工和解决劳动合同纠纷四个角度来解释绩效管理的意义。

1. 公司角度

公司通过有效的绩效管理，可以将战略和经营目标按照各部门、各岗位的工作职责进行分解，通过对关键指标的管理，从而达到公司的经营目标。

2. 管理人员角度

对于管理人员来讲，绩效管理是一种提前投资。通过绩效管理你可以让你的员工知道应该做什么、怎么做，不需要管理人员每时每刻都对工作进行监控。同时绩效管理是一种更加公平和透明的管理方法，如果没有绩效管理，相信每位管理人员到年底进行年终评核、岗位空缺需要补充人员时都面临着一个困难的局面，有了客观的绩效成绩，这些就不再是难题。

3. 员工角度

员工能够及时了解自己的工作业绩情况，并且得到反馈，员工会从对工作要求和工作职责更好的理解中受益。从员工个人技能、整体素质提高的角度来讲，绩效管理可以让员工了解到自身的优势与不足，从而有机会在以后的工作和生活中改进，获得提升。

4. 解决劳动合同纠纷角度

完整的绩效管理记录对于解决劳动合同纠纷有着非常重要的作用，作为劳动合同中弱势的一方，劳动者各项权利将会越来越被各项法律法规所重视。2008 年 1 月 1 日开始实行的《劳动合同法》对于劳动者的保护更加明确。因此在合理解决劳动合同纠纷时，完整的绩效管理记录是非常重要的，可以让劳动者和雇用者在解决劳动合同纠纷之前对纠纷有明确的认识。

第三节　绩效管理的实施步骤

一、绩效管理实施前的准备工作

1. 收集信息和数据

需要收集和了解的信息和数据应该包括公司战略和计划，因为绩效管理的最终目的是为了实现公司的战略和计划，因此这点很重要。但是有时公司的战略和计划比较宏观，看似和自己团队的工作关联度不高，无法紧密联系起来。例如：公司的战略和计划是提高二线市场的销售额，那么作为一名销售型呼叫中心的主管应该如何给自己的下属制定绩效考核标准呢？所以我们至少应该了解呼叫中心或者本团队的计划和目标是什么，才能给下属制定绩效考核指标。

需要收集和了解本团队每一个岗位和每一位成员的工作职责和描述，在分工比较明确的呼叫中心，通常每一个岗位的工作职责都是比较清晰的，呼入电话处理座席代表、呼出电话处理座席代表、投诉处理座席、质量监控岗、知识库维护员等等，但是大多数的呼叫中心都存在一定程度的人员复用，也就是说，一个岗位承担了两种或者两种以上的职责，比如座席代表呼入电话和呼出电话都需要做。那么我们在制定绩效管理计划时就需要充分了解下属员工每项工作的职责。

2. 员工上一周期绩效评价的信息

在给各个绩效考核项目设定指标时，都需要了解目前员工的水平如何，当然，呼叫中心行业在很多指标上都有很明确的参考值，例如工时利用率达到 70%属于正常，达到 80%属于繁忙，达到 90%属于超负荷。指标的设定在本章的呼叫中心指标设定的章节中会有详细说明，在本书中的"考核指标设定"这一章节中对指标的定义和参考值会有清楚的解释。

二、绩效管理计划的制定

绩效管理计划的制定需要考虑的因素包括：考核周期、考核与薪资结合方法、考核结果分布、考核指标设定和考核流程等。

1. 考核周期

通常呼叫中心实行的以月为单位实施绩效考核，考核频率越大，效果越好，但是考核所耗费的时间和精力就越大，因此我们在确定考核周期的时候需要平衡这两者之间的关系。但是不管考核的频率是多少，我们都需要不间断的收集考核数据和信息。

2. 考核与薪资结合方法

这也许是员工最为关心的方面，需要确定绩效工资占考核的比例，比例的确定和呼叫中心的类型是相关的，通常销售类的呼叫中心比例最高，甚至可以实行底薪+提成制(提成制是一种比较极端的绩效考核方法)，服务型和技术型的呼叫中心比例要低一些，通常在50%左右。通常情况下，比例越高员工越难接受，因为比例越高，越多部分是不确定的，按照心理学的观点，人都有规避风险的意识，即使从整体上员工的利益并不会受到损害，但是员工仍然不愿意提高绩效的比例。

3. 考核指标设定

考核指标的设定也许是整个考核过程中最为重要的步骤，考核指标设定的好坏在很大程度上决定了整个绩效管理工作的成败。

呼叫中心行业有很多指标，比如：弃呼率、一定时间内的接通率(例如 20 秒接通率)、工时利用率、平均通话时长、平均话后处理时长、平均处理时长、一次呼叫解决率、投诉回复及时率、重复投诉率、最终用户满意度、人员流失率等等，这些指标通常在各个行业的呼叫中心都可以使用。在销售型的呼叫中心中还有一些和销售相关的指标，比如：销售额、订单数、成交订单数、订单电话比和成交订单比。

下面给出两个简单的示例。

座席代表月度绩效考核指标,如表 5-1 所示。

表 5-1 座席代表月度绩效考核指标示例图

项目	销售额	订单电话比	平均处理时长	QA 考评	考试成绩	主管评价
权重/%	30	25	10	20	10	5

从这个绩效考核的指标中可以看出质量指标是 QA 考评,效率指标是订单电话比和平均处理时长,销售指标是销售额。我们可以根据不同时期的工作重点,经常对绩效考核的项目和权重进行调整。

座席主管绩效考核指标,如表 5-2 所示。

表 5-2 座席主管绩效考核指标示例图

项目	团队销售额	团队订单电话比	团队平均处理时长	QA 考评	放弃率	主管评价
权重/%	25	20	10	20	5	20

座席主管的绩效考核指标的制定相比座席代表的绩效考核指标制定要复杂一些,需要从两个层面考虑对座席主管的考评:一个层面是作为个人,可以将对于个人的一些考核指标放到绩效考核指标中:比如技能提升、沟通能力、学习能力等等,这些指标通常不可以直接衡量,可以作为主管评价一并考核,当然如果可以设计一套胜任力或者能力评价模型,可以进行细分;另一个层面是作为团队管理者。作为团队管理者也还是同样有销售、质量和效率的指标,但是可以增加一些部门总体指标,如放弃率、人员流失率指标等。

在设定指标时我们也需要考虑以下内容。

1. 销售的定义

通常销售型呼叫中心会考核销售量,但是如何定义销售量也是需要研究的,通常从下订单到客户付款最终成交有一段时间间隔,因此订单生成和实际实现销售是不同的,我们可以用订单成交率(成交订单/总订单)来描述这个过程的效率,只有最终实现的销售量才能被计入考核数据中,因为如果我们只计入生成的订单数或者生成的销售额,可能会导致座席代表进行虚假预订,或者将不是很明确的消费意向转化成订单,会造成大量的无效订单,给公司资源带来浪费。

2. 销售与效率的平衡

销售指标通常是销售型呼叫中心最为关注的指标，在设计绩效考核指标时一定是最重要的指标之一，如果我们不考虑使用订单电话比等作为平衡指标，可能会导致座席代表加班、抢电话、浪费电话等现象，与公司整体利益相冲突；如果我们过分重视效率指标，也可能将员工导向为不重视销售的倾向。

3. 销售与质量的平衡

销售型呼叫中心中座席代表最看重的是销售，绩效考核中销售指标也一定是比重很高的考核内容，甚至较多会实行提成制。但是销售上的成功一定离不开质量的保证，质量是基础，如果服务质量不过关，可能带来的是公司资源的浪费和用户的不满意，比如送货地址填写错导致客户收货时间延长，重新邮寄成本。因此质量指标在销售型呼叫中心中也很关键。

4. 质量与效率的平衡

提高服务质量的标准最常用的手段是设定服务规范，整理 FAQ。有过呼叫中心管理经验的人可能会有这样的经验，服务差错减少了，平均处理时长却变长了，听录音后发现大家的服务更加规范和统一了，但也更啰嗦了，座席代表变得不会应变了。想缩短平均处理时长却又发现任何一句话不说都可能会导致服务差错。我们在实际工作中想要解决好质量与效率这对矛盾，需要做的就是通过一段时间的积累，总结经验，配合系统和流程的一些修改，改进服务规范的设定，保证质量又不降低效率。在绩效标准的制定中也需要理解质量与效率的关系，不能忽视质量或者效率。

三、根据情况进行调整

绩效考核指标确定后不是一成不变的，是根据产业的发展，自身的发展需要等按需进行不定期的调整。绩效考核标准可以突出当前主要的短板，或者对重视的指标加大权重。

四、主管评价

主管评价是不可或缺的一项，因为即便是最完善的绩效考核指标体系，也不可能完全反应绩效，因此一定比例的主管评价分是必须的，对于主管实施管理也是一项有力的工具。但是由于呼叫中心是一个可以高度数据化管理的组织，因此在座席代表的考评标准中主管评价的比例一般低于 10%。

我们在完成绩效考评标准制定工作时，经常会被问一个问题：如果座席代表被客户投诉了，应该如何在绩效中体现。我们在制定绩效考评方案时，还需要明确额外的加分项或者减分项，这些加分和减分项可以用部门的规章制度来进行规范和明确，绩效考评不应该孤立于整体的规章制度之外。

五、宣讲绩效考评计划

宣讲绩效考评计划是一个必须的过程，让被考评人知道哪些指标是与自身挂钩，怎样可以表现得更好是非常必要的，如果没有必要的沟通，会引起被考评人的不满、反感以及对绩效考核内容的不理解与不配合。

而做这件事情需要选择合适的场合和方式。绩效考评计划是一项严肃的管理措施，因此需要选择合适的场合，使用正式的途径宣讲，让每一个计划中涉及的人员都清晰明确了解整个方案。

六、观察和记录绩效表现

呼叫中心是一个可以高度数字化管理的组织，一般的呼叫中心系统都可以生成很多话务与业务数据报表，我们可以利用这些报表进行数据收集和汇总。部分数据需要手工汇总和收集，如 QA 考评。

七、持续的绩效沟通

绩效考核的最终目的是希望通过绩效考核帮助员工持续改进工作，从而实现团队的工作目标。因此在绩效考核的过程和结果产生后，都需要主管对员工进行辅导和沟通，沟通的能力好坏决定了绩效考核最终的效果，以下是需要在沟通时注意的几点。

1. 持续的绩效沟通

绩效沟通不应该在结果已经出来后再与员工进行沟通，应该在日常工作中即时进行沟通和辅导。

2. 站在员工的立场

这点也许是最重要的，管理人员应该换位思考，站在员工的立场上去辅导他分析问题和解决问题。不论是表扬或是批评，站在员工的立场上，都可以更加容易地让员工产生亲近感。同时，从绩效沟通的实质来讲，绩效沟通的目的也是如何让员工在工作环境下更好的表现出自己的特质和能力，因此站在员工的立场上看待问题，是管理人员必须具备的工作方法和态度。

3. 奖惩分明

奖励和惩罚一样需要分明，有些管理人员会奖励比较及时，惩罚不及时，下不了手；也有些管理人员惩罚措施很得力，但是疏于表扬，这些都会带来一定的负面影响。

4. 当众表扬，私下批评

表扬通常应该在公众场合，让荣誉扩大，同时也起到激励其他员工的作用；批评尽量在人少的环境下进行，或者是一对一，当然如果是一些严重或需要警示其他人的问题可以通报批评，但在通报批评前需要考虑好对当事人的影响和随之带来的后果。

5. 回顾过去，展望未来

绩效是过去的成绩，需要在绩效沟通过程中进行详细分析，但是重点在于将来，所以在沟通过程中需要鼓励员工在将来更好的工作。

6. 做好事先准备，选择合适的场合

绩效沟通属于比较正式的上下级沟通，需要选择一个安静和正式的场合，不是随意、漫无目的的谈话，需要事先做好数据准备和心理准备。

第四节　绩效考核模型参考

目前有比较多的关于绩效考核的模型，目前使用最为广泛的有：平衡计分卡和360度考评。

一、平衡计分卡模型

《哈佛商业评论》在庆祝创刊80周年华诞之际，隆重评选推出了过去80年来最具影响力的十大管理理念，平衡计分卡名列第二。目前，平衡计分卡作为一个强有力的战略绩效管理的工具在世界500强的大部分企业里得到应用。

对于平衡计分卡，我们可以这样表述：平衡计分卡的核心思想就是通过**财务、客户、内部流程**及**学习与发展**四个方面指标之间相互驱动的因果关系展现组织的战略轨迹，实现绩效考核——绩效改进以及战略实施——战略修正的战略目标过程。它把绩效考核的地位上升到组织的战略层面，使之成为组织战略的实施工具，首先我们要清楚，平衡计分卡究竟"平衡"什么？之所以称之为"平衡计分卡"，主要因为它是通过财务指标与非财务指标考核方法之间的相互补充"平衡"，同时也是在定量评价与定性评价之间、客观评价与主观评价之间、组织的短期目标与长期目标之间、组织的各部门之间寻求"平衡"的基础上完成的绩效考核与战略实施过程。以下是对平衡计分卡四个角度的简单阐述。

财务角度：我们怎样满足股东？企业经营的直接目的和结果是创造价值，利润始终是企业所追求的最终目标。集团公司的指标包括利润额、开发成本等。

客户角度：客户如何看我们？如何向客户提供所需的产品和服务，从而满足客户需要？提高企业竞争力，已经成为企业能否获得可持续性发展的关键。客户角度正是从质量、性能、服务等方面，考查企业的表现。具体如新客户开发、客户满意度等指标。

内部流程角度：我们必须擅长什么？我们企业是否建立起合适的组织、流程、管理机制，在这些方面存在哪些优势和不足。内部流程角度应该从几方面着手，制定考核指标。如：技术管理、质量管理等指标。

学习与发展角度：我们能否继续提高并创造价值？企业的成长与员工的能力素

质和企业竞争力的提高息息相关，而从长远角度来看，企业唯有不断学习与创新，才能实现长远的发展。如：绩效管理推动、人员培训、技术队伍建设等指标。

这四个指标间存在相互驱动的因果关系：财务指标是企业最终的追求和目标，也是企业存在的根本物质保证；而要提高企业的利润水平，必须以客户为中心，满足客户需求，提高客户满意度；要满足客户，就必须加强自身建设，提高企业内部的运营效率；提高企业内部效率的前提是企业及员工的学习与发展。也就是说这四个方面构成一个循环，从四个角度解释企业在发展中所需要满足的四个因素，并通过适当的管理和评估促进企业发展。可以说它们基本囊括了一般企业在发展中的几个关键因素。

通过以上阐述我们可以发现，企业在运用平衡计分卡思想制定考核指标时，应先确定企业战略和目标，然后再确定衡量指标。同时在制定指标时也应注意分析四个指标之间的因果驱动关系，不能仅仅因为某一指标已经存在或普遍被采用了，就理所当然地把它包括在平衡计分卡中，因为这个指标不一定符合企业的战略目标。

平衡计分卡作为一套先进的战略绩效管理工具，在中外企业管理中的应用已经越来越广泛，也取得了巨大的成功。

二、360度考评模型

360度绩效评估，又称"360度绩效反馈"或"全方位评估"，最早由被誉为"美国力量象征"的典范企业英特尔首先提出并加以实施的。

1. 360度绩效评估简介

360度绩效评估是指由员工自己、上司、直接部属、同仁同事甚至顾客等全方位、各角度来了解个人的绩效：沟通技巧、人际关系、领导能力、行政能力……通过这种理想的绩效评估，被评估者不仅可以从自己、上司、部属、同事甚至顾客处获得多种角度的反馈，也可从这些不同的反馈中清楚地知道自己的不足、长处与发展需求，使以后的职业发展更为顺畅。

(1) 自我评价

自我评价是指：让经理人针对自己在工作期间的绩效表现，或根据绩效表现评估其能力，并据此设定未来的目标。当员工对自己做评估时，通常会降低自我防卫意识，从而了解自己的不足，进而愿意加强、补充自己尚待开发或不足之处。

一般来说，员工自我评估的结果通常会与上级主管的评价有出入。与上级主管或同事的评价相比较，员工常会给予自己较高的分数。因此，使用自我评估时应该特别小心。而上级在要求部属自我评估时，应知道其评估和员工的自我评价可能会有差异，而且可能形成双方立场的僵化，这也是使用自评时应特别注意的事项。

(2) 同事的评价

同事的评价，是指由同事互评绩效的方式，来达到绩效评估的目的。对一些工作而言，有时上级与下属相处的时间与沟通机会，反而没有下属彼此之间多。在这种上级与下属接触的时间不多，彼此之间的沟通也非常少的情况下，上级要对部属做绩效评估也就非常困难。但相反，下属彼此间工作在一起的时间很长，所以他们相互间的了解反而会比上级与部属更多。此时，他们之间的互评反而能比较客观。而且部属之间的互评，可以让彼此知道自己在人际沟通这方面的能力。

例如北京某外企的绩效评估方式中，就列有同级评价一项。据该公司的人力资源部经理表示，这种考评方式在评估准确度上，并不会比上级主管的考评效果差。而且同级评价的方式还可以补足上司对下属评估的缺陷。而评估的结果，亦可让下属了解在同事眼中，自己在团队合作、人际关系上的表现如何。另外该公司亦表示，如果要将绩效评估的结果用于提拔人才时，同级评价这种方式往往能达到使众人信服的效果。

(3) 下属的评价

由部属来评价上司,这个观念对传统的人力资源工作者而言似乎有点不可思议。但随着知识经济的发展，有越来越多的公司让员工评估其上级主管的绩效，此过程称为 upward feedback(向上反馈)。而这种绩效评估的方式对上级主管发展潜能上的开发，特别有价值。管理者可以通过下属的反馈，清楚地知道自己的管理能力有什么地方需要加强？若自己对自己的了解与部属的评价之间有太大的落差，则主管亦可针对这个落差，深入了解其中的原因。因此，一些人力资源管理专家认为，下属对上级主管的评估，会对其管理才能的发展有很大的裨益。

(4) 客户的评价

客户的评价对从事服务业、销售业的人员特别重要。因为唯有客户最清楚员工在客户服务关系、行销技巧等方面的表现与态度如何。所以，在类似的相关行业中，在绩效评估的制度上不妨将客户的评价列入评估系统之中。

事实上，目前国内一些服务业(例如：金融业、餐饮业等)就常常使用这种绩效评估方式(如评选最佳服务人员)。因为服务人员的服务品质、服务态度唯有顾客最清楚。国内很多知名公司的客户服务部门,都会定期以抽样的方式,请顾客评估该公司客户服务人员的服务成绩。

(5) 主管的评价

主管的评价是绩效评估中最常见的方式,即绩效评估的工作是由主管来执行。因此身为主管必须熟悉评估方法,并善用绩效评估的结果作为指导部属,发展部属潜能的重要武器。

(6) 多主管、矩阵式的评价

随着企业的调整,一些公司常常会推动一些跨部门的合作方案,因此一些员工可能同时会与很多主管一起共事。所以在绩效评估的系统建立上,我们亦可将多主管、矩阵式的绩效评估方式纳入绩效评估系统之中。

即每位项目主管,在专案结束之后,即需对该部属的绩效做出评估。又如目前国内很多企业在各大城市都设有分部或办事处,因此一些员工的工作经常是两地(或多地点)同时进行。所以一些公司就会要求所有的主管,都要对该员工的绩效表现进行评估。

另外,通过多主管的多角度评估,会让员工的能力得到更客观的评价。

"360度绩效评估"的实施不仅对经理人本身有很大的帮助,通过适当的资料收集,还可确认其所经营团队的长处及不足。这样,企业一则可使团体成员更有效地共事,二则可据此设定企业的学习重心,并作为规划企业发展方向的重要依据。"360度绩效评估"就像一面明镜,或许我们可以接受镜中的自己是美丽大方或英俊潇洒的模样,但千万别忘了,当我们从镜中看到自己的缺憾时,也要有恢弘的度量去接受自己看不到的一面,并尽心尽力地提升自己的管理才能。

而对企业其他员工的评估,也可根据这种方式,适当培养评估内容,作准确评估,从而调动他们的积极性。

2. 360度绩效评估的优点

通常认为,360度绩效评估具有以下优点:

通过评估反馈,受评者可以获得来自多层面的人员对自己素质能力、工作风格和工作绩效等的评估意见,较全面、客观地了解有关自己优缺点的信息,以作为制定工作绩效改善计划、个人未来职业生涯及能力发展的参考;

360度绩效评估中，反馈给受评者的信息是来自与自己工作相关的多层面评估者的评估结果，所以更容易得到受评者的认可。而且，通过反馈信息与自评结果的比较可以让受评者认识到差距所在；

360度绩效评估有助于促进组织成员彼此之间的沟通与互动，提高团队凝聚力和工作效率，促进组织的变革与发展；

正因为有以上特点，目前360度绩效评估已经广泛应用于高层领导自我觉察与发展、员工绩效评估、企业高层候选人的评荐、组织学习与变革等领域。

3. 360度反馈的作用

作为绩效反馈手段的360度反馈在员工的绩效管理中起哪些作用呢？

(1) 为绩效考核提供事实依据

通常，一个考核指标的完成需要几个部门的合作，也就是说员工在完成指标的过程中，需要和几个岗位进行流程合作，考核者的信息来源需要从几个部门获取，那么这个时候，考核者就可以根据指标的内容设计相关工具，请相关部门填写，以获得全面、原始的数据和信息，为员工的绩效考核提供事实依据。

(2) 为员工绩效的改善提供事实依据

绩效考核的根本目的在于改善员工的绩效，而要改善员工的绩效，就要多方面收集有员工有关绩效表现的记录，360度反馈是个很好的手段和方法，通过适当的设计，多方面采集信息，从中分析员工绩效表现优秀或绩效表现较差的原因，为改善员工的绩效提供事实依据。

(3) 增强流程间的合作

通过360度绩效反馈，在部门与部门之间、流程与流程之间、员工与员工之间建立起一种监督约束机制，使得员工之间的服务意识、团队精神、执行力、时间观念等都得到加强，进而增强流程间的合作，整体上提升企业的运作效率。

4. 360度反馈的应用范围

采用360度反馈的时候，企业应着重从对影响员工业绩的能力、态度等方面进行设计，从敬业精神、服务意识、团队合作、工作积极性、创新能力、执行能力等方面入手。

而且，由于360度反馈会耗费企业大量的时间和精力，因此不适合经常性的操作，一般一年考核一次就可以。在年底的时候，对员工过去一年中所表现出来的综合素质进行反馈，帮助员工正确认识自己的不足，并在下一年进行有针对性的改善。

5. 关于360度绩效评估的一些负面评价

360度反馈评价：360度只是一种绩效反馈的手段，而不是绩效考核的方式，有些人把它叫做360度绩效反馈。绩效反馈和绩效考核是有区别的，这种区别在于，绩效反馈的目的是帮助员工改善绩效，是过程性的成果，并不直接应用于人事决策，而绩效考核则作为一个阶段的总结，对员工的绩效做出评价，形成结果性的数据，并应用到与员工有关的人事决策中，影响员工的薪资、晋升、培训甚至职场的命运。提到360度，很多人的脑海中就会出现考核的场景，一群人围坐在会议桌前填表打分，心情极端复杂，表情极端痛苦，大家都在表演，都希望这种表演快点结束，这些人被引导着做360度考核，从各个角度，选择不同的人对某些人进行考核，这就是一些人所理解的360度，他们称这种工作为360度考核，即选择被考核者的上级、下级、同级同事、客户(内部、外部)对他们进行考核。

这种理论的支持者认为，绩效考核是个保证公平的事情，为了做到这一点，就必须从各个角度，选择不同的人，对被考核者进行全方位的考核，所以有人给这种考核起了个好听的名字"全视角考核"。于是，很多人认为这是一种完美的考核手段，可以解决考核的公平性问题，应当被企业广泛采用。实际上，很多企业也在使用这种手段对员工进行考核。

6. 360度为什么不能作为考核的手段

(1) 违背基本管理原理

考核既是一种手段，更是一种权力，这种权力只有作为管理者的主管或经理才拥有，而其他员工或客户并不拥有，如果非要赋予他们什么权力的话，也只能是监督或投诉，而这恰恰是绩效反馈的范畴，不是绩效考核的范畴，从这一点看，360度不可以作为考核手段。

(2) 违背绩效考核提倡什么就考核什么的原则

绩效考核的最终目的是为了帮助员工改善绩效，所以在一开始的时候管理者就会通过面谈沟通的形式把绩效考核的指标以及考核标准、考核时间等内容告诉员工，让员工有目标地工作，把主要精力放在实现当初制定的绩效指标上。

而许多企业所采用的360度考核，在一开始的时候并没有把考核的指标告诉员工，员工也不知道自己应该怎么做才是符合企业360度考核的要求，最多也只是一些泛泛的描述，并不具体，无法让员工明确目标。

那么，这个时候的考核就是管理者的单方面行为，带有非常明显的主观判断的色彩，因此，就无法做到提倡什么考核什么，也就不能帮助员工改善绩效，于企业的业绩提升也没有任何益处。

如果说有什么意义的话，也只能说大家在一起做了一场看起来很像绩效考核的表演，并一起制造了一堆废纸。

(3) 耗费企业大量时间和精力

360度考核的拥护者认为，为了保证考核的公平性，企业必须在每次进行绩效考核的时候都从各个层面选择一定数量的员工，来对某个员工进行综合的考核。

这就是说，每次考核的时候，场面都会很壮观，我就见过30人考核一个人的场面，这些在规定的时间被从工作岗位上拉到一个会议室，听完主持人的简单介绍，然后在规定的时间打分，然后再换一拨人。场面极其浩大和紧张。

所以，那个时候办公室的电梯最忙，不停地迎来送往。这样的操作，无疑是增加了企业的管理成本，耗费了企业员工、经理的时间和精力，最后的结果却并不如意，这也是为什么不提倡把360度作为绩效考核手段的最重要的原因。

(4) 没有最佳观察角度

绩效考核比较注重观察角度的问题，通常我们会选择具有最佳观察角度的人作为考核者，来对被考核者进行绩效管理和绩效考核，而拥有最佳观察角度的人就是员工的直接上级。其他人，下级、同级同事和客户只能从某一个侧面了解一个员工的信息，信息既不充分，也不能保证真实。

通常，员工的直接上级有权规划员工的岗位说明书，有权安排员工的工作，听取员工的汇报，检查员工工作的进展情况，而员工与直接上级之间的沟通是最简单、最省力、最顺畅的沟通。

综合这些因素我们可以看出，其实，最佳的考核者不是别人，是员工的直接上级领导。其他人如果要对一个员工的绩效发生影响的话，就只能从某一个单一的方面，比如从团队精神、服务精神、流程合作等方面对员工进行绩效反馈，而无权考核。

(5) 造成同事之间互相拆台、互相排挤

一旦把考核的权力给予一个对被考核者没有管理权限的员工，那么这种权力会被滥用，同事之间为了区别成绩，可能在考核打分的时候互相拆台，互相排挤。

记得某著名外企的人力资源总监在一次绩效考核研讨班上提到了自己的一次360度考核的经历。他说，在进行360度考核的时候，他与同事互相打分，实际上两个的实力和业绩相当，处于同一水平。而考核的结果是同事给他打的分很高，自己则给同事打分很低。最后，晋升的机会给了自己，而同事于不久后离职。为此，他深感内疚。

因此，这位人力资源总监强烈反对把360度作为一种影响人事决策的考核手段，如果非要用，也要限制在一个很小的范围内，比如对某位准备晋升的员工进行全面考察的时候。

第五节 目标管理实施模型

目标管理的具体做法可分三个阶段：第一阶段为目标的设定和分解；第二阶段为实现目标过程的管理；第三阶段为测算、评价和总结所取得的成果。

一、目标的设定

目标的设定是推行目标管理的第一步，是目标管理中最重要的阶段，是保证目标管理顺利开展的关键。

1. 目标设定的原则

(1) 与高层的目标一致。目标的设定要与公司的战略方向以及上司的目标相一致。这样呼叫中心的所有成员才会向同一个方向努力，产生一种整体的业绩，让企业形成一个真正的整体。

(2) 符合 SMART 原则。所谓的 SMART 原则就是：

Specific，指设定目标时要具体明确，尽可能量化为具体数据；

Measurable，指设定目标是要可测量的、可描述为行为的内容，可取得考核数据。要避免主观判断及无法描述非行为内容；

Attainable，指目标是可接受的，可实现的。不能把指标一厢情愿的押给员工，也不能把目标值设定的太高；

Realistic，指目标是合理的，在现实状况下可操作的，符合资源供给的；

Time-based，目标必须具有明确的截止期限。

无论是制定团队的工作目标还是员工的绩效目标都必须符合上述原则，五个原则缺一不可。

(3) 具有挑战性。目标不能太低，要具有挑战性，经过努力才能实现，能激起员工突破现状、拼搏向上的意愿；但也不能设定太高的目标，目标太高，会使目标流于形式，挫伤士气。

(4) 需要书面化。在设立目标时，需要书面记录下来，形成文档。这样便于管理和回顾。

2. 目标设立可以细分为四个步骤

(1) 高层管理预定目标，这是一个暂时的、可以改变的目标预案。即可以上级提出，再同下级讨论；也可以由下级提出，上级批准。无论哪种方式，必须共同商量决定；其次，领导必须根据企业的使命和长远战略，估计客观环境带来的机会和挑战，对本企业的优劣有清醒的认识。对组织应该和能够完成的目标心中有数。

(2) 重新审议组织结构和职责分工。目标管理要求每一个分目标都有确定的责任主体。因此预定目标之后，需要重新审查现有组织结构，根据新的目标分解要求进行调整，明确目标责任者和协调关系。

(3) 确立下级的目标。首先下级明确组织的规划和目标，然后商定下级的分目标。在讨论中上级要尊重下级，平等待人，耐心倾听下级意见，帮助下级发展一致性和支持性目标。分目标要具体量化，便于考核；分清轻重缓急，以免顾此失彼；既要有挑战性，又要有实现可能。每个员工和部门的分目标要和其他的分目标协调一致，支持本单位和组织目标的实现。

(4) 上级和下级就实现各项目标所需的条件以及实现目标后的奖惩事宜达成协议。分目标制定后，要授予下级相应的资源配置的权力，实现权责利的统一。由下级写成书面协议，编制目标记录卡片，整个组织汇总所有资料后，绘制出目标图。

帮助目标设立的工具有很多，以下将介绍主要的几种。

3. 目标树

目标树是按照树形结构对目标或者设计标准进行组织的方法，它把不同的目标均归类到更高级的目标之下。通过可视化的方式和分支层次来表示项目目标之间的逻辑关联。目标树是直接来源于问题树且与问题树有对等的结构。一个项目可能选择只处理整个问题和目标树里的某一些部分,剩下的那些不处理的就很有可能成为假设。

目标树的绘制方法:首先,写下你的大目标树和最终目的,然后思考实现最终目的有哪些策略,列出可能的策略并添加到目标树上的各级标框内,如图5-1所示。

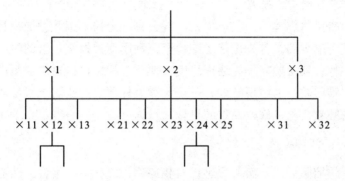

图 5-1　目标树示意图

4. 剥洋葱法

实现目标的过程是由现在到将来,由小目标到大目标,一步步前进的;但是设定目标的最高效的方法则是与实现目标的过程正好相反,运用"剥洋葱法",由将来到现在,由大目标到小目标层层分解,如图5-2所示。

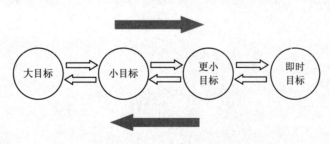

图 5-2　"剥洋葱法"示意图

二、实现目标

1. 实现目标过程的管理

目标管理重视结果,强调自主、自治和自觉,但这并不等于领导可以放手不管。相反,由于形成了目标体系,一环失误,就会牵动全局。因此领导在目标实施过程中的管理是不可缺少的。首先进行定期检查,利用双方经常接触的机会和信息反馈渠道自然地进行;其次要向下级通报进度,便于互相协调;再次要帮助下级解决工作中出现的困难问题,当出现意外、不可预测事件严重影响组织目标实现时,也可以通过相应的补救措施,修改原定的目标。

2. 测算、评估和总结

达到预定的期限后,下级首先进行自我评估,提交书面报告;然后上下级一起考核目标完成情况,决定奖惩;同时讨论下一阶段目标,开始新循环。如果目标没有完成,应分析原因总结教训,切忌相互指责,以保持相互信任的气氛。

思考题

1. 你的员工是否都清楚绩效考核方案呢?
2. 在你的方案执行前,有和员工探讨过吗?
3. 在我们用绩效方案来考核员工的时候,如何了解员工对方案的看法呢?

第三篇 运 营 篇

　　呼叫中心的运营相当于企业中的生产环节，其直接产出产品，并决定着生产的效率和质量。简言之，运营管理直接决定着呼叫中心的生产力、生产效率，更决定着生产关系。

　　呼叫中心运营管理的终极目标是在最少的成本下实现最高的经济效益和社会效益。但实现这个目标，涉及的方面非常广泛，基本涵盖了呼叫中心的每个方面。

　　运营管理工作是琐碎的又是精致的，是繁杂的又是精细的。完美的运营需要持续不断的努力，需要做好日常工作，也需要创新和改进，更需要每一个从业人员孜孜不倦地探索。

第六章

话术与脚本管理

话术，或者叫脚本，是呼叫中心的专业术语。话术是座席员的武器，直接决定着客户的感受。尤其是对于外呼型呼叫中心，话术在很大程度上决定着成败。话术是呼叫中心专业性的体现，也是规范化服务的基本保证。

话术，是相对固定的。所谓的相对固定，一是指话术需要随着效果的检验不断调整，二是话术只是基础，需要随着客户的不同情况随时调整。

第一节 话术及脚本撰写技巧及注意事项

电话脚本的设计影响到业务的满意度水平，也是业务发展的重要组成部分。举一个例子：呼叫中心经常有客户打错电话，通常服务人员会非常简捷地告诉他答案，然后挂断电话，我却觉得这也是我们的一个销售机会。以下是两个例子。

例1

客户：您好，请问是×××保险公司吗？
座席：对不起，我们是××保险公司，×××保险公司的电话是××××
客户：好的，谢谢。

例2

客户：您好，请问是×××保险公司吗？

座席：对不起，我们是××保险公司，请问您需要什么帮助，也许我可以帮您。

客户：噢，对不起，我打错了，我听说×××保险公司才推出了一个长寿分红险种，我是想了解一下，我以为这个电话是，所以我就随便拨了这个电话。

座席：没关系，我们公司也有类似的险种，据我了解比您所说的险种还要好，可能会更适合您，您想要了解一下吗？

客户：好，说说看。

由上面的例子可以看出，好的电话脚本直接促成了销售机会的产生，那么怎样去设计好的电话脚本呢？

(1) 好的电话脚本来源于一线服务人员最直接的客户感受。做完新产品的业务培训，让参训的一线人员，去从客户的角度针对培训提些常见问题，同时启发大家，这个业务一般都会由什么样的人来问？他们都会问什么？怎样回答会更好？客户针对产品有异议，如何组织语言？怎么解释产品？然后要求在规定的时间内在班组内汇总讨论，讨论完毕后统一汇总到专家组讨论，最后在管理人员会议上进行讨论，这样效果会很好。因为服务人员在思考问题的过程中，其实就是在从客户的角度来想问题和从本人的角度去回答。脚本的不断丰富和完善为新人培训提供了良好的教材，她们一进入呼叫中心就会通过这些脚本去了解业务和客户的感受，会在接到客户电话时发现客户提出的问题，已经成竹在胸而从容回答。

(2) 好的脚本必须充分考虑到客户的感受和接受能力。例如：金融企业，客户来自不同的阶层，文化程度、年龄、性别、地域等诸多要素都应是在设计电话脚本时考虑的因素。当层次较高的客户来进行产品信息的查询时，要简捷明了地告诉他。

座席：请提供一下您的身份证号码和保单号，我来帮您查一下。

客户：好的。

如果客户是一位老人，我们的电话脚本则会是这样的——

座席：您的身份证和保单在您身边吗？

客户：身份证在，保单在柜子里，需要这些东西吗？

座席：是的，因为只有通过您的身份证和保单号才能进行红利的查询，这样是为了更好的保护您的权益。

客户：哦，那我去取保单，你等一会行吧？很快的。

座席：没问题，您别着急，我会等您。

好的电话脚本一定是从客户的角度设计的，一定是要得到灵活的使用和持续的改进以便使服务人员正确的用来匹配客户，而客户也会从服务人员的语言中来感受公司的服务，因此呼叫中心的脚本设计一定是以客户为中心、人性化并且使客户产生愉悦的设计。

(3) 让呼叫中心脚本真正成为服务人员的语言，脚本实际上是服务标准的具体体现。当服务人员最初使用电话脚本的时候是非常生硬的，因为这并不是她平时讲话的表达方式，听起来会非常不舒服，并且明显感觉到她在不情愿地按照脚本回答。比如用户在查询业务时，由于系统慢，用户等待了一段时间后才得到查询结果，这时候我们的服务人员通常会说："非常感谢您的等待，我们系统显示您的……"

服务人员在最初说"非常感谢您的等待"这句话时，能够感觉到她的不情愿和不自然，但是经过一段时间的训练，这些话术成了服务人员的语言，听起来是那么亲切自然，给人一种温暖的感觉。关键是服务人员的意识变了，针对服务人员的心态和服务意识，进行大量的培训，使得服务人员对服务有了更加清楚和深刻的认识，态度决定一切，服务中的态度更加重要。

(4) 对呼叫中心的脚本在使用过程中进行持续不断的评估和改进。脚本设计完成之后在实际使用过程中总会有一些不实用的地方，因此在进行电话脚本的使用时，要及时听取一线服务人员的意见和建议，同时管理人员在监听过程中不仅要监控业务，而且要注意电话脚本在使用过程中暴露出的不足，将信息及时反馈给相关人员，并对其进行改正。

有很多公司的电话脚本几年几乎没有任何改变，这其中的原因很多。比如开头语和结束语通常采用非常固定的脚本。比如："您好，我是××号，很高兴为您服务，请问有什么可以帮您？"

开头语用开放式的问题来引导客户，主动提出有什么事能够帮助解决，让来电人感觉你非常的想帮助他，让对方感觉很亲切。而恰当的结束语，不仅能给客户加深服务印象也可以提高客户满意度。当通话快要结束时所用到的脚本通常有："请问您还有其他的问题吗？"，"我是××号，欢迎再次致电，再见！"等。

和开头语一样，结束语加上一个开放式的提问，让客户觉得被尊重，避免客户因问题没问完还要再次致电呼叫中心，同时也给了自己一个合理的喘息机会，调整好自己的心态，积极准备回答客户的提问。

尽管这样，脚本本身也有一定的局限性，某种程度上并不能满足所有客户的需要。格式化的脚本会让人感觉生硬，千篇一律，没有个性；如果脚本设计不好，呆板的脚本会使客户感觉你是在应付或是敷衍他/她，而不是真正在帮助他/她解决问题；因此并不是所有设计好的脚本都能够适应所有来电的客户。不同的客户需要不同的沟通方式，固定的脚本不能满足客户个性化沟通，因此电话脚本必须处于一种不断被评估和改进的过程中。

第二节　脚本写作的几点注意事项

根据流程来框架脚本只是为脚本搭建了一个基本的骨架，要使它生动起来，就必须加入实实在在的血和肉。在丰富脚本时我们需要注意下列事项。

一、要从客户的角度出发

凡事从客户角度出发，这是对呼叫中心从业人员最基本的要求。因此，在脚本设计过程中，我们也不应该忘记这点。只有从客户的角度出发，我们才能够设计出真正让客户认同的话术。

二、多用正面表达

无论谁都喜欢得到肯定。因此，在脚本话术中应该尽可能避免使用否定的语言，如"不"、"没有"等。要让客户感觉到自己是被肯定、被认同的。

三、用FAB的技巧引导顾客

FAB(Feature+Advantage+Benefit)即"特点+优势+利益"。在介绍产品的过程中，与其死板地说一些产品的特性和专业名词，还不如从产品能给用户带来什么好处出发，用形象的比喻来帮助用户想象产品会给他带来的利益。

四、使用更具说服力的词语

当今社会,人们对数字非常敏感,因此,在电话销售话术中,巧妙地添加一些数字或者与数字有关的词,能够让用户印象深刻且让你的推荐更具说服力,如"本产品在同类排名中连续 3 年赢得第一"。

五、使用"先讲明原因"的技巧

在沟通中,我们都喜欢问为什么?当用户接到一个电话时,他的第一反应是他是谁?为什么要打电话给我?因此,在一开始的时候主动表明身份并告诉他/她我是为何而来,就能有效地打消对方的顾虑。这样做,也能避免时间上的浪费,提高电话的沟通效率。

六、口语化

不应该将使用手册或网站上的文字简单移植,而是必须根据口语听说、日常交流的习惯重新编写相关内容,同时,要满足普遍性的口语习惯,所以常常需要不同人在一起反复斟酌。

七、对话式、互动式

脚本不是发言稿,不能不顾客户反应而一气呵成,必须留给对方反应的时间与机会,并针对不同反应决定下一步内容。

第三节 常用语、销售用语、疑难情景的脚本撰写

电话销售过程中,经常会用提问的方式,来了解顾客的需求和引导销售,一般情况下,经常问的问题有以下几种:
您能否谈谈您的整个想法?
您能谈谈您对该产品的具体要求吗?为什么这些对您很重要?

什么样的产品最符合您的要求？

请问这些产品都给谁用？

为什么现在有购买的想法？

什么时候给您送去会最符合您的要求？

在电话销售过程中，我们经常会遇到一些顾客拒绝或表示不愿交谈的情况，这时候，脚本的运用就尤其重要。

顾客："把资料寄来就好。"

脚本："我很乐意这样做。×先生/小姐，但是这些构想只有在符合您个人需求时才有用，有一些细节性的问题我必须亲自和您讨论，是否让我先给您介绍一下？"

顾客："我没钱！"

脚本："×先生/小姐，您的判断一定是对的，不过，我要提供给您的构想有可能是您从来没有听过的，现在最好先了解以备不时之用，我先给您介绍一下吧？"

顾客："你说的产品我知道了，就算想买现在也没钱。"

脚本："是的，×先生/小姐，我相信只有您最了解公司的财务状况，是吧？而我们这套系统就是帮助您更好的节约成本、提高绩效。您一定不会反对吧？"

顾客："我对你们的服务没兴趣！"

脚本："×先生/小姐，我也觉得您不会对您从来未见过的东西产生兴趣，这也是我要给您介绍的原因。我希望我所提供的资讯足够让您作出明智的决定，现在能让我给您介绍一下么？"

顾客："我很忙，没有时间。"

脚本："×先生/小姐，事实证明，您能把这个企业发展成这样的规模，就证明您是一位讲效率的人。我想：您一定不会反对一个可以帮助贵公司更好的节约成本、节省时间、提高工作效率的系统被您所认知，是吧？"

顾客："你这是在浪费我的时间。"

脚本："×先生/小姐，如果您看到这个产品会给您的工作带来一些帮助，您肯定就不会这么想了，很多顾客在使用了我们的产品后，在寄回的'顾客意见回执'中，对我们的产品都给予了很高的评价，认为我们的产品真正地帮助他们有效的节省了费用，提高了效率。"（如对方用没有时间拒绝你，你要用这样的观念——最忙的人不一定是成功的人，成功的人必然追求效率。)

顾客："我要考虑一下。"

脚本:"×先生/小姐,很明显的,您不会花时间考虑这个产品,除非你对我们的产品真的感兴趣,对吗?可不可以让我了解一下,你要考虑一下的到底是什么呢?是产品品质,还是售后服务,还是我刚才漏讲了什么?"

当顾客喜欢某个产品,但习惯拖延做出购买决定时。

脚本:"×先生/小姐,相信您听过,美国国务卿鲍威尔说过,拖延一项决定比不做决定,让美国损失更大。现在我们讨论的不就是一项决定吗?假如您说'是',那会如何?假如您说'不是',没有任何事情会改变,明天将会跟今天一样。假如您今天说'是',您即将得到 1、…… 2、…… 3、……的好处。显然说'是'比什么都不说更有好处,您觉得吗?"

当顾客谈到最近的市场不景气,可能导致他们不会做出购买决策时。

脚本:"×先生/小姐,多年前我学到一个人生哲理,成功者购买时,别人都在抛售,当别人都在买进时他们却卖出。 最近很多人都在谈市场不景气,而在我们公司,我们决定不让不景气来困扰我们,您知道为什么吗?因为现在拥有财富的人,大多都是在不景气的时候建立了他们事业的基础。他们看到的是长期的机会,而不是短期的挑战。所以他们因做出购买决策而成功了,当然他们也必须要做这样的决定。 ×先生/小姐,您现在也有相同的机会做出相同的决定,您愿意吗?"

思考题

1. 在一些销售型的呼叫中心,经常会出现这样一些员工,他们完全不遵照话术,成功率却很高,你如何对待这种现象?

2. 对于一些新入职的员工来说,会出现照搬照抄话术的现象,我们应如何避免这种现象发生?

第七章

现 场 管 理

现场表现是呼叫中心的门面，良好的现场秩序、舒适的工作环境、轻松的工作氛围，不仅能保证工作的顺利进行，对员工的效率提升、表现提高及身心发展都有极大的用处。成功的现场管理会促进生产力，同样，糟糕的现场表现也会降低整体表现。

现场同时也是呼叫中心管理水平的直观体现。应答质量、团队互助、流程遵守、工作状态、规范操作等，都通过现场表现一览无遗。所以，抓好现场管理，往往是成功管理的第一步。

第一节 现场管理的定义

现场管理是呼叫中心管理的一个重要环节，是管理人员根据事先设定的质量标准或工作要求，在服务现场或通过多媒体数字监控手段对执行服务的人员、设备、工作流程、环境等进行实时的监控和管理，发现和预测存在的和潜在的问题，并及时制定解决方案，以改善服务方法、作业流程、思维方式、工作环境，进而提升服务质量的管理过程。

呼叫中心现场管理对于呼叫中心的良性运营至关重要。优秀的现场管理是一个持续的过程，它可以帮助呼叫中心降低成本，提高人员的整体服务素质，降低人员的流失率。

现场管理的主要意义在于：管理者可以通过现场管理与所有的团队成员进行更"亲密"的接触，加强与团队成员之间的沟通与交流，更加直接、迅速的获取团队工作信息，了解整体运作情况。

利用现场管理，对团队成员进行有效的帮助和指导，通过每一位团队成员的不断提高来实现团队共同进步。

通过现场管理，对呼叫中心各项工作的执行情况进行跟踪、检验，确保呼叫中心各项工作都能够有效地进行。

对于在现场监控过程中发现的问题及时给予纠正、分析和解决，结合实际运作情况对工作发展计划进行适当的调整以确保各项工作的有效实施，有助于更好的开展工作。

通过现场管理，有助于管理者发现呼叫中心在实际运营中存在的新问题和各种需求，从实际出发实施管理，制定出具体的发展计划和努力目标。

第二节　现场管理人员的角色与职责

呼叫中心现场管理是一个动态的管理过程，需要管理人员根据现场发生的实际情况，及时对问题进行预测，并采取必要的措施，解决现有问题的同时避免潜在的问题发生，因此，对于管理人员的经验和管理能力都有很高的要求，参与呼叫中心现场管理的人员包括：班长(主管)、质检人员、部门经理、高级经理等等，如图7-1所示。

表7-1　现场管理人员角色与职责示意图

职务名称	角色	现场管理参与频度
班长(主管)	班长(主管)是客户服务过程中最主要的问题采集者、经验传递者和工作监督者	每天对座席人员的督导时间不少于2小时
		每天亲自参与服务的时间不少于2小时
业务经理	部门经理是客户服务过程中的领航员、问题的决策者、计划的制定者和组织者	每天不少于1小时

(续表)

职务名称	角色	现场管理参与频度
质检人员	质检人员是客户服务过程中质量标准的制定者、质量监督员和问题预测者	每天不少于2小时
高级经理	高级经理是客户服务过程中的资源保障者和关系协调员	每周不少于2小时

考虑到不同职务的人员在现场管理中的侧重点和要求也有所不同，这里我们主要来说班长(主管)\业务经理\质检人员的角色职责，以及在现场管理当中担当的作用。

班长(主管)

班长(主管)要履行的职责看似简单，但是要做好却并不容易。先来分解主要内容：

完成呼入服务指标要求或呼出销售定额和其他指定的业务目标；

及时将上级的指令传达给座席，变成座席的行为；迅速将市场信息及座席的情况反应给上级，供上级决策之用；

辅导和带领座席员工，以保证高质量客户体验及客户满意度，并领导座席人员通过实现其个人目标而达成团队的整体目标，座席人员严格遵循工作条例及操作规程，保持高昂的员工士气及良好的工作氛围；

领导和提升座席员工的工作能力以满足目前和今后的业务需要，并成为他们工作和业务问题的专家和资源；

大部分呼叫中心的班组长(主管)，都是从座席当中的业务骨干晋升的，因此往往很容易陷入一个误区，就是过于强调自己的业务能力，习惯依靠个人的努力去完成工作，救火现象普遍存在。因此在现场管理的工作当中，班组长(主管)应该注意自己管理者角色的转变，要从专材向通材慢慢转型，从以往靠个人的努力实现个人目标，转变为组织好他人去实现团队目标，从做具体的业务工作，转型为参与更多的监督、管理、辅导、培训的工作。

业务经理

管理本部门及负责项目实施，完成上级部门的目标要求。

完成既定服务指标及其他指定的业务目标。

决定及监督本部门的服务标准及个人指标。

有效管理班长(主管)、培训师及其他管理人员,制定个人绩效指标,给予充分授权并帮助所带领的管理团队进行职业生涯规划。

向上级与委托单位汇报项目实施进展、实施中存在和暴露的问题,提出改进建议并负责落实。

建立和完善业绩评价标准与跟踪系统,保证服务质量。

总体规划项目进程,并保证人力资源最佳使用。

规划管理,关注、收集客户反馈,采取措施以保证客户满意度。

协调呼叫中心各项资源,处理现场突发事件。

组织阶段性绩效考核,对优秀员工进行表彰,组织团队减压和建设活动。

带领布置呼叫中心现场环境,营造激励、竞争的团队氛围。

业务经理掌控着整个团队的发展和方向,负责制定业务部门目标和计划,并有效解决目标实施过程当中出现的问题。业务经理要善于发现将来可能出现的问题,并将问题转化为机会,作为计划制定和计划调整的依据。而在日常的工作当中,我们往往发现业务经理难以抽出时间参与到实质的现场管理工作当中,但现场管理恰恰是业务经理不能推却的主要工作之一。要实现自我的角色与职责,业务经理除了需要参与现场管理工作之中,还应该适当接听客人的电话,以了解客户的需求,了解他们的期望值是否有所变化。而不应该把自己凌驾于客户之上,或和客户保持着距离。因为只有通过接听电话,才能真切了解到客户的想法,才会去使用业务系统,才能真切体验到系统上和流程上的问题,知道座席的难处在哪里,从而制定相关的规程和系统提升方案去帮助座席有效地解决问题。

质检人员

质检人员的角色应该是发现问题、反馈问题、纠正问题。应该经常到现场,接听电话、和员工进行实时的沟通。在很多呼叫中心都会存在着这样一种情况,就是质检人员对自己的角色认知清晰,但是座席却往往对质检人员的工作不能够充分的体谅,总是觉得质检人员的主要工作就是找茬和扣绩效分,而这直接影响到他们的工资和奖金。所以往往客服人员会对质检人员的工作或多或少都存在着一些抵触情绪,造成了不少质检人员工作上的困扰。

那该怎样去解决这一个问题呢?质检人员可以通过以下手段完成闪亮转身!

(1) 在录音监听的过程中，不单单要发现问题，在发现好的录音时，也要给予肯定、表扬，将信息反馈到班组长(主管)处或者走到现场中去，给予员工鼓励。

(2) 质检人员参与班前会的时候，可对前一天电话质检当中发现的问题作共性的点评，而对处理优异的服务、事例作出点名表扬，例如宣布每日质检明星等。

(3) 定期举办好电话分享会，质检明星之类的评比活动。

(4) 对于电话中表现欠佳的员工，通过质检报告反馈给班组长(主管)、业务经理，让其主管或经理对落后的人员再进行个别辅导。

总体来说，可以给质检人员的角色赋予更多地正面和激励的作用，而将辅导的工作更集中于班长(主管)身上。

我们的座席员，大都是一些刚出校门的年轻人，他们心理的成熟度和抗压性都不是太强、经常产生一些情绪上的波动是正常现象。有一位座席员在主管和其进行面谈沟通时就说过这样的话："我们这些座席代表，就是在公司的最底层，每一个部门的人都是我们的上级，我们上面有班组长(主管)的管理和督导，又有质检时时刻刻的监控，稍有不慎就被扣绩效分，培训导师又动不动就教育我们，我们就像是食物链当中的低等生物一样。"这位座席的言语自然太过偏激，但是管理人员确实需要检讨在现场管理工作当中，对座席人员情绪的引导是否足够，而其中质检人员所充当质量把关和人员激励为主的角色就更为重要。

第三节　现场管理工作的内容与方法

一、话务监控、人员调配

熟识呼叫中心运营管理中的一些量化指标，对相关的话务监控系统熟练应用，可以说是现场管理的基本功，很多呼叫中心都会把接通率、弃呼率及服务水平设为关键营运指标，这里简单讲一讲现场管理中关于话务监控的实战技巧。

当话务监控出现排队等候的呼入时，现场管理者应该做以下几项工作。

1. 首先了解在列队中的呼叫数量

目的：了解等候数量是否在可控制的范围之内。

2. 最长的呼叫等候时间

目的： 得知客户的体验及对服务水平的影响。

3. 目前的服务水平\平均应答速度及目标的服务水平\平均应答速度

目的：通过了解目前的服务水平，从而判断来电等候对目标服务水平的影响。

4. 座席人员的状态

目的：是否有人员在小休、用餐、培训、会议等。

5. 升级措施的必要性

升级措施包含：调整呼叫入线的优先次序管理者(班组长、质检人员、培训师等)帮助处理呼叫记录顾客的信息，待话务量下降时安排外呼。

安排专席处理某些共性问题等。

需要注意的是，通过每天对不同时段的弃呼率、服务水平等数据的监测和分析，可以发现现场的调配和管理对于各类指标的影响非常大。比如：中午用餐时间的人员安排、上下午人员休息时间的安排、交接班的时间和人员安排、上下午高峰时段的人员调配等。这些时段的运营指标一般波动较大，说明在这些时段现场管理工作如果做的不到位，就会严重影响电话接通率和服务水平指标。因此做好人员调配，合理安排人员的休息与用餐、做好交接班的管理对于保证运营指标至关重要。

二、质量监控的手段

1. 电话监听

可以通过监听掌握座席的状态信息，对座席人员的语言表达能力、专业知识、服务技巧、应变技巧、呼叫控制和责任心等方面进行全方位监控，以此促进座席人员更好地与客户进行交流、沟通，提高呼叫中心的整体服务质量。有些呼叫中心在监听的同时还能捕捉到座席员在服务时的桌面状态，这样就可监控座席人员系统操作的规范性，保证统计数据的准确与真实性；规范化的操作不仅不会影响各类指标，反而能让管理人员对座席代表进行更加科学地管理，找到需要改进的流程和规定，实现员工利用的最优化。

2. 现场督导

可以将现场督导即监督者将理解为座席员旁边的辅导者，他们在现场能够给予座席人员及时的指导和帮助。

尤其是在有较多新员工上线的时期，这种现场指导是相当必要的。

现场督导作为对座席员进行即时支撑的人员，必须对业务的核心知识、相关知识、业务系统、服务知识、技巧及服务流程掌握得非常透彻，这样才能在必要的情况下提供支持，比如解答座席的疑难问题、处理困难客户，甚至处理投诉。

但是有些座席，因为有现场督导的存在，变得依赖性很强，不善于自己思考问题。

一遇到问题的时候就举手问，获得答案之后，又不过大脑地转述一遍给客户，下次遇到相同的问题时又再次提问。由此大大影响了现场指导人员的工作效率，也影响了个人的成长。

那么现场督导应该怎样帮助座席代表去解决问题呢？首先现场督导必须要明白自身的角色并非是在扮演一个"走动的知识库"，遇到这类不善于主动学习的座席代表，可在每一个问题解决后、每一通电话结束后，对相关问题与座席人员进行有针对性的分析、沟通和总结，这样可以帮助座席人员深入地发现自身存在的问题以及改进的办法，并在下一通呼叫中进行状态调节，这样经过几个反复操练后，座席人员可以培养起服务的自信心和一定驾驭问题的能力，可以快速进入岗位角色。

三、环境管理

现场环境包括人的环境与物的环境，人的环境是指业务部门之间、班组内部的沟通与联系；物的环境包括系统、设备、办公现场等。

1. 对人的环境的管理

对人的环境的控制并不是指要控制所有相关部门的人，因为现场督导不是公司领导，但在与不同部门人员打交道的过程中督导所要做的事就是促进信息的传递和沟通。因此现场督导在控制人的环境时控制的是环境中传递的信息。

下面重点来谈一谈班组内部的人员管理。

2. 制度和人性化管理

所谓的人性化管理，就是指在运营管理的过程中，充分考虑到"人"的因素，以开发员工潜能而获取企业与员工双赢的一种管理模式。但人性化的管理必须是建立在制度上的，没有制度，人性化管理就成了空谈，没有任何的意义。呼叫中心是智力密集型和劳动密集型的组织，人员的行为对服务指标或生产指标具有至关重要的影响。因此相对于其他产业，呼叫中心有更多的现场规章制度和人员守则，因为没有这些制度，呼叫中心就没有办法运营下去，这是由呼叫中心的性质所决定的。因此呼叫中心的制度必须是强行的、绝对的，但人性化的管理，是灵活的、温暖的。

员工小李在早会上迟到了，在这个月当中，小李已经是屡次迟到，每次迟到的理由都是"已经很早出门，但是路上堵车。"请问：应该如何教育这位员工，使他认识到自身的错误，改掉迟到的毛病呢？

参考方案：

1. 先请小李向在场参与班前会的同事道歉，因为他的迟到而打断班前会的进行。
2. 请小李解释迟到的原因。
3. 利用一、两分钟的时间，请大家想一想是否有较好的方法来帮助小李，例如考勤优秀的同事分享一下自己不迟到的经验。
4. 会后与小李面谈，再次探究原因，协议方案，激发承诺。
5. 按照制度给以相关的纪律处分、并且记录在档案当中。
6. 后续追踪与跟进。

3. 走动式管理

走动式管理即指现场管理人员，通过巡场的方式，了解与监督现场纪律、现场环境、座席人员工作状态等情况的一种管理方式。走动式管理的好处在于，对现场纪律、现场环境时时进行控制，对座席人员工作中遵守公司的规章制度及纪律，起着良好的促进作用。一般来说，走动式管理，可以达到以下几种目的：

(1) 即时确认运营结果，第一时间知道呼叫中心现场所处的状况；
(2) 把握真实情报，核对数据的真实性；

(3) 发现突发情况，积极采取行动应对；

(4) 增加上、下级的沟通机会，增进双方的了解。

而在执行走动式管理时，管理人员要注意做到以下六点：

(1) 需要整洁的外表穿戴；

(2) 要有发现问题的意识；

(3) 要有敏锐的洞察力；

(4) 要真实地记录一切；

(5) 需要有谦逊的举止；

(6) 需要有耐心回答一线座席人员提出的问题，和他们进行交谈。

对物的环境控制的要素之一就是对现场系统与设备的维护，如果遇到系统故障或异常需及时进行排障，在解决不了的情况下求助信息部门甚至设备的厂商。并把相关故障时间、故障情况记录以作备案。

四、人员激励

在现场管理的过程中，需要随时注意座席人员的情绪波动，必要时给以激励与调动。

由于座席员每天要接听很多的电话，过程中也经常会碰到一些难缠的客户，还要处理投诉电话，除此以外要时时接受管理人员和质检人员的监控，每月有月度考核，另外还有许多呼叫中心严谨的纪律必需遵守。也就是说在他们每天的工作当中，被激发负面情绪的机会是相当多的。所以现场管理的工作必须在他们产生负面情绪苗头的时候，就对员工进行帮助和鼓励。另外也要密切关注情绪不佳或情绪反常的员工，给予适时的支撑，降低团队负面情绪的影响。现场管理人员可以在平时的巡场过程中透过一个鼓励的手势、一个赞许的微笑，甚至一句简单的问候传达对员工的关爱，以强化他们的正面情绪。

所以对现场管理人员而言，需要做到善用表扬，并能对员工进行及时赞美。

大部分的座席，都非常关注自己的工作表现，对于一些考核指标，除了希望得到及时的反馈之外，也需要来自上级的评价和表扬，得到了评价和表扬之后，他们更加愿意按照上级的期望和为其指引的目标不断努力，成为优秀的员工。因此在现场管理工作当中，除了密切留意人员工作表现外，还需要对其努力与进步及时地表扬和赞美。

表扬时的注意事项

(1) 不漏听、不漏看、不忘记下属取得的成果。
(2) 要及时在众人面前表扬。
(3) 可以借助他人来表扬。
(4) 表扬时不要夸大其词，需要实事求是。
(5) 要公开进行，不要瞒上欺下，私下暗箱操作。
(6) 不要哗众取宠，表扬是为了树立大家学习的榜样。

批评时的注意事项

(1) 就事论事，切莫言及他人他事。
(2) 批评是为了帮助员工成长，而不是为了将员工骂走。
(3) 切忌"六"不：
① 不听部下解释，揪住就批，有理没理先骂一顿再说；
② 不给挽回机会，一错就批。根本不理会最终结果；
③ 不再信任，错一回批一次，以后就不再使用该人或者不再给他\她机会；
④ 不采取相应的实际处罚，每次都停留在口头上；
⑤ 不告诉员工怎样可以改正错误，只是批评；
⑥ 批评的尺度不统一，相同的错误不同的员工、不同时间点犯会得到不同的反馈。

总体而言，对员工激励的方式与手段有多种，但任何一种方式都不是独立或者偶然的，而是应该在平时的现场管理工作当中一点一滴渗透进去的。

五、突发事件的处理

(1) 现场督导人员，需要了解公司相关的突发事件处理流程，在发生突发事件时，负责现场指挥和组织，按照应急预案处理突发事件，尽可能降低各种损失。

(2) 当突发事件发生时，现场督导人员应立即上报本部门负责人，协助部门负责人，或公司安委会负责人进行应急处理工作。

(3) 当突发事件发生后，需要做好信息上报。工作包含做好信息的记录工作，内容包括：时间、地点、事件性质、影响范围、事件发展趋势和已采取措施等，并在应急处理的过程中，及时续报相关的情况。

(4) 做好事故总结：对某一突发性事故进行总结，向相关部门提出预防与控制的建设。

(5) 协助相关部门、人员完善相应的突发事件应急预案，避免类似的问题再发生，或者发生时给呼叫中心造成的影响可以控制到最小。

员工在工作现场发生口头冲突和斗殴怎么办？

1. 现场督导需要立即制止斗殴并将有关员工隔离；
2. 通知周围观望的员工尽快回到岗位，执行正常工作；
3. 对所发生事件进行调查，做出报告并通知业务组经理或当值经理；
4. 主管或经理决定是否对有关员工采取纪律处分，并将相关记录存档，有需要时安排有关员工停职或调岗，以降低再发生事故机会；
5. 必要时，主管及经理应于合适的场合向员工说明处理方法和结果；
6. 以此事为案例教育其他员工今后不要发生类似的事件。

第四节　成功的班前班后会

有些安全管理人员和班组长认为，班前会和班后会是形式主义，起不到多大作用。其实，这些人只是把班前会和班后会当作"会"来认识，而不是作为落实班组安全管理的工作方法来看待。

班前会绝不是"要注意安全"、"做事要小心"之类口号式的交代所能替代的，它需要在布置工作的同时，提出必须采取的危险防范措施。有很多班组的作业内容每天都相似，于是布置安全工作时，班组长就一味地强调同样的内容，不仅枯燥，而且没有必要。其实，只要班组长留心观察，就会发现绝对没有哪两天的情况完全相同。现场每天不尽相同，如新产品发布，可能出现话务量井喷，需要提醒大家注意。员工的思想状态每天也不同，如某员工家中有喜事，其心情会比较激动。不同时期，企业也会对安全生产有不同的要求，如在节日期间，企业会要求班组长注意酗酒上班的员工。如果班组长能对当天的具体问题进行具体分析，班前会就会开得比较成功。

很多班组长只注意班前会，而忽视班中检查，导致班前会和班后会不能成为一个有机的整体。在班前会上，班组长应要求班员在班中及时报告电话中的非正常情况，并对工友进行监护。班组长也要在班中查处违章作业行为。班中检查是联系班前会和班后会的中间环节，没有这个环节，班前会和班后会就会徒有其名。

班后会开得不好，就像一个人有灵活的头脑，有健康的心脏，却有一双残废的脚。班后会对一个班次的安全工作进行小结，表扬遵章守纪的，批评违纪行为的，对违纪行为是一个有力的打击，同时，也对班前会和班中检查起到了促进作用。如果班后会天天都说"无违纪现象"、"无大小问题"，就真的成了形式。

只有把班前会、班中检查、班后会有机地结合起来，使之成为一个整体，才能使班前会和班后会真正发挥作用。

思考题

1. 现场管理中的职责分工如何划定？
2. 现场管理中的环境布置应如何体现企业文化或团队精神？
3. 影响现场表现的关键要素有哪些？

第八章

流 程 管 理

　　流程，在呼叫中心是非常必要的，而流程的管理，在呼叫中心也就相当重要。对呼叫中心而言，服务是通过不同的人在不同的时间应对客户不同的需求来完成的，但是服务工作的效果是希望保证质量和效率，这就需要把服务工作进行步骤分解，针对每一个关键步骤制定要求，这就是流程化。有了流程，呼叫中心的服务管理就有了基础和标准。这就是服务流程建立的必要性。同样，对于呼叫中心管理者来讲，尤其是大型呼叫中心的管理者，为保证管理的一致性，为设定一个管理工作的标准，也需要对管理类工作制定相应的流程。因此，呼叫中心总是有很多流程，为使制定的流程能够起到预期的作用，流程需要专门的管理。

第一节　流程的集中式管理

一、流程控制

1. 流程管理及审核

　　有指定团队对流程进行管理和维护；每个流程有相应的 Owner 和 Approver；流

程必须被定期审核和更新(一般按季度)。

2. 流程存放及访问

流程必须在公司内可被员工访问并提供电子版下载；管理和更新必须由唯一的流程保障团队进行；过期的流程必须被移除并备份。

3. 流程安全性

流程存放服务器需要确保安全；隔离在公司外部对流程的访问；电子版或打印版分发必须被管理和记录。

4. 流程有效性

所有流程必须有有效期，没有特殊注明一般为 12 个月；超出有效期的流程需要审核其作用，如果已经过时，需要被备份并移除；超过 3 年不用的流程需要被删除。

5. 流程变更和更新

流程相关人员可以根据业务情况对某流程提交变更申请；申请需要使用统一格式，内容包含目标流程、需要变更的地方、变更的理由、可能会带来的影响等；变更请求根据既定变更流程受理；所有变更申请必须被业务负责人和流程保障团队审核并记录；如果申请通过，相关部门和人员需要通知员工更新的流程内容(方式可以是班前、班后会、培训、内部通知等)。如果申请没有被通过，也需要告知申请者原因。

6. 外部文档

外部使用流程文档必须注明缘由并和内部流程分开；外部使用文档必须确保安全性。

7. 流程机密性

所有机密文档必须标注机密等字样；流程保障团队维护机密文档列表。

8. 流程新建

根据业务变化或者客户需求在现有流程体系上，增加新的流程内容。新建流程需要有专人负责完成，并由业务负责人或者流程保障团队审核其适用性。如果审核通过，相关部门和人员需要通知员工更新的流程内容(方式可以是班前、班后会、培训、内部通知等)。如果审核没有通过，新建流程对应创建人员需要更新相关内容直到符合要求。

二、流程必须具备统一的格式

1. 公司标识

2. 流程文档名

3. 流程文档细节

流程文档细节包括：编号、部门、相关人、创建时间、更新时间、审核人等。

4. 统一的内容要求

标题、适用于哪些人、访问权限、Owner、Approver、有效期、内容等。

5. 统一的格式

字体、段落、页眉页脚等。

三、流程审计

在大部分呼叫中心，业务负责人和流程保障团队(往往是呼叫中心的质检团队)会负责流程内容的适用性和正确性。在新流程颁布前，他们需要审核流程的内容，确保他们不会给日常工作带来负面影响。同时他们也需要定期审核流程的有效性，对于一些过期的流程内容进行更新或者删除。

第二节　流程的执行度管理

合适的流程在设计时就考虑了实际的可操作性。已设计好的具可操作性的流程，要真正落实，按设计执行，并关注。对设计好的流程需要在使用者范围内进行培训，保证使用者正确理解和掌握流程。在执行的初期，尤其需要注意不同实施者理解的一致和行为的一致。

执行过程中,如何控制好流程,也是一个需要关注的问题。不管是执行的初期,还是正常运营中的执行,都需要对流程的执行情况进行监控,保证实际的流程是按预先设定的进行。例如服务流程,可以通过呼叫中心日常的电话监控去掌握流程的实施情况,不同人员在不同情况下是否按照相应的流程在操作,然后给予及时的指导和纠正。数据分析也是一个很好的方法,通过日常运营数据的趋势变化和分布等情况,可以察觉出流程是否在受控范围。控制图就是一个很好的工具。

第三节 流程的更新管理

在控制流程的过程中,会发现原先设计的流程可能存在问题或不足,或随着时间的推移、情境的改变或要求的提高,原先设计的流程出现了不适宜的地方,那就需要不断地改善流程。这个时候,就需要找出问题,分析原因,采取措施。只有不断地发现问题、找到问题的根本原因、及时采取有效的措施,流程才能够不断地改善,绩效才能不断地提高。

识别、设计、执行、控制和改善,是流程管理的重要环节,一环扣一环,不断循环,呼叫中心的流程才能够保持有效,才能够在运营中发挥其重要作用。

思考题

1. 流程设置中应如何考虑跨部门之间的操作流程?
2. 流程改造中应重点考虑哪些方面?
3. 流程如何随着任务目标的改变而调整?
4. 不同定位的呼叫中心,流程设置有何不同?

第九章

投诉管理

投诉,往往是客户给我们的机会。但投诉往往是双刃剑,处理的好,可以挽留客户,甚至可以增加客户的忠诚度和美誉度。但处理得不好,在失去客户的同时也失去良好的形象和声望。

更重要的是,投诉往往暴露了我们在运营、管理中的一些缺点,是发现自身问题、挖掘客户需求的好时机。善待投诉,妥善处理,不仅是我们的职责更是我们的机会。

第一节 投诉管理的基本概念

ISO10002:2004 对投诉的定义:投诉是"一种不满意的表达,它针对一个组织相关的产品或投诉处理过程而发出,客户明确或隐含地期待组织给予回复或解决"。

投诉也可以定义为:当顾客购买商品时,对商品本身和企业的服务都抱有良好的愿望和期盼值,如果这些愿望和要求得不到满足,顾客就会失去心理平衡,由此产生抱怨和想"讨个说法"的行为。

投诉管理不仅仅是对客户投诉问题的处理,而且是通过对问题的分析,帮助企业及时发现产品及服务中的缺陷及不足,帮助企业改进产品、提升服务,从而实现企业和客户双赢的活动过程。

第二节　投诉管理的意义

随着日趋激烈的市场竞争和买方市场的全面形成，市场竞争手段、竞争意识的知识化和专业化，提供高质量、高技术的产品和优质服务是企业永恒的主题。企业的成功取决于能否使顾客满意，企业为了寻求持续发展就需要适应"以顾客满意为中心"这一新的竞争形式下建立的新的竞争法则。顾客投诉管理是企业产品和服务管理系统中的一个组件，它是"以优质服务为顾客创造价值"为核心理念，为顾客快速、圆满地解决投诉，赢得顾客满意和忠诚的重要法宝，也是当今企业获得竞争优势的利器。

客户投诉管理作为我们服务工作中的一项重要内容，也越来越影响我们服务工作的质量；同时，也成为我们日常管理工作中不可或缺的一部分，也越来越影响我们管理工作的全局。建立科学、高效的客户投诉管理体系，完善客户投诉管理制度，努力实施客户投诉管理已迫在眉睫。

如果遇到一位抱怨的客户，一定要感谢他，因为他把牢骚发给你而不是亲朋好友。客户的抱怨为什么值得重视，请看以下数据：

- 会抱怨的客户只占全部客户的5%～10%，有意见而不抱怨的客户80%左右不会再来购物，而抱怨如果能处理得当，那么有98%左右的客户抱怨之后还会再来；
- 一个非常不满意的客户，会把他的不满告诉20个人以上，这些人中，在产生同样需求时，几乎都不会光顾那些被批评的服务品质恶劣的公司；
- 服务品质恶劣的公司，平均每年的业绩只有1%的增长率，而市场占有率却下降2%；
- 服务品质高的企业，每年的业绩增长率为12%，市场占有率则增长6%；
- 每开发一个新客户，其成本是保持一个老客户的成本的5倍，而流失一个老客户的损失，只有争取10位新客户才能弥补；
- 有95%以上的客户表示，如果所遇到的问题总是在现场能得到及时解决，他们就不会发脾气。绝大多数客户表示，企业这样做会得到他们的谅解。

在建立科学、高效的客户投诉管理体系之前，我们必须明白客户投诉管理的意义。客户投诉管理是实现客户和企业双向沟通的有效途径，是我们改进服务的重要环节；客户投诉管理可以消除客户的不满，提高客户满意度；客户投诉管理可以让我们更加贴近市场，发现潜在需求，从中获利等等。目前，商业企业普遍设立了客户投诉机构，派专人处理客户投诉，这为客户投诉管理打下了良好基础。但是，有一部分商业企业并没有充分认识客户投诉管理的意义，对客户投诉置若罔闻，敷衍了事，甚至一拖再拖，最后不了了之，从而更加激起了客户的抱怨，影响了服务的质量，甚至影响了管理工作的正常进行。

建立了客户投诉管理体系以后，我们就需要将其制度化、规范化，使我们在处理客户投诉时有章可循，并把其纳入公司日常管理的范畴，设置专人进行客户投诉管理，并定期对客户投诉管理工作进行考核。

客户投诉管理是一项系统性、复杂性、敏感性的工作，直接关系到我们服务工作和日常管理工作的大局，做好客户投诉管理，客户满意度提升与管理水平提高就会接踵而来。

第三节　顾客投诉管理的原理

无论是自建型的呼叫中心，还是外包型的呼叫中心，都不可避免有客户投诉的产生。客户投诉率通常是评价客户满意度的关键指标之一。随着全民服务意识的加强、消费者市场持续处于强势地位，客户更容易产生投诉行为。所以，进行科学有效的投诉管理对于呼叫中心或企业都是非常重要的工作。

在讨论如何进行投诉管理之前，我们必须要清楚客户投诉的动因。通常情况下，当客户对产品或服务不满意时，会产生投诉的冲动，有一部分客户会进行投诉。而客户不满意的原因是对产品或服务的期望值与实际值存在差距。通过对客户投诉动因的分析，我们可以很清楚地看到，客户投诉管理的基本核心有两个，即客户满意度和客户期望值的管理。二者之间关系明显，即客户期望值管理优劣在某种程度上决定了客户满意度高低。

企业其实不希望产生客户投诉，但投诉又是不可避免的。所以将客户投诉冲动消灭在萌芽状态，是上上策；客户产生投诉后能够尽快减少变不满意为满意是中中策；企业的措施只能减少客户的不满意程度而不会增加客户满意度是下下策。

第四节　如何建立科学、高效的客户投诉管理体系

客户投诉管理是一个极具综合性的管理命题，涉及商业企业内部各个部门：业务部门、专卖部门、客户服务中心、物流中心等各部门要协调一致，定时沟通，共同解决，而不能把客户投诉管理划归成一个部门的职责。

一、客户投诉预防

我们先从《扁鹊的医术》这个小故事说起：魏文王问名医扁鹊说："你们家兄弟三人，都精于医术，到底哪一位最好呢？"扁鹊答："长兄最好，中兄次之，我最差。"文王再问："那么为什么你最出名呢？"扁鹊答："长兄治病，是治病于病情发作之前。由于一般人不知道他事先能铲除病因，所以他的名气无法传出去；中兄治病，是治病于病情初起时。一般人以为他只能治轻微的小病，所以他的名气只及本乡里。而我是治病于病情严重之时。一般人都看到我在经脉上穿针管放血、在皮肤上敷药等大手术，所以以为我的医术高明，名气因此响遍全国。"

从这个小故事中我们可以得出一些心得：事后控制不如事中控制，事中控制不如事前控制。联系我们的客户投诉管理，我们可以得出这样的启示：在客户投诉管理工作中，最重头的环节在于投诉预防工作，而不是等到客户投诉以后去亡羊补牢，重视投诉预防，做到未雨绸缪，可以将客户不满消灭在萌芽状态，既提高了客户满意度，也密切了客我关系，也为企业节约了成本，可谓是一举多得，我们何乐而不为呢？

俗话说：防范胜于救火，做好投诉预防要求我们有敏锐的洞察力，也要有高度的处事能力，两者缺一不可。作为商业企业，我们要在服务工作的每一个环节上下工夫，做好方方面面、点点滴滴，做到面面俱到、滴水不漏。但人非圣贤，孰能无过，在我们的服务工作出现纰漏时，在客户刚出现抱怨的第一时间把它处理好。诚然，这给我们的工作带来了很大的挑战，这就需要我们对员工多加指导，调动他们的主观能动性，在把服务做到尽善尽美的同时，处理好客户的抱怨。

二、客户投诉受理

一旦客户进行了投诉，我们就要做好投诉受理，这也是一个准确识别客户和客户需求的过程。

1. 建立投诉平台

建立投诉平台的目的主要有两个：一个是建立企业与客户之间的联系纽带，让客户有地方可以发泄自己的不满；另一个是建立企业投诉数据库，为企业改善产品和服务获取第一手资料。

从心理角度来说，当人产生了不满情绪后，最终会发泄到生活中的某个地方。对于投诉无门的客户来说，对产品和服务的不满意最终会传递到周围人身上，并对他人产生重要影响，因为口碑的力量永远大于广告的力量。开通投诉热线，是希望客户将不满情绪送回到企业中，而不是影响到他人，从而减小不满情绪传播的范围。

建立投诉数据库，对于企业来说还有另一层意义。企业可以通过投诉平台收集投诉客户群、投诉内容、投诉频率、投诉原因以及投诉产品，并对这些数据进行统计分析，由此可以找到产品和客户期望值之间的差距并进行改进，从而提高产品质量和服务质量，增加客户满意度，进而获得更强的竞争力。

2. 建立投诉流程

企业搭建完投诉平台后，首先要做的事情便是设计投诉流程。众所周知，呼叫中心只是客户与企业的联络枢纽，投诉问题的最终解决要依赖于企业的各个部门。一方面，一个投诉问题的解决，可能要涉及市场部、产品部、运营部、财务部。另一方面，这些部门往往会认为解决投诉是呼叫中心职责，不会积极主动配合呼叫中心处理顾客投诉。如何协调这些部门让其在投诉解决过程中发挥应有作用？这就需要建立一套完整的投诉管理流程。

呼叫中心在设计投诉流程时，最好取得人力资源部门的配合，尽可能详尽的掌握各个部门的职责范围，根据各部门的职责范围划分各部门在解决投诉中扮演的角色和承担的责任。另外，流程中应该明确规定各部门的处理周期和责任人，最好每个部门都有一个专人与呼叫中心的投诉部门接口，以保证投诉解决的时效性。一个好的投诉处理流程可以有效处理各种投诉，并能保障投诉信息最终运用在自身的改进上。

三、客户投诉处理

客户投诉处理是客户投诉管理的重中之重，投诉处理的好坏直接关系我们服务质量的高低。投诉处理的好，即双方都能满意，企业弥补了失误，赢得了客户的谅解与支持，有利于拉进与客户之间的距离，改善与客户之间的关系，提高客户的满意度与忠诚度。企业可能会蒙受损失，但这些损失可以通过客户的再次光临或者好的口碑传播带来新的客户而抵消。

客户投诉处理既能体现服务人员道德修养、业务水平、工作能力等综合素养，又能体现一个企业的管理水平，也能给投诉者解决当前面临的问题以及后顾之忧，但客户投诉处理是一门很高的学问，任何人都无法保证每一项投诉都能处理的妥善或完美，所以，投诉处理并非易事，必须注意一些问题：

(1) 要多个部门联动，共同出谋划策，客户投诉无小事，不能大意；

(2) 要以平常心来对待客户的抱怨，客户在抱怨时常常会情绪激动，此时我们要用一颗平常心来对待客户的过激行为，不能把个人情绪带到投诉处理的过程中；

(3) 要设身处地地为客户着想，在处理客户投诉时，要站在客户的角度分析思考，理解客户需求，不能只站在自己的角度考虑问题，不能只考虑企业一次、两次的得失；

(4) 做个合格的倾听者，在大部分情况下，客户的抱怨只是一种发泄，喋喋不休的解释只会适得其反，因此，很多时候我们要做一个耐心的聆听者，从聆听中找出问题的实质，并对症下药；

(5) 对我们工作中的不足之处要向客户道歉，客户之所以会投诉，是因为我们工作中存在纰漏，没有达到客户的期望，我们要真诚地向客户致歉，请求客户的谅解；

(6) 客户投诉处理要迅速，对于客户提出的投诉，要及时提供一些补救性的措施，不能拖拖拉拉，以免增加客户的抱怨。

投诉处理的过程不仅是为客户解决难题的过程，也是我们心系客户、提高客户满意度的过程，更是我们自身改进服务、提高管理水平的过程。正是通过这个过程，客户给了企业一个纠正错误的机会，不仅是为了这一个客户，而且是为了更多将来将要接受该产品或服务的潜在客户,客户的投诉为企业提供了有价值的市场研究信息,许多企业都要在市场研究上花大量的金钱,而客户的投诉正是客户给企业提供的免费信息,如果必须要为弥补客户损失所带来的成本支出找一个借口的话,那么这可以是一个比较好的借口。所以,投诉管理工作是让客户投诉对企业产生价值的重点,也成为我们重视客户投诉的理由之一。

四、投诉责任人管理

企业投诉管理系统中投诉责任人包括投诉热线座席代表、各部门投诉处理负责人。而投诉热线座席代表往往在处理投诉过程中扮演着至关重要的角色。有些企业认为这个角色就是座席代表。其实这是非常错误的,投诉热线座席不仅应该具备足够的专业知识、心理学知识、情绪管理知识,还应该具有一定的谈判能力、协调能力、分析总结能力、语言表达能力等多种能力。所以投诉热线座席从定义、职责上来看就要比普通座席代表高一级。

概括来说,对投诉责任人的管理主要有以下几个要点:

(1) 选择具备处理投诉素质的潜在投诉责任人,将她/他们作为专家型人才来培养;

(2) 明确投诉责任人的权责范围,给予其解决投诉的相关权利,这样她/他们就可以快速为客户提供针对投诉的解决方法;

(3) 加强对投诉责任人的考核,设计与普通座席不同的考核指标。防止客户投诉升级或者不良影响的扩散。

五、客户投诉分析及投诉结果运用

客户投诉是联系客户和企业的一条纽带,是一条很重要的信息通道。在处理完客户投诉以后,我们的工作其实并没有结束。接下来还需要我们定期做好投诉分析。做投诉分析时我们需要关注什么样的事情引发的投诉频率最高、哪些座席代表容易收到客户投诉、我们相应的解决方案是什么、行动责任人是谁、希望问题解决的时间点等。做好投诉分析,我们可以从繁杂而又具体的投诉中,发现我们服务的缺陷和盲点,以便我们及时总结经验,吸取教训;这些缺陷和不足可以是个人的也可以是与流程相关的。同时可以从中挖掘出客户需求信息，了解客户的期望值。让我们更加贴近客户，更加贴近市场。因此，投诉分析为我们提供了持续改进服务和管理的方向和依据。

客户投诉对企业来说，永远都只是一个开始，一项收获。据我们分析，投诉人群可以分为两类：一类是企业的忠诚顾客，他们长期关注企业的产品和服务，希望企业能不断提高自己的能力，优化产品和服务。他们对企业有较高的期望值，但同时也愿意向周围人推荐企业的产品。另一类是企业现有顾客，他们正在使用企业产品或服务，他们可能成为企业的忠诚客户，但是一旦使用感觉达不到要求，他们也会轻易转向其他企业。他们为企业带来产品使用的原始资料和改进建议，这是企业产品改进最为主要的根据。只有以满足客户需要为导向的企业，才能永远吸引客户。所以对投诉案件进行总结分析，并反馈到相关部门，执行 PDCA(Plan、Do、Check、Action)过程，才能真正实现投诉价值的螺旋上升。

以上是投诉管理最为关键的几个方面，实际工作中，投诉管理的内容远不止这些，例如投诉处理员的素质管理、专业知识管理、情绪管理等等，甚至企业客户满意度和企业期望值的管理，都可以纳入到投诉管理的范畴。

第五节 投诉处理技巧

在做投诉处理的时候我们要掌握以下原则：
(1) 客户不仅是物质利益的追求者，客户同时也是情感满足的追求者
(2) 在努力为客户服务的时候要明确公司的利益不可侵犯
(3) 客户的满意度至高无上
(4) 收到投诉不完全是坏事，它可以帮助我们认清自己
(5) 投诉也能督促我们进步，解决目前存在的问题

一、处理投诉的基本方法

既然投诉不能百分百避免，我们就可以利用一些技巧来处理可能收到的投诉，尽可能减小它带来的负面影响。

首先我们要能用心聆听。聆听是一门艺术，只有仔细聆听客户的意见，我们才能从中发现客户的真正需求，从而获得处理投诉的重要信息。不同客户投诉的原因是不同的，有些是对服务投诉、有些是对产品投诉、有些是对流程投诉，这些投诉中有些是呼叫中心能解决的，而有些是超出呼叫中心职责范围的。但是作为与客户直接交流的窗口，作为企业的形象代表，我们仍然要认真处理每一通投诉，解决投诉中反馈的问题或者收集信息反馈给相关部门。而要做到这一点，第一步就是通过聆听发现客户投诉的真正原因。

其次我们要对客户表示道歉。如果客户投诉的内容并不是因为呼叫中心服务错误而导致，我们可以坦然面对，如果是和呼叫中心的服务相关，我们也要勇于承认。但无论是哪种情况，记住客户之所以动气，之所以投诉，肯定是因为遇上了问题。如果我们漠不关心或据理力争，找借口敷衍或拒绝给出任何解释，只会给客户火上浇油。适时的表示歉意会起到意想不到的效果。

随后我们需要仔细询问。在客户的投诉过程中，我们需要引导客户说出问题重点，有的放矢，表示同情。我们往往会发现如果投诉客户知道你的确关心他/她的问题，也能了解他/她的心情，怒气便会消减一些。所以需要通过询问，找出双方都同意的观点，表明你是真正在聆听投诉，你能理解他的问题。

接着，我们要明晰地记录问题。好记性不如烂笔头，把客户反映的重要问题记录下来，不会耽误多少时间。而这样做的好处是可以清晰记录客户投诉的原因，在需要的时候供别人参考。举例来说，如果投诉处理人员给出的解答仍然不能让投诉客户满意，而需要更高一层的管理人员介入时，因为有前期的记录，管理人员不需要重头询问客户投诉的原因。

解决投诉处理的关键还是需要解决问题。针对我们发现的客户投诉的真正原因，努力挖掘解决方案。一旦找到方法，就征求客户的意见。如果客户不接受我们的办法，耐心询问他/她有什么更好的提议或希望解决的方法。不论我们是否有权决定客户希望的方法能否达成，都需要让客户随时清楚地了解我们的进程。如果投诉的问题我们无法解决，需要及时推荐其他合适的人，同时和客户讨论决定合适的回呼时间。

最后，我们需要礼貌地结束谈话。当我们将这件不愉快的事情解决了之后，在结束通话前，我们还需要询问：请问您觉得这样处理可以吗？您还有别的问题吗？如果没有，就多谢对方提出的问题和反馈。

二、处理升级投诉的技巧

在处理升级投诉时,我们可以用到以下技巧:
(1) 处理升级投诉之前一定要对用户投诉的问题有全面的了解,做到心中有数
(2) 假设可能出现的几种情景及应对措施
(3) 在了解用户投诉意图的基础上,设定可能的处理方案拟供用户选择
(4) 把握最终处理的原则,超出原则不予接受

三、处理疑难投诉的技巧

(1) 用微笑化解冰霜、转移目标、角色转换或替代、不留余地
(2) 缓兵之计、博取同情、真心真意拉近距离
(3) 转移场所、主动回访
(4) 适当让步、给客户优越感
(5) 小小手脚、善意谎言
(6) 勇于认错、以权威制胜

四、处理投诉的禁忌

除了投诉处理技巧,在处理投诉的时候,我们也要特别注意某些问题是要避免的
(1) 投诉处理人员缺乏专业知识
(2) 在服务过程中怠慢客户
(3) 缺乏耐心,急于打发客户
(4) 允诺客户自己做不到的事
(5) 急于为自己开脱,将责任推到企业或者产品身上
(6) 可以一次解决的反而造成客户升级投诉

思考题

1. 投诉处理是应该专设小组处理还是人员随机处理？
2. 不同贡献的客户投诉处理方法是否该有所差异？
3. 投诉处理组的绩效与其他组应该如何体现差异？
4. 投诉处理组的人员应具备哪些素质？
5. 投诉处理过程中搜集到的客户需求和建议，我们应如何督促实现？

第十章

人员管理

人员管理是一个重要的管理环节,因为任何事情最终都是通过人来实现的。我们对人员的管理,既需要人性化,更需要科学化、制度化,诸多要素之间的平衡关系使得人员管理工作重要且复杂。

人员的成长也决定着企业的成长,人员的选聘、提升、培训、挽留等都决定着团队的发展速度。所以,人员管理既需要理性也需要感性。呼叫中心的人员管理是建立在科学管理基础之上的人性化管理。

第一节 服务人员的选聘

在企业中有三大资源:人力资源、物力资源和财力资源,其中最为重要的是人力资源。企业的人力资源是指能够推动整个企业发展的劳动者能力的总称。在知识经济环境下,企业之间的竞争,归根到底,是企业之间人力资源优劣的竞争。

企业人力资源管理是指企业对人力资源的获得、开发、保持和利用等方面所进行的计划、组织、协调和控制的一切活动。人力资源管理策略的基本原则是:根据企业发展战略的要求,有计划的对企业内部的人力、物力、财力进行合理配置,并通过有效的培训和开发策略,激发员工的工作积极性,使员工的潜能得到充分的发挥,从而确保企业战略目标的实现。

对于一个新组建的客户服务中心而言,在完成技术和设备的设计与选型后的另一项重要的任务就是建立起适合企业发展的人员组织结构,为了保证这个组织结构可以发挥正常的功能,人员的配备就显得极其重要。

人员选聘录用是企业人员配备的基础性工作,为了使企业人员配备恰当,加强人员选聘录用的规范化、制度化建设就成为客户服务中心人力资源管理制度设计中关键的一个环节,本节主要围绕着下列几个重要的命题展开。

一、客户服务工作分析

1. 工作分析的作用

就整体而言,工作分析是人力资源管理的起点,对人事管理工作起着非常重要的作用。工作分析(Job Analysis),也称职务分析,是对于某项工作的自然属性的分析,包括该项工作在组织中的地位、与组织中其他工作的关系、工作构成、工作责任、岗位权利、工作环境、工作难度、对于候选人的要求等。通过工作分析,可以清晰认识工作本身,进而概括出适合工作人选的特征要求。同时,工作分析有利于管理者了解每项工作的权重、确定各项资源的投入数量、并可以帮助管理者清晰地了解组织全貌,有机会发现一些潜在或者隐患问题。工作分析决定了人力资源管理过程中的一系列活动的主基调,对其他人力资源工作的开展具有积极的影响作用。

首先,工作分析有利于人员的招聘与筛选工作。根据工作分析所得到的资料,可以详细了解为顺利履行某项工作的职责,工作人员应具备的基本条件和素质,因而成为甄选条件。因此紧密依据工作分析做出的招聘广告逻辑清晰、表述准确、信息丰富、方向感强烈。它给招聘双方都带来很多益处,举例来说:

(1) 节省双方的时间;

(2) 降低了招聘和应聘成本;

(3) 增加了应聘者的工作满意度,应聘者一旦认定这正是他所要寻找的工作,会从心底喜欢这项工作,更加珍惜工作机会、更努力地工作;

(4) 有助于管理者免于面临过量候选人或者候选人不足这两种尴尬局面。

其次，工作分析有利于员工培训，工作分析可提供有关工作内容和任职人员等完备的信息资料，使组织可据此制定出培训计划，开展在职培训或其他培训活动；

再次，工作分析有利于人员考核，工作资料为员工工作绩效的客观标准，使员工考核做到公正客观，同时工作资料提供了各工作相互关系的信息，为合理地安排人员晋升、调动奠定了基础。

2. 客户服务工作分析内容

在进行客户服务人员选聘之前，我们需要首先对客户服务这个工作岗位进行分析，即对客户服务工作职务的特征、规范、要求、流程以及对完成此工作的员工素质、知识、技能要求进行描述。

工作分析的结果是产生工作描述和任职说明。

(1) 工作描述，是确定工作的具体特征，以"岗位说明书"的形式体现。在"岗位说明书"中需要具体说明工作的物质特点和环境特点，主要解决工作内容与特征、工作责任与权力、工作目的与结果、工作标准与要求、工作时间与地点、工作岗位与条件、工作流程与规范。常用的岗位说明书包括以下几个方面：工作名称、工作活动和工作程序、物理环境、社会环境、聘用条件等。表10-1是客户服务员岗位说明书的一则实例。

(2) 任职说明，是找出工作对任职人员的各种要求，以"任职说明书"的形式体现。"任职说明书"需要说明担任某项职务的人员必须具备的素质和能力方面的要求。主要包括以下几个方面：

① 一般要求：包括年龄、性别、学历、工作经验。

② 生理要求：包括健康状况、力量与体力、运动的灵活性、感觉器官的灵敏度。

③ 心理要求：包括观察能力、集中能力、记忆能力、理解能力、学习能力、解决问题能力、创造性、数学计算能力、语言表达能力、决策能力、交际能力、性格、气质、兴趣、爱好、态度、事业心、合作性、领导能力。

表10-2是客户服务员的任职说明书的一则实例。

表 10-1　客户服务员岗位说明书

工作名称：客户服务员	部　　门：客户服务中心
工作代号：CC0015	上级主管部门：运营总监办
在 职 者：马　妍	工作地点：客户服务中心 A 区
定员人数：200	上岗时间：2001-8-5

工作关系：

　上级：客户服务中心 IDC 业务组组长

　内部联系：IDC 业务组内部成员

　外部联系：客户服务中心其他业务组成员、本企业内部其他部门成员、工作范围内的企业外部客户

工作目标：

　按质量要求完成上级安排的客户服务工作，确保每一次服务都使客户满意

工作内容：

1. 按质量要求完成上级安排的客户服务工作
2. 对工作过程中接触的企业商业机密及客户数据进行严格保密
3. 按时参加工作例会，分享工作经验和知识，并向上级汇报工作中的问题
4. 负责所用电脑和办公设备的内外部清洁(其中电脑内部清洁包括无违纪软件安装、定期按要求销毁和删除过期文件和数据)
5. 负责自己办公席位的卫生环境
6. 严格遵守公司的各种规章制度及客户服务中心的各种规章制度和工作流程
7. 对部门工作和公司文化提出有价值的建议和意见
8. 熟悉本岗位工作，努力学习相关知识，提高服务技能和综合素质
9. 参加部门安排的各项培训和考核
10. 服从直接上级领导的工作安排和管理
11. 及时进行工作总结和工作述职
12. 在完成本职工作前提下，积极帮助组内新员工提高工作技能
13. 积极与同事进行沟通，相互学习，相互帮助，发扬协作精神，努力提高组内工作绩效

(续表)

工作责任：

1. 对所承接的具体工作能否按计划保质保量完成负责
2. 对个人的工作绩效负责
3. 对所接触客户的满意度负责
4. 对个人的工作质量、精神面貌、服务行为、工作结果负责
5. 对个人的素质、品德、行为、面貌、发展状况负责
6. 对与客户接触过程中，信息传递的准确性、及时性负责
7. 对客户数据的安全性负责

工作条件与环境：

80%以上的时间在室内工作，不受气候影响；工作场地温度与湿度适中、无噪声、无生命及其他伤害危险；一般无外出要求；因工作需要配备一台计算机、电话机及其他办公用具

工作时间：

每周工作 40 小时，每天工作 8 小时，如工作需要加班，则按劳动法要求给予调休和补助

晋升与培训机会：

本职位为公司 VII 级职位，可能晋升到高级客户服务员、客户服务中心业务组组长、业务主管、质量督导、经理助理、部门经理等职位；在本岗位定期可获得客户服务技能技巧、业务知识、管理知识与技能等培训

表 10-2　客户服务员的任职说明

工作名称： 客户服务员
年龄范围： 20～35
性别要求： 不限
学历要求： 大专及以上
工作经验： 不限
体能要求：

视力良好，听力正常
语言表达能力强
手指灵活
体力充沛
无严重的疾病和传染病

(续表)

知识与技能:
良好的沟通能力
良好的倾听与提问能力
能熟练操作和运用计算机
有独立工作和解决问题的能力
能适应高强度的工作
具有责任心
其他特性:
具有较强的亲和力
喜欢微笑
协作精神和协作能力
良好的服务意识
追求卓越的性格特征

3. 进行工作分析的要点

对于人力资源管理者或客户服务中心管理者来说,做好工作分析至关重要,特别要把握如下六大要点。

(1) 目的明确

工作分析不是一成不变的企业文件,也不仅是单纯为岗位招聘和人才选拔所做的准备工作,在企业发展和部门发展的不同阶段,工作分析的目的有所不同。有时工作分析是为了对现有的工作内容与要求更加明确或合理化,以便制定切合实际的奖励制度,调动员工的积极性;而有时是对新工作的工作规范作出规定;甚至当部门或企业遇了某种危机,需要设法改善工作环境,提高组织的安全性和抗危机的能力时,也需要进行工作分析。在现实中,有的企业人力资源管理部门对工作分析的目的还不是很明确,出现了单纯为了工作分析而进行工作分析的现象,从而使人力资源管理的这一核心技术流于形式、没有达到其应有的目的。因此工作分析在企业中应该是一个动态的管理过程,要根据需要有目的地去进行。

(2) 认清作用

工作分析是人力资源工作的基础和前提,只有做好了工作分析与设计工作,才能据此完成企业人力资源规划、绩效评估、职业生涯设计、薪酬设计管理、招聘、甄选、录用工作人员等工作。但有的企业人力资源管理者忽视或低估工作分析的作用，导致在绩效评估时无现成依据、确定报酬时有失公平、目标管理责任制没有完全落实等等，挫伤员工工作积极性和影响企业效益的现象时有发生。

(3) 把握内容

工作分析主要包括岗位说明和任职说明两方面的内容，两方面内容的作用不能混淆。但有的企业人力资源管理者对此似乎并没有足够正确的认识，甚至将两者混为一谈，这是一个不能不重视的问题。此外，有的企业在工作的描述方面很不全面，在一份岗位说明书中，缺乏工作关系、工作目标等方面的描述；而且凭经验描述工作职责或职务职责的现象普遍存在，抑制了工作分析、评价在整体人力资源管理方案中的核心作用。

(4) 理顺程序

工作分析是对工作一个全面的评价过程，这个过程可以分为六个阶段，如图10-1所示，各个阶段的主要工作如下。

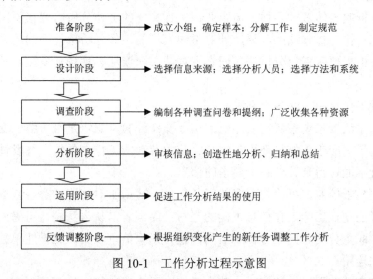

图10-1 工作分析过程示意图

① 准备阶段。成立工作小组；确定样本(选择具有代表性的工作)；分解工作为工作元素和环节，确定工作的基本难度、制定工作分析规范。

② 设计阶段。选择信息来源；选择工作分析人员；选择收集信息的方法和系统。

③ 调查阶段。编制各种调查问卷和提纲；广泛收集各种资源(7"W")：工作内容(What)；责任者(Who)。工作岗位(Where)；工作时间(When)；怎样操作(How)；

为什么要做(Why)；为谁而服务(For Whom)。

④ 分析阶段。审核已收集的各种信息；创造性地分析，发现有关工作或工作人员的关键成分；归纳、总结出工作分析的必需材料和要素。具体如何进行分析呢？可从四个方面进行：a. 职务名称分析：职务名称标准化，以求通过名称就能了解职务的性质和内容。b. 工作规范分析：工作任务分析；工作关系分析；工作责任分析；劳动强度分析。c. 工作环境分析：工作的物理环境分析；工作的安全环境分析；社会环境分析。d. 工作执行人员必备条件分析：必备知识分析；必备经验分析；必备操作能力分析；必备心理素质分析。

⑤ 运用阶段。促进工作分析结果的使用。

⑥ 反馈调整阶段。组织的经营活动不断变化，会直接或间接地引起组织分工协作体制的相应调整，可能产生新的任务，因此部分原有职务会消失。

(5) 方法得当

工作分析的方法多种多样，但企业在进行具体的工作分析时要根据工作分析的目的、不同工作分析方法的利弊，针对不同人员的工作分析选择不同的方法。一般来说工作分析主要有资料分析法、问卷调查法、面谈法、现场观察法、关键事件法等等。

这几种工作分析方法各有利弊：

现场观察法要求观察者需要足够的实际操作经验，优点是可了解广泛、客观的信息，但它不适应于工作循环周期很长、脑力劳动的工作，偶然、突发性工作也不易观察，且不能获得有关任职者要求的信息。

面谈法易于控制，可获得更多的职务信息，适用于对文字理解有困难的人，缺点是分析者的观点影响工作信息正确的判断；面谈者易从自身利益考虑而导致工作信息失真；职务分析者问些含糊不清的问题，影响信息收集；且不能单独使用，要与其他方法连用。

问卷调查法费用低、速度快；节省时间、不影响工作；调查范围广，可用于多种目的的职务分析；缺点是需经说明，否则会因为理解不同，产生信息误差。采用工作实践法分析者直接亲自体验，获得信息真实；只适应于短期内可掌握的工作，不适应需进行大量的训练或有危险性工作的分析。

关键事件法直接描述工作中的具体活动，可提示工作的动态性；所研究的工作可观察、衡量，故所需资料适应于大部分工作，但归纳事例需耗大量时间；易遗漏一些不显著的工作行为,难以把握整个工作实体。

人力资源管理者除要根据工作分析方法本身的优缺点来选取外,还要根据工作分析的对象来选择方法。

(6) 力求创新

创新是人力资源管理的灵魂,理所当然在工作分析中必须坚持创新的原则。工作分析离不开工作环境的分析,一旦工作的环境发生了变化,工作分析就必须进行相应的调整,但毕竟工作分析的结果——工作描述书总是落后于环境变化的。因而,这就要求人力资源管理者在工作分析中要超前规划,具有前瞻性,创造性地开展工作,把可预见的环境变化因素尽早考虑到工作描述书中去。工作分析的创新性还表现在工作分析过程、分析方法的创新上。

工作分析的过程、方法并不是千篇一律和按部就班的,人力资源管理者可根据工作分析的对象、目的等进行相应的变革和创新,以提高企业的环境适应性和组织竞争力。当前,随着知识经济的兴起,知识型企业的人力资源管理更需要人力资源管理者进行创新,比如,IT 企业、咨询业中通常以项目团队的形式开展工作,因而在进行工作分析时,既要充分考虑其工作难以细化和分割的特点,又要体现工作分析明确职责、划清责任的目的。

二、客户服务人员选聘策略

客户服务中心的生存与发展必须有高质量的人力资源,员工招聘就是为组织发展提供所必需的高质量人力资源而进行的一项重要工作,因此客户服务人员的招聘对客户服务中心来说意义重大。客户服务中心在选聘录用过程中常要面对下面一系列问题:

(1) 目前的人员配比与业务需求差距有多大?
(2) 应采用什么样的途径进行人员招聘?
(3) 什么样的知识、技能、能力和经历是真正必须的?
(4) 客户服务中心应怎样传递关于职务空缺的信息?
(5) 选聘工作的力度如何?
(6) 招聘需要多久完成?

对上述问题的回答从某种程度上构成了客户服务中心选聘策略的主要内容。当管理者拟定其选聘策略时，应通盘考虑企业整体策略规划的起点状况，并顺势形成企业策略性人力规划和选聘录用策略的总目标。决定选聘录用策略的主要因素如下。

1. 外部环境状况

职业复杂性程度、环境变化频率、所属产业的竞争性程度和可聘用的专业性人才数量等。

2. 内部组织状况

组织结构、组织规模、组织成长速度和长期雇用政策等。

通常，企业策略性人力规划的程序为：首先，设定组织总体发展目标；其次，设定各部门用人预算，以达成组织目标时所需的用人预算幅度决定；再次，根据劳动力市场供给预测调整其用人需求标准和数量；最后拟定用人计划，包括甄选、任用、调职、升迁和训练等。

三、选聘录用的过程

客户服务员选聘过程大致可分为：招募、选拔、录用、评估四个阶段，这四个阶段可用图 10-2 来表示。

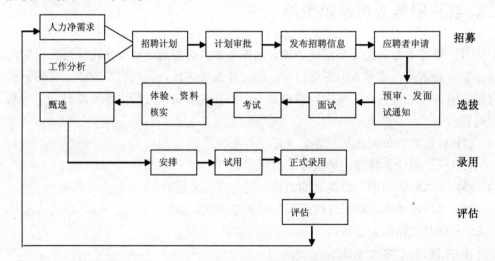

图 10-2　客户服务员选聘过程

四、选聘录用途径和方法

企业经常采用的人员选聘的途径有两种,即内部选聘与外部选聘。由于受到招聘岗位的不同、人力需求数量与人员素质要求的不同以及新员工到岗时间和招聘费用等因素的限制,我们在招聘过程中必须因地制宜地选择恰当的途径,开展人员选聘工作。

1. 内部选聘

(1) 内部选聘的优点

内部选聘,也就是当组织中出现了职位空缺时首先从组织内部中寻找、挑选合适的人员填补空缺。内部选聘有以下几个优点。

① 保证企业核心的一贯性。内部选聘保证了企业人员的连续性(不间断)、核心(理念、价值观、使命、目标、产品、服务、政策、制度等)的一贯性,使企业优秀文化和传统可以顺利继承和发扬光大。

② 为组织内部员工提供了发展机会,增加了组织对内部员工的信任感,这有利于激励内部员工,有利于员工职业生涯发展和规划,有利于稳定员工队伍,调动员工的积极性,能够留住高素质核心人才。

③ 节省了人力资源事务性工作成本,可为组织节约大量的费用,如广告费用、招聘费用、培训费用等,同时也减少了因职位空缺而造成的间接损失等。

④ 简化了招聘的程序,为组织节约了时间,省去了不必要的培训,减少了因职位空缺造成的间接损失。

⑤ 由于对内部员工有较充分的了解,使被选择的人员更加可靠,提高了用人决策的成功率,降低了用人决策的风险。

⑥ 对那些刚进入时被迫从事自己所不感兴趣的工作的人来说,提供了较好的机遇,使他们有可能选择所感兴趣的工作。

⑦ 提高了员工对企业的忠诚度。内部选聘制度,可以使员工看到企业对员工的忠诚度与责任感,从而也激发了他们对企业的忠诚度与责任感(企业和员工双方相互的忠诚是最高境界的忠诚)。对被选拔并任命为企业各层主管的管理人员,他们也会有长远打算,在制定管理决策时,更能树立长远工作观念避免短期行为,做出长远的、有利于实现企业总体目标的规划与行动。

(2) 内部选聘对象的主要来源

① 提升。从内部提拔合适的人选填补职位空缺是一种常用的方法。对于客户服务中心而言,内部提升不仅为员工的职业生涯发展提供了晋升机会,也增强了员工的稳定性以及企业文化的延续性。由于客户服务工作是一种专业性和技术性都较强的工作,客户服务中心的中层管理人员既需要具备管理方面的专业素质,也需要具备行业内部的专业素质与技能,因此客户服务中心在选择中层管理人员时更适合采取内部提升的方法。

② 工作调换。工作调换指职务级别不发生变化,工作的岗位发生变化,这种方式可为员工提供从事组织内多种相关工作的机会,为员工今后提升到更高一层职位做好准备。

③ 工作轮换。工作轮换一般适用于一般的员工,它既可以使有潜力的员工在各方面积累经验,为晋升作准备,又可减少员工因长期从事某项工作而带来的枯燥感。

内部选聘的主要方法

① 布告法。其目的在于使组织中的全体员工都了解到哪些职务空缺,需要补充人员,使员工感觉到组织在招募人员这方面的透明度与公平性。

② 推荐法。推荐法可用于内部招聘,也可用于外部招聘。它是由本组织员工根据组织的需要推荐其熟悉的合适人员,供用人部门与人力资源部门进行选择和考核。

③ 档案法。通过了解人力资源部门的员工档案,掌握员工在教育、培训、经验、技能、绩效等方面的信息,筛选合适的人选填补职位空缺。

2. 外部选聘

内部选聘虽然有许多的优点,但是当组织处于创业初期或快速发展时期,或是需要特殊的人才(高级技术人员、高级管理人员)时,仅采用内部选聘途径是不能满足组织需要的,必须借助外部选聘方式来获得所需的人员。

(1) 外部选聘的优点

外部选聘是企业通过一些招聘方法,在外部人才市场中选拔人才,填补职位空缺的选聘途径,外部选聘的优点主要有以下几方面。

① 人才市场是一个丰富的人力资源库,在那里企业可以找到各种类型的特殊人才和高级人才。当企业在某一发展时期需要为一个新的岗位快速补充专业人才时,

外部选聘是最好的途径,它可以适应企业快速发展的需要。

② 外部人才可以为企业带来很多崭新的思路和工作方法,为企业补充新鲜的知识和经验,带来新的朝气和活力。

③ 外部人才在进入企业前期,不易受到企业中存在的一些不良文化的束缚,可以大胆创新,敢于提出问题和挑战,因此企业管理者应该善于聆听外部人才的意见和建议。

④ 通过外部选聘,人力资源部和管理者可以丰富自己的工作经验,了解优秀公司或竞争对手的人才管理策略,学习其他公司好的管理经验,提升企业的竞争力。

(2) 外部选聘的主要来源

① 在报纸、杂志等媒体上刊登广告;
② 从学校中直接招聘应届毕业生;
③ 通过专业的就业媒介推荐;
④ 利用专业的人才信息网络和企业网站进行招聘;
⑤ 特色招聘,如参加电视台组织的一些人才公开选拔节目等。

五、制定选聘录用计划

在进行人员选聘录用前应编制出比较详尽的人员选聘录用计划,这样就使招聘录用工作有章可循,有序可行,也克服了人员选聘录用过程中的盲目性和随意性。在企业的计划体系中,人员甄选录用计划与企业人力资源规划密切相关,相辅相成,从计划的编制顺序讲,依据企业生产经营计划编制的企业人力资源计划是员工录用计划的前提,而员工录用计划则是人力资源计划的补充或延续。在人力规划基础上编制的员工选聘录用计划,其主要内容包括以下几方面。

1. 录用人数

确定出计划期各年度应录用的员工人数。为确保企业人力资源构成的合理性,各年度的录用人数应大体保持均衡。录用人数的确定,还要兼顾雇用后员工的配置、晋升、升职和退休金支付等问题。

2. 录用基准

确定录用什么素质的人才。其主要标准包括：年龄、性别、学历、工作经验、工作能力、个性品质等。

3. 确定录用人才的来源

确定从哪里录用人才，是录用应届毕业生，还是临时录用往届毕业生。是在本地区录用，还是在全国范围录用。

4. 录用经费的预算

除了参与录用活动的有关人员的工资外，还需要以下费用：广告费——广告制作费、广告代理费、宣传资料费、录用指南制作费等；考核费——考试场地租用费、试题印刷费等；差旅费——录用人员的交通费、住宿费、伙食补助费等；其他费用——电话费、通信费、文具费和杂费等。

在编制人员选聘录用计划的时候，可以在许多方面借用人力资源计划的思路和方法。其编制程序为：

(1) 依据人力资源计划确定录用计划的大体框架与思路；
(2) 对现有员工状况作出正确的把握；
(3) 确定计划指标。包括退休者人数、调出者人数，劳动分配率、人工费总额、人均人工费以及各部门员工需求量；
(4) 在各部门之间调整、平衡计划；
(5) 编制录用计划表；
(6) 召开录用计划会议，审议计划；
(7) 经修改后，出台正式的录用计划。

在编制人员录用计划时，必须注意以下几个问题：

(1) 不同的企业，处于不同发展阶段的企业，在编制人员选聘录用计划时，应区别对待，突出重点；
(2) 人员选聘录用计划不仅要规划未来，还应反映目前现有员工的情况，如员工的调入、调出、升迁等；
(3) 从录用方式看，包括定期录用、临时录用、个别录用等。对录用计划，应明确区分，分类规划安排；

(4) 企业处于多变的经济环境中，人员选聘录用计划应不断地根据实际情况的变化，调整计划，不能一劳永逸；

(5) 编制和实施人员选聘录用计划，还必须注意到社会成员价值观念的取向、政府的就业政策和有关劳动法规。

第二节　人员流动管理

组织的人员总是处在流动之中，一方面，组织与外部的环境进行交流形成组织人力资源的流入与流出；另一方面，组织内部的人员也处在不断的调整中，以确保组织发展壮大。通过对企业人员异动制度的设计，能有效地提高人力管理和实际操作水平，达到科学合理运用组织的人力资源的目的。

人力异动包括人员升降职、调动、免职及停薪留职等多项工作内容，其中，升(降)职无疑处于核心地位，因此，在本章设计人力调整制度时，我们将主要以晋升管理为例，借以解决人力异动制度设计必须解决的三个核心问题：人员晋升管理；降职(级)、调动与停薪留职的管理；辞职、辞退和资遣管理。

一、人员晋升管理

1. 晋升依据

由于晋升意味着更大的权利和更好的福利待遇，对任何员工来讲都是极具诱惑的。但是在做出是否提升某人的决定时所遇到的最重要的决策就是，晋升的依据和标准是什么？标准主要有以下几个：

(1) 对员工过去的工作绩效进行界定与衡量；

(2) 利用一些测试方法对员工的潜力做出评价。

2. 晋升过程正规化管理

应制定并发布正规的晋升政策和晋升程序，企业应向员工提供正式的晋升政策解释，详细说明晋升的资格和条件是什么。空缺的职位及其对从业者的素质要求都将公布出来传达到每一个员工。这样在出现空缺职位时，所有合格员工都能考虑到，而且也形成了晋升与工作绩效之间的紧密关系。

3. 客户服务人员晋升路线设计

在具体设计每个职位的晋升路线需要遵循的几点原则是：

(1) 对于每一个职位都需要明确的《职位说明书》，明确该职位的工作职责，所需要的专业知识、技能、经验、工作性质、目的、程序等；

(2) 明确该职位可能晋升的职位的工作责任、性质、程序、所需的技能、知识、经验、工作环境等；

(3) 说明该职位人员晋升到新职位是否需要专门培训，培训期间及是否需要掌握新的技能、知识，还需在哪方面予以提高；

(4) 说明从一职位晋升到另一职位所需要的平均时间。

4. 晋升的程序和方法

人员晋升有固定的工作程序，如图10-3所示。

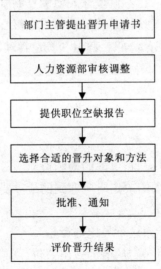

图10-3　人员晋升的程序

(1) 部门主管提出晋升申请书：部门主管根据部门发展计划，检测需增补的岗位，然后根据本部门职位空缺情况，提出晋升申请。

(2) 人力部门审核：人力部门对部门发展计划的可行性；部门内人员辞退、辞职人数是否属实；晋升人员是否符合晋升政策；本部门的职位空缺状况等作进一步审核。

(3) 提出职位空缺报告：说明组织内空缺职位名称、空缺原因、空缺人员数量及候选人名单及情况介绍。

(4) 选择合适的晋升和方法：在选择合适的晋升对象时，应以一定的选拔标准作为判断的基准，员工晋升的依据和标准通常如下。

① 绩效(工作表现)：从工作完成的质量和数量两个方面进行考察。
② 工作态度：评价候选人工作努力的程度以及热情和进取精神。
③ 能力：综合考察与工作相关的技能和潜力。
④ 适应性：接受新环境并适应的能力。
⑤ 人品：从个人的诚实性、勤勉性、容忍性、合作精神等各个方面进行评价。
⑥ 资历：服务年限和以往的工作经历。
⑦ 领导潜力：对从基层向管理层晋升的人员，需要考察领导能力是否具备。

上述标准对于客户服务中心不同类别的人员其内涵是不同的，因而考察的基点有所不同，如表 10-3 所示。

表 10-3 员工晋升的评判基准

人员 表现	客户服务员	质量专员	管 理 层
绩　效	工作的质和量	工作的质和量	各种业务目标的完成状况
工作态度	纪律性 协调性 积极性 责任性	纪律性 协调性 积极性 责任性	协调性 积极性 责任感 企业意识
能　力	服务技能技巧 学习操作能力	技能技巧、判断分析、 监督检查	知识、决策能力、开发、涉外、统筹、协调、组织、计划

员工晋升方法，则通常有以下几种。

(1) 比较法。列出考察项目，如工作表现、工作态度、能力、资历等，将员工两两进行对比，评出优秀者，确定为晋升人选。

(2) 主管人评定法。由部门主管根据考察项目对晋升对象进行评定。使用此方法，应首先设计好评定的量表。考察项目视职务要求情况可多可少，但一般包括：

业务知识、管理能力和人际关系。

(3) 评价中心法。主要适用于管理人员，特别是高层的管理人员的晋升评价。其特点是综合利用多种测评技术对候选人的个性、兴趣、职业性向、能力、管理潜力等进行综合的评价。最后通过比较测评结果选拔出适当的晋升人员。

(4) 升等考试法。这是一种经过特殊的考试取得晋升资格的方法。它规定凡是具有晋升资格的人员需参加升等考试，同时参考工作绩效的得分。一般来讲，工作绩效成绩占30%~40%，而升等考试成绩占60%~70%。两个成绩加权得分作为升等考试的总成绩，得分高者获得晋升。

(5) 综合法。将多种晋升方法综合起来选拔晋升者的一种方法，综合法对晋升者的考察比较客观、全面。

二、降职降级、调动与停薪留职管理

1. 降职降级管理

降职降级是指从原有职位降低到责任较轻的职位，降职的同时意味着削减降职人员的工资、地位、权力。

(1) 降职的原因

一般而言，有下列情况可对员工进行降职降级处理：

① 由于组织机构调整而精简工作人员；

② 不能胜任本岗位工作，调任其他工作又没有空缺；

③ 应员工的要求，如身体健康状况欠佳不能承担繁重工作等；

④ 依照奖惩条例，对员工进行降职。

(2) 降职降级的程序与审核权限

降职降级程序大多是由用人部门提出申请，报送人力部门，人力部门根据组织政策，对各部门主管提出的降职申请予以调整，然后呈请组织中主管人事的上级核定。凡予以核定的降职人员，人力部门应将该项变动予以发布，并以书面形式通知本人。

这里涉及一个重要问题，就是降职的审核权限，根据人力管理的规则，审核权限按以下核定：

① 总经理、副总经理的降职由董事长裁决，人力部门备案；

② 各部门经理级人员的降职由人力部门提出申请，报总经理核定；
③ 各部门一般管理人员降职由用人部门或人力部门提出申请，报经理审核，由总经理核定；
④ 各部门一般员工的降职由用人部门提出申请，报人力部门核准。

2. 调动管理

相对晋升和降职，调动是组织内平行的人力异动，既没有提高职位，扩大调动人员的权力、责任，也没有薪酬的增加。

(1) 调动原则

人员调动应符合人力管理的基本原则，主要有：
① 符合组织的经营方针
② 符合人事政策
③ 提高任职能力，做到适才适用

根据上述原则，凡属于下列情形，可对员工实施职位调动。
① 配合组织的生产任务
② 调整组织的生产任务
③ 适应个人的才能和能力
④ 缓和人员冲突，维持组织正常秩序
⑤ 配合在职训练

(2) 人员调动的程序与审核权限

人员调动的基本程序和审核权限与降职管理相似，这里不再重复。

3. 停薪留职管理

停薪留职是指在某些情况下组织停止付给员工薪酬而保留其职务。在这种情况下，员工往往以不改变组织员工身价与职位的方式，退出组织。随着其退出组织的原因消除后，仍然可以选择复职。

一般而言，凡是组织的冗余人员，经个人申请后均可允许其停薪留职，在业务需要的时候再通知他们回来。但如果是组织需要的人员，则要求对停薪留职进行严格地控制。

员工要求停薪留职需由本人提出书面申请，送交人力部门，经部门主管审核后，由人力部门核准、备案。停薪留职人员接到由人力部门核发的通知后于指定之日办理手续。

此外，对停薪留职进行管理时，应注意如下几方面。

(1) 停薪留职时间不得超过两年，停薪留职期间不升级，不享受各种津贴、补贴、福利待遇。

(2) 薪留职人员在从事其他有收入的职业时，需向组织缴纳劳动保险基金，数额不低于本人原标准薪酬的20%。停薪留职期计算工龄。

(3) 停薪留职期满，员工愿重返组织，需在期满前一个月向组织提出申请，组织予以安排适当的工作。

(4) 停薪留职期满，员工要求辞职，经批准按辞职处理。期满一个月，员工既未提出复职申请又未提出辞职，组织按其自动离职处理。

(5) 停薪留职期间，员工因病、残基本丧失劳动能力，组织按退职办法处理。

(6) 停薪留职期间，从事非法活动，按组织奖惩条例规定符合除名条件的，组织予以开除。

三、辞职、辞退管理

1. 员工辞职

辞职是指员工要求脱离现任职位，与组织解除劳动契约，退出组织工作的人力调整活动。辞职对企业的影响主要表现在以下几个方面。

(1) 工作能力或健康状况不能胜任组织工作，要求辞职时，可以减少组织负担。

(2) 辞职人数保持在正常范围内，可以促进组织吸收新生力量，保持员工队伍正常的新陈代谢。

(3) 辞职人数超过正常范围，特别是骨干员工、技术人员、管理人员提出辞职，会严重影响组织正常的生产运营，对组织的发展极为不利。由此可见，辞职对组织的影响可以表现为消极的和积极的两个方面。

员工辞职的原因主要有四个方面：

(1) 个人原因，因个人的能力、健康状况或无法解决的生活困难、缺少发展机会或无法承受工作带来的压力等原因，这都属于正常辞职。如果可能的话，作为中层经理，应在力所能及的情况下给予帮助，并表明希望再次加入组织的意愿。

(2) 薪酬原因，其他组织高薪或优厚的待遇吸引人才，从而促使员工辞职，这时作为管理人员应分析薪酬制度是否合理，是否有提薪的可能性和必要性，是否需要调整企业目前的奖惩机制。如果暂时不能有所改变，也要从另一个角度让员工感受到组织对他们的重视，让他们觉得薪酬不是工作的唯一目的。

(3) 管理原因，由于管理不善导致员工的不满情绪，从而引起辞职。此时组织必须予以高度重视，改进管理方法。

(4) 工作环境原因。这包括人文环境和物质环境。如果和周围的同事能友好相处往往能提高员工的工作热情，反之则会增加员工的流失率。同样，如果工作环境让人感觉舒适，员工对工作的满意度也会增加。

同时辞职也是一道程序，辞职管理是一项程序化的工作，员工辞职的结果是离开了组织，所以组织与辞职员工之间要进行多种清算活动，包括账号管理，账务的结算等。

2. 员工辞退管理

所谓辞退，理解为免去员工职务。因此，辞退是对员工过失行为的一种惩罚，一般而言，对无重大过失者，很少使用免职的人力调整手段。但是出现下列情况时，对当事人应被免职：

(1) 年终考试不及格，补测仍然没有通过。同时一年内记大过三次；

(2) 营私舞弊、挪用公款、受贿行贿、擅领佣金者；

(3) 玩忽职守、办事不力、有具体事实且情况严重者；

(4) 仿效上级主管签字或盗用组织公章者；

(5) 威胁主管，撕毁涂改公司文书者；

(6) 偷盗公物者；

(7) 在外兼营企业影响组织利益者；

(8) 违背国家法令或组织规章情节严重者；

(9) 其他危害组织权益有确凿证据经有关主管确认者；

辞退的程序、审核权限与调动管理相似，可参见上述有关章节。

第三节 员工激励

一、员工激励原则

国外的一项调查研究结果表明：按时计酬的员工每天一般只需发挥 20%～30% 的能力用于工作就足以保住饭碗。但是如果能充分调动其积极性，那么他们的潜力可发挥到 80%～90%，这之间的差额用于提高劳动生产率，其效果是可观的。这需依靠有效的激励！

激励是指引导人们按照管理者所期望的方向前进的过程，激励可以激发人的动机，使其内心渴求成功，朝着期望目标不断努力。作为企业的管理者，工作中最大的挑战就是如何有效的激励员工。正确的激励方式，可以充分调动员工的工作积极性，促使员工能够将个人目标与企业的发展目标有机的结合在一起，顺利实现员工个人与企业双赢的目标。但如果激励方式不当，不但会给企业增加成本，也会给员工和企业的发展带来阻碍作用。因此，管理者应该学习在正确的激励原则指导下制定激励措施。

1. 员工的心理需求

激励是目标导向的行为，激励过程最初是由于员工的某种需求不能得到满足，于是树立了一个目标以满足需求，并通过采取一系列的行动，不断弥补现实和目标之间的差距，并最终达到这个目标。

心理学家做过一个实验：

组织三组人，让他们分别向着 10 公里以外的三个村子进发。

第一组的人既不知道村庄的名字，也不知道路程有多远，只告诉他们跟着向导走就行了。刚走出两三公里，就开始有人叫苦；走到一半的时候，有人几乎愤怒了，他们抱怨为什么要走这么远，何时才能走到头，有人甚至坐在路边不愿走了；越往后，他们的情绪就越低落。

第二组的人知道村庄的名字和路程有多远，但路边没有里程碑，只能凭经验来估计行程的时间和距离。走到一半的时候，大多数人想知道已经走了多远，比较有经验的人说："大概走了一半的路程。"于是，大家又簇拥着继续往前走。当走到全程的四分之三的时候，大家情绪开始低落，觉得疲惫不堪，而路程似乎还有很长。当有人说："快到了！快到了！"大家又振作起来，加快了行进的步伐。

第三组的人不仅知道村子的名字、路程，而且公路旁每一公里都有一块里程碑，人们边走边看里程碑，每缩短一公里大家便有一小阵的快乐。行进中他们用歌声和笑声来消除疲劳，情绪一直很高涨，所以很快就到达了目的地。

这个实验告诉我们一个道理：当人们的行动有了明确目标的时候，并能把行动与目标不断地加以对照，进而清楚知道自己的行进速度与目标之间的距离，人们行动的动机就会得到维持和加强，就会自觉地克服一切困难，努力达到目标。

所以为了调动员工的工作积极性，管理者一定要为员工设定合理而明确的目标。同时通过交流确实掌握员工的基本需要是什么？满足的程度如何？哪些需要的满足最能调动员工的积极性？针对这些调研结果设计相应的激励措施，这样才能有的放矢，起到较好的效果。

美国著名心理学家马斯洛博士根据大量的科学研究，将人的需求从低级到高级划分为不同的层次，这些需要都是天生的，从最基本的需要到社会化的需要构成了一个需要等级，在不同的情境下，激励和引导着人们的行为。马斯洛的需要层次从低到高依次为：生理需求、安全需求、归属和爱的需求、尊重需求、学习需求、审美需求、自我实现七个主要层次。在这些需要层次中，层次越低，力量越强大。当低级需求未得到满足时，这些需求便成为支配个体的主导性动机。但如果较低的需求得到满足后，较高一层的需求就会占据主导地位，支配个体的行为。因此员工在不同的发展阶段会产生不一样的心理需求，从而导致不同的动机，这就要求管理者采取的激励方法也应该因人而异、因时而异。

2. 员工的人格类型

除心理需求外，管理者在制订激励措施时还应该考虑员工的人格特性。人格是构成个体思想、情感以及行为的特有模式，这个独特模式包含了一个人区别于他人的稳定而统一的心理品质。人格结构系统包括认知方式、动机、气质、性格、自我调控等成分。

认知方式是指人们在对事物、现象或人进行认识的过程中，个人所偏爱使用的加工信息的方式，它主要体现出人在认知加工过程中的差异。例如有的员工喜欢独立学习和解决工作中的问题，有的员工喜欢与同事共同学习、共同研究问题和解决问题。

(1) 动机是激发、维持、调节并引导人们从事某种活动的内在心理过程或推动力量。动机是支配人们行为的驱动力，动机的强度与行为表现有着密切关系。根据人的需要性质的不同，动机主要分为生理性动机和社会性动机。社会性动机涉及人的工作、交往、对成就与权利的追求等诸多方面，例如成就动机、工作动机等。

(2) 气质是指人的脾气秉性，气质差异是人先天形成的，它体现出人在高级神经活动类型上的差异。例如有些员工脾气火爆，情绪爆发快但又难持久，被称为胆汁质。这种人精力旺盛，争强好斗，为人热情，朴实真诚。有的员工乖巧伶俐，富有朝气，善解人意，情绪丰富且表露在外，被称为多血质。这种人活泼，好动，乐观，灵活但缺乏耐心和毅力。有的员工安静稳重，沉默寡言，表情平淡，被称为粘液质。这种人自制力强，不怕困难，忍耐力强，喜欢沉思，主动性较差。有的员工消极抑郁，多愁善感，温柔怯懦，被称为抑郁质。这种人聪明，想象力丰富，自制力强，注重内心世界，不善交际，孤僻胆小。

(3) 性格是人们对现实和周围世界的态度，并表现在他的行为举止中，它是一种与社会相关最密切的人格特征，体现了人在社会道德评价方面的差异。性格的分类方式很多，最常见的是按照心理活动的倾向性，分为内向和外向两种性格。内向型心理活动指向内部主体，表现为自我剖析、做事谨慎、深思熟虑、交往面窄、疑虑困惑、不善言辞，主动性差。内向型员工容易受自主、能力、成就需求的推动；外向者心理活动指向在外，表现为注重外部世界、情感表露在外、热情奔放、当机立断、独立自主、善于交往、行动快捷，但有时表现为轻率、固执和自负，精神紧张和压力感强。外向型的员工容易受追求权力、受社会尊重等需求推动。

(4) 自我调控是以自我意识为核心的人格调控系统，它的作用是使人格的各成分得到协调一致的统合。自我调控包括自我认知、自我体验和自我控制三个子系统。例如有些员工不能正确认识自我，只看到自己的不足，觉得处处不如别人，就会产生自卑感，丧失信心，工作停滞不前，甚至经常失败，这是自我调控三个子系统没有正确的发挥作用导致的，管理人员的激励能够帮助员工培养和调整正确的自我调控系统，起到自我激励的作用。

3. 分析员工的工作动机

工作动机是最为复杂、力量最强大的社会性动机之一。在工作动机的支配下，员工会努力克服困难，认真细致的完成他们分内的工作，工作动机水平高的员工还会在工作中不断创新以完善自己的工作。员工的工作动机的强度，不仅取决于他从工作或劳动中获取什么，而且还取决于员工对管理者的工作安排和外在报酬的心理需求的满足感。研究表明，员工努力工作可能取决于自己做出的努力能否达到或超出管理目标的可能性，包括：

(1) 达到目标，获得奖赏的可能性；
(2) 报酬满足需求的可能性；
(3) 工作中满足心理需求的可能性；
(4) 对这些需求的满足所做的评价。

工作动机是由不同的工作需要所驱动的，工作需要亦可按照等级分为高低不同的方面。最低级的工作需要是收入需要，即希望获取一份至少能维持基本生活水准的工资；其次是前景需要，这是一种对增加收入的期望，希望自己努力工作以便在退休前换来更多的报酬；稳定的需要是更高一级的需要形式，它所需求的是在持续获得收入方面的稳定感。这三种工作需要都与增加收入有关，另外还有一种工作需要虽然与增加收入没有直接的关系，但也是对生存条件的基本需求，这是指安康的需要，即员工享有认真监督的健康和安全标准，合理的工作时间和条件以及医疗保障。更高层次的工作需要还有寻求自尊与他人尊重的需要，这是在工作中寻求归属感的体现，员工需要通过工作参加到某个组织或团体中，并成为其中稳定的一员，使他们在工作中能够得到客观公正的评价，以增强自信和不断产生内在的激励。最高的工作需要是自我实现，对达到这一境界的员工来说，工作不再是养家糊口的手段，也不是获得他人承认的方式，对他们来说，工作是为了表现和继续挖掘自己的潜力，工作和生活将融为一体，工作将成为人的志趣，而不会让人感到身心疲惫。

4. 贯彻岗位责任制、实行按劳分配

管理者在进行工作分配时，必须要求员工各尽其力，各负其责，这样才能增强员工的责任心与事业心，充分调动工作积极性激发他们的工作热情，更好的完成本职工作，每个人竭尽全力做好本职工作，团队的整体工作就做好了。按劳分配是制定激励措施的重要原则，这不仅在于克服平均主义，避免挫伤贡献较大的人员的积极性，体现脑力与体力劳动，复杂与简单劳动，熟练与非熟练劳动，繁重与非繁重劳动之间的差异，奖勤罚懒，奖优罚劣，而且也是贯彻社会主义分配原则，有利于社会主义物质文明和精神文明建设。

5. 重视员工的社会心理

一个企业员工的工作积极性，不仅与员工的思想觉悟、工作态度、集体风尚等因素有关，而且与整个社会舆论、社会风尚密切相关。因此制定激励措施，不仅要立足组织本身，也要考虑社会心理的作用，尽可能利用良好的社会心理、社会舆论、社会风尚的积极作用，克服不良心理的消极作用。

二、激励类型和原则

对员工的激励可以通过两种途径产生。首先，员工通过寻求、发现和完成能够满足所需要或至少能引导他们去憧憬目标的工作，来激励自己。其次，员工能从公司得到诸如金钱、升迁、表扬等激励方法。因此激励主要分为以下两种类型。

1. 内在激励

内在激励是人自我塑造、自我影响的因素，即从内心世界影响人的行为的因素，包括个人愿望、兴趣、成就感、责任意识等。

2. 外在激励

外在激励是从外部影响人们的需要、欲望以及行为的因素，包括报酬、提升和表扬等。

通常情况下，外在激励因素见效快，效果显著，但持久性差。而内在激励虽然引发的速度慢，需要经历逐步的自我认识和分析过程，但一旦在人的内心产生后，就不容易消失，他可以帮助人们克服困难，发挥潜力，成为推动发展的强大动力。管理者应该关注可以影响员工工作热情和态度的内在激励因素，通过与外在激励措施的结合，使员工可以长久的处于振奋和受激励的状态下，努力工作。为了达到以上目的，在客户服务中心这样的劳动密集型的组织里，激励应遵循以下几个原则。

(1) 公平原则

公平原则就是对于取得相同业绩的员工应给予相同的奖励，对于取得不同业绩者也应区别对待。为了实现公平性，管理者应该按照特定的工作目标结合工作成果的数量和质量，用明确、客观、易于核实的标准来衡量员工的绩效，因此，针对本部门实际情况建立一套公正的评价体系是非常重要的。

(2) 刚性原则

激励只能上，不能下，即物质上的激励只能是物质利益的不断提高和增加，精神激励的方式也只能是档次的上升、水准的提高，而且一旦下降或减少则以往的激励效果也将失去作用。因为人一旦满足了较低层次的需求后，就会立即产生较高层次的需求，如果管理者继续使用老方法或降低标准，员工就会产生不满足的感受。但企业的资源又不可能无限的增加，所以激励的力度一定要先弱后强，先小后大，不能将激励资源一次用完，更不能将激励资源用在一个员工的身上。

(3) 时机原则

时机原则就是要选择恰当的时机和场合对员工实施适当的激励，目的是使激励的作用可以发挥至最大，激励的效果最佳。例如，在员工灰心丧气时，给予激励，或是在开工作总结会时，对业绩最佳的员工给予当众表扬。但不要在刚因为某项失误批评完员工后接着又对他进行表扬，或为了表示平衡，附带表扬其他员工。

(4) 清晰原则

清晰原则是指激励的标准、激励的对象、激励的理由应当准确明了。激励的标准清晰是指员工应当在工作前确切的被告知他们做什么会得到赞扬和奖励，做什么会得到批评和惩罚。激励的对象清晰是指激励那些最需要得到激励的人，而不要将时间和精力花费在不是最需要激励的员工身上。激励的理由清晰是指为了体现公正的原则，管理者必须可以提出具有说服力的激励理由和可以反映被激励人表现的依据，以免其他员工产生误解和不满。

三、员工激励措施

1. 目标激励

目标激励是指管理者通过设置适当的工作目标，激发员工的工作动机，以达到调动员工积极性的目的。目标在心理学上通常被称为"诱因"，即能够满足人的需要的外在事物。由期望理论和目标激励理论可知，个体对目标看得越重要，实现的概率越大。因此，设置的目标要合理、可行，与个体的切身利益密切相关。要设置总目标与阶段性目标。总目标可使员工感到工作有方向，但达到总目标是个复杂过程，有时使人感觉遥远或渺茫，影响人的积极性。因此要采取"大目标，小步子"

的方法,把总目标分成若干个阶段性目标,通过实现几个阶段性目标来实现总目标。阶段性目标可以使人感到工作的阶段性、可行性和合理性。目标既可以是外在的实体对象(如工作量),也可以是精神的对象(如工作水平)。为发挥目标激励作用,管理者应注意的以下几点。

(1) 个人目标与集体目标一致,组织的目标与个人的目标可能是平衡一致,也可能是发生偏向,如果出现偏向,就不利于调动个人的积极性,不利于组织目标的实现。只有使这种偏向趋于平衡,即组织目标向量与个人的目标向量间的夹角最小,这样将使个人的行为朝向组织的目标,在个人间产生较强的心理内聚力,共同为完成组织目标而奋斗。

(2) 设置的目标方向应具有明显的社会性,目标的社会效益越高,目标的吸引力就越大,也就越能激发人们的积极性。

(3) 目标的难度拟定上要适当,要做到树上的果子悬到"跳一跳够得着"的程度,宜于激发进取心。过高了力所不及,过低了不需努力,轻易得到,都不能收到良好的激励效果。

(4) 目标的内容要具体明确,能够有定量要求的目标当更好,切忌笼统抽象。

(5) 目标的时间上,既有近期目标,又要有无期目标。只有无期目标,易使人产生渺茫感,只有近期目标,则使人目光短浅,其激励作用也会减少或不能维持长久。

2. 奖惩激励

奖惩激励是奖励激励和惩罚的合称,奖励是对人的某种行为给予肯定或表扬,使人保持这种行为,奖励得当,能进一步调动人的积极性。惩罚是对人的某种行为予以否定或批评,使人消除这种行为。惩罚得当,不仅能消除人的不良行为,而且能化消极因素为积极因素。

奖惩都是一种强化手段,奖励是对人行为的肯定,是正面强化,可直接激励。而惩罚是对人的行为的否定,是负面强化,属间接激励。奖励的心理机制是人的荣誉感、进取心理,有物质和精神需要。惩罚的心理机制是人的羞怯、过失心理,不愿受到名誉或经济上的损失。

奖励激励的心理过程是通过反馈实现的。奖励或惩罚与实际情况相符合,即奖励分明,是正反馈,奖励和惩罚不符合实际情况,或不公平,则是逆反馈,因而奖励不一定都能产生激励作用。奖励的形式多种多样，可分为物质奖励、精神奖励以及这两种奖励的结合。

惩罚的形式也有多种多样，如批评、检讨、处分、经济制裁、法律惩办等。为发挥惩罚的作用，应注意以下几点：

(1) 惩罚要合理，使受惩罚者心服，化消极因素为积极因素，否则易产生对立情绪。

(2) 惩罚要与教育结合起来，达到惩前毖后、治病救人的目的。

(3) 要掌握惩罚的时机，及时处理。

(4) 惩罚时要考虑原因与动机。

(5) 对一般性错误，惩罚宜轻不宜重。

3. 考评激励

考评，是指各级组织对所属成员的工作及各方面的表现进行评定。通过考核和评比，及时指出职工的成绩、不足及下阶段努力的方向，从而激发职工的积极性、主动性和创造性。随着现代人事制度的因素，考评激励越来越成为组织普遍采用的一种激励方式。从考评激励的心理过程分析，考评具有以下几方面的作用。

(1) 导向作用。考评具有目标导向功能。由于考评标准的约束力，迫使或诱导人们的行为向某一方向发展。

(2) 反馈调节作用。考评激励的一个重要手段，就是促使反馈调节，让人们知道自己的行为是否偏离要求，是否符合规范，要做什么修正，以及如何修正等。

(3) 强化作用。强化有"正强化"和"负强化"两种。通过考评，工作成绩得到肯定，人们会看到自己的社会价值，增强工作热情和责任感，从而激发进一步向上努力的动机，这就是"正强化"。反之，如果得到较差的评价，通过正确引导，也会激起改正缺点错误和重新做好工作的动机。这称之为"负强化"。

为了让"考评激励"发挥最大的作用，在考评过程中必须注意制定科学的考评标准；设置正确的考评方法；提高主考者的个体素质等。

4. 竞赛与评比的激励

竞赛在组织内是一种客观存在，在正确思想指导下，竞赛以及竞赛中的评比对调动人的积极性有重大意义。竞赛与评比的心理学意义如下。

(1) 竞赛与评比对动机有激发作用，使动机处于活跃状态。

(2) 竞赛与评比能增强组织成员心理内聚力，明确组织与个人的目标，激发人的积极性，提高工作效率。

(3) 竞赛与评比能增强人的智力效应，促使人的感知敏锐准确、注意力集中、记忆状态良好、想象丰富、思维敏捷、操作能力提高。

(4) 竞赛能调动人的非智力因素，并能促进集体成员劳动积极性的提高。

(5) 团体间的竞赛评比，能缓和团体内的矛盾，增强集体荣誉感。

5. 领导行为激励

领导者行为通过榜样作用、暗示作用、模仿作用等心理机制激发下属的动机，以调动工作、学习积极性，称为领导行为激励。

领导的良好行为、模范作用、以身作则就是一种无声的命令，有力地激发下属的积极性。权威是暗示成功的重要心理条件，领导者良好的行为具有权威性，使下属很快受到良好影响。领导者的行为通过模仿可能是无意识的，也可能是有意识的，更多的是无意识与有意识的综合模仿，下属对领导的模仿造成了良好的激励氛围。

6. 尊重激励

领导对下属的尊重是一种有力的激励手段，从尊重人的劳动成果到尊重人的人格；从关怀下属的政治进步到帮助解决工作与生活上的实际困难，则能产生积极的心理效应。关怀能提高人员的主人翁感、责任心，充分挖掘人群中蕴藏的积极性，密切干群关系。

7. 榜样的激励

榜样的力量是无穷的。榜样激励对榜样者自己，以及对先进人员、一般人员、后进人员都有激励的效应。对自己是一个压力，对先进者是一个挑战；对一般人有激励作用，对后进者能产生心理上的压力。榜样应是公认的，具有权威性，能使大家产生敬仰的心情。但应注意的是：

(1) 实事求是地宣扬榜样的先进事迹，激发员工产生学习榜样的动机；

(2) 引导员工正确对待榜样，要一分为二地看待榜样，学其所长。

8. 信任激励

一个组织的运行必须以人与人的基本信任作润滑剂，不然，社会就无法正常有序地运转。信任是加速人体自信力爆发的催化剂,对于成才自信比努力更为重要。信任激励是一种基本激励方式。上下级之间的相互理解和信任是一种强大的精神力量,它有助于人与人之间的和谐共振,有助于团队精神和凝聚力的形成。

　　管理者对员工的信任体现在相信下属、依靠下属、发扬员工的主人翁精神上;对下属的信任则体现在平等待人、尊重下属的劳动、职权和意见上,这种信任体现在"用人不疑,疑人不用"上,而且还表现在放手使用上。刘备"三顾茅庐"力请诸葛亮显出一个"诚"字;魏征从谏如流,得益于唐太宗的一个"信"字;这都充分体现了对人才的充分信任上。只有在信任基础之上的放手使用,也才能最大限度的发挥人才的主观能动性和创造性。有时甚至还可超水平的发挥,取得自己都不敢相信的成绩。

四、客户服务人员激励策略

1. 客户服务员人才模型

客户服务员人才模型如图10-4所示。

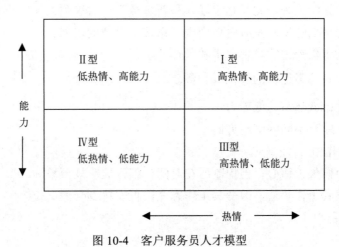

图10-4　客户服务员人才模型

2. 激励对策

Ⅰ型人才： 高热情、高能力
这是企业最理想的杰出人才。
基本对策是重用：给这些人才充分授权，赋予其更多的责任。
Ⅱ型人才： 低热情、高能力
这类人才一般对自己的职位和前程没有明确目标。
对这类人才有不同的应对方向。

(1) 挽救性
不断鼓励、不断鞭策，一方面肯定其能力和信任，一方面给予具体目标和要求。
必要时在报酬上适当刺激。
特别要防止这些"怀才不遇"人才的牢骚和不满感染到企业，要与他们及时沟通。

(2) 勿留性
对难以融入企业文化和管理模式的，干脆趁早辞退。

Ⅲ型人才： 高热情、低能力
这是较常见的一种，尤其是年轻人和新进员工。对这类人才的应对方式如下。
充分利用员工热情，及时对他们进行系统、有效的培训。
提出提高工作能力的具体要求和具体方法。
调整员工到其最适合的岗位或职务。

Ⅳ型人才：低热情、低能力
对这类人才有不同的应对方向。

(1) 有限作用
不要对他们失去信心，但控制所花时间，仅开展小规模培训。
首先激发其工作热情，改变其工作态度，再安排到合适岗位。

(2) 解雇辞退

第四节 有成效的内部沟通

在呼叫中心内部的管理工作中，与员工之间的指导性沟通是管理沟通过程的重要一环，此种管理沟通的目的在于呼叫中心管理人员通过向员工提供建议、信息或设立标准，从而帮助员工提高工作技能或绩效；以下就以呼叫中心内部质量监控人员就监控结果与被监听员工之间的指导性管理沟通为例来说明如何更好地进行管理沟通。

顾客李某来电投诉：2月5日111号员工在接听其电话时有明显的推诿情况，质检人员结合客户来电号码进行查询，发现该用户于2月5日下午14：00：23秒有过通话记录；因此针对工号111号员工在2004年2月5日下午14：00：23秒的录音进行了监听，结果显示该员工在同用户沟通过程中对用户的咨询表示"我没有得到相关通知，所以无法回答你的问题"；针对该员工的此条录音，质检人员按照以下步骤对其进行了指导性沟通。

(1) 在对你2月5日下午14：00：23秒的录音进行监听的过程中，发现你有推诿顾客的情况存在，如"我没有得到相关通知，所以无法回答你的问题"。

(2) 由于你在电话中对顾客的需求进行推诿，导致该顾客来电对你进行投诉；该投诉不仅严重影响了你本月的绩效考核成绩，而且也造成本月呼叫中心中唯一的一个有理投诉。

(3) 如果在下次的监听过程中发现同样的推诿情况，将会导致扣罚你本月奖金的一半。

(4) 如果下次遇到同样问题，你可以询问用户相关信息的来源，并详细记录后，告知用户会尽快帮助其与公司内部有关部门进行沟通，方便的话请用户留下联系方式，确认后再与其进行联系并反馈。

结合以上的案例，通过分析员工绩效不佳的原因并提供相应的事实依据，经过面对面的沟通与员工达成一致，帮助员工掌握达成绩效的方法并督促其实施，同时在员工达到目标时给予其一定的反馈和激励，通过这种方式，不仅能够帮助员工认识到自己的失误所造成的影响，同时也帮助其了解并掌握日后遇到类似问题的解决方法，督促并指导其进行改进。

通过正确的指导性沟通不仅能确保员工保持对绩效目标的重视，而且过程指导会提高员工对绩效的满意度，有效改善呼叫中心管理人员与一线员工之间的关系，促使员工朝着正确的方向发展，确保服务呼叫中心服务水准的实现。

思考题

1. 人员提升是应该根据平时表现决定还是应该公开竞聘？
2. 不同性格的员工应如何进行不同方式的激励？
3. 你有哪些进行员工挽留的有效办法？

第十一章

话务预测及排班

排班岗位在呼叫中心算得上是技术需求较强的岗位了。这不仅是因为这个岗位非常重要，还因为这个岗位需要一定的数据分析能力、预测能力等。虽然，现在有专业的排班软件帮我们进行更科学的排班，但毕竟还需要人为的调整与安排。

排班工作可通过接通率直接检验，这也说明排班工作对于客户满意、成本控制等都非常关键。

第一节 数据的收集

排班前必须收集相关的数据，作为排班的基础。排班前需掌握的数据主要有以下几项：

(1) 最近几周或几个月的每天半小时呼入量
(2) 客服代表每通电话的平均处理时长
(3) 客服代表的工时利用率
(4) 公司指定的考核指标

那我们现在的话务情况如何呢？大家可以参考图 11-1。

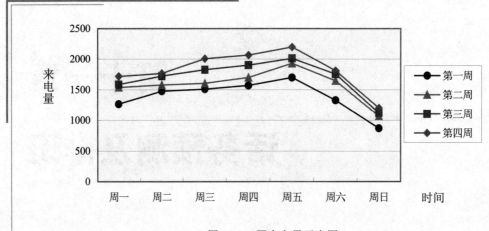

图 11-1 周来电量示意图

从图 11-1 中，我们可以很清晰地看到，我们整周的话务分布情况。周一至周五，话务呈平缓增长的趋势，在周五达到每周的最高峰，然后周六开始回落，周日进入话务的最低谷。因此，在考虑人员安排上，我们已有了基本的概念，周一至周五排班时，应逐渐增加人手，在周五当天，应该是当值人员最多的一天。

每天总的话务量，只是让我们排班上有一个大局的方向，但要进行每天当值人员的安排，这个数据还远远不够。作为 24 小时运作的呼叫中心，我们需要对每天的话务作更深入的了解。这里，就需要我们收集每半小时的呼入量了，如 11-2 图所示。

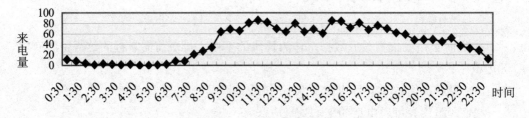

图 11-2 日来电量示意图

这是其中一天每半小时的呼入量图表。同样，我们可以从该表中，很容易能看出每天的话务分布情况。这样，根据每天的话务情况，我们可以基本上确定当天该如何分配人手。通过收集最近几周每天每半小时的呼入量，预测将来的呼入量，是大部分呼叫中心采用的方法。

第二节　数据的分析

历史数据提供了过去的话务分布情况,为我们在预测将来的呼入量提供了依据,但该数据是否完全可信呢?未必,为什么呢?大家再看图11-3。

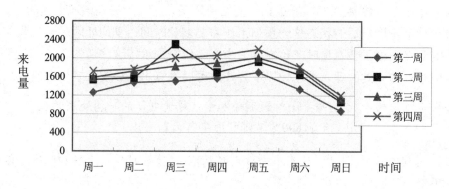

图11-3　周来电量示意图

在第二周的周三,话务量明显比其他三周的话务量要高,而且超过了正常分布的周五高峰期。因此,我们就需要了解当天话务的具体情况了,为什么当天的呼入量这么多?是什么原因造成这么高的话务量,如果撇除这些原因,正常呼入量是多少呢?不同的呼叫中心,话务都可能因一些特殊情况而引起波动,例如有推广、有特别优惠等都会引起呼入量波动。遇到这种情况,我们就应该考虑到当天数据是否具有参考价值了。同样,作为现场话务的监控者,出现话务异常情况时,也需要对当天出现的话务异常情况作出汇报。必要时需在采用当天的数据时,剔出这部分呼入量。

历史数据告诉你的,只是过去已发生过的事情,但当你预测的是一个呼入量急速增长的时期时,更需要我们通过数据的分析来预测将来的呼入量。例如:即将进入十一黄金周,过去几周的数据已不足以支持我们来预测黄金周时的呼入量,这时,我们要参考的应该是上一黄金周期间的数据,同时,必须要考虑到呼入量的增长趋势,做好备班工作,以应付更大的呼入量。

以上所述,是对短期呼入量的预测。如果长期的话务预测,更多的是需要考虑公司的发展目标和发展趋势。长期话务的预测,更多适用在制定年度计划和人员编制上。根据公司的发展目标,预测每月或每季度的话务量,从而提前预算客服代表的人员编制，以便在新的一年里制定招聘及人员培训计划。

排班除了预测呼入量外，还有另一重要的数据，收集参与排班的客服代表的工作效率。即他们的每通电话的平均处理时长。

$$平均处理时长 = 平均通话时长 + 平均事后处理时长$$

也就是说，从他/她接起一通电话，到结束通话，再加上处理该通电话的工作，进入准备接下一通电话的状态这一系列工作需要多长时间。平均处理时长的收集，直接影响到在预测了呼入量时，该安排多少客服代表来承接这些话务。

我们根据预测到的呼入量，按以下公式，可以推算出需要安排多少客服代表：

$$每半小时当值人数 = (每半小时预测呼入量 \times 每通电话的平均处理时长) \div (1800 \times 工时利用率 \times 出勤率)$$

**工时利用率＝(通话时长＋事后处理时长)÷总登陆时长，工时利用率一般在70%～80%。

出勤率：预计可能会出现的病事假或迟到等无法按排班当值的情况，一般在95%左右。

第三节 确定班次及当值人数

根据每半小时的预测呼入量和客服代表的工作效率数据，就可以计算每半小时所需的当值人数了。剩下就是安排哪些人上哪些班次的事情了，排班时应注意以下事项：

- 排班期间是否有推广活动，推广的力度和范围如何，可能会带来多少额外的呼入量；
- 排班期间是否已安排培训或会议；
- 排班前应收集同事们的轮休申请，根据情况尽量满足同事的轮休要求；
- 技能及业务能力水平的平均搭配。

在一定时期内，尽量保持每人每个班次的平衡。确定以上数据后，就可以开始进行排班了。

第四节 指标回顾及排班改进

检验排班是否符合标准,可通过最小方差管理法来验证。图 11-4 是从早上 8:00 开始,一直到晚上 6:00 点,每小时的服务水平。可以很清楚地看到,服务水平在 93 到 65 这中间震荡,平均服务水平是 81 左右。

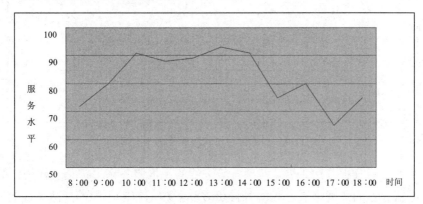

图 11-4 服务水平示意图

图 11-5 所示是另一种排班后的服务水平,也是从早上 8:00 开始,一直到晚上 6:00,每小时的服务水平趋势。虽然平均服务水平也是在 81 左右,但震荡幅度却小了很多,服务水平只在 84 到 80 之间震荡。

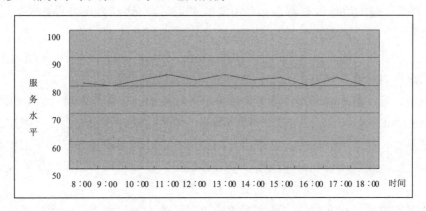

图 11-5 服务水平示意图

我们再把这两张图叠在一起看，如图 11-6 所示。

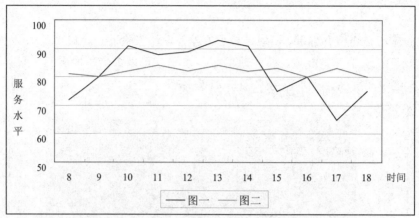

图 11-6　不同排班模式的服务水平对比图

从平均数的分析方法来看，两种排班方法的平均服务水平都是一样的，都是 81 左右，但从方差的角度来看，这两种排班方法，却是非常不同的，两条线的方差就是明显不一样(或是说标准差)。

第一种情况，服务水平最高可以冲到 93，而第二个最高只能冲到 84，但第二种情况的服务水平方差显然是小得多。排班时需注意，每个时段的服务水平要稳定，不能忽高忽低，只要服务水平是平稳的曲线，这就是最小方差的观念。如果排出的班务，每个时段的服务水平都是相对稳定的，就算没有达到公司对服务水平的要求，也应该是由于人力不足所造成，而不是班务排的不好造成的。同时，人力的合理分布，可以保证每个班次同事的工时利用率保持在一个相对平均水平，避免不同班次出现工作压力悬殊的现象。

换句话说，服务水平方差是测量排班班务好坏的一个重要 KPI 指标，如果服务水平的方差很大，可能是排班班务排的不好，或是现场管理管的不好，但如果服务水平方差小，就有可能认为是排班班务处理得不错。利用服务水平方差来检验排班班务好坏，以及现场管理好坏，是一个有效的工具。排班班务以及现场管理都有一个共同的目标，就是降低服务水平变动的方差。

合理的排班，能在保证服务水平的前提下，让人员的利用率达到最大值。预测的呼入量和实际的呼入量永远无法达到百分比的吻合，但我们能尽量接近实际呼入量，就是成功的一期排班，但当出现预测呼入量和实际呼入量有较大的偏差时，就需要考验当值的话务监控者的能力了。

在出现实际呼入量少于预测呼入量时，为了避免过多的人力浪费，当值主管可以根据业务情况适当的抽出部分人员进行相关的业务培训或安排补休等。在实际呼入量大于预测呼入量时，当值主管可以通过以下几项措施来保证服务水平：

(1) 密切关注话务监控系统，必须保证现场至少有一人时刻关注话务的变化；
(2) 控制客服代表的小休、用膳时间，保证现场所有客服代表进入电话接听状态；
(3) 关注客服代表的电话状态，控制事后处理时长；
(4) 适当地调整客服代表的技能。

如实施以上措施仍无法保证当时的服务水平，应再采取以下应变措施：

(1) 及时向上司反馈话务情况；
(2) 向有本组技能的其他组同事提出支援申请；
(3) 安排同事加班；
(4) 主管亲自接听电话。

有必要的话，安排资深的、业务能力强的同事先记录客人的需求，不做处理，待话务回落后再联系客人跟进。

思考题

1. 在排班时要考虑哪些因素？
2. 哪些因素往往制约着排班工作的有效实施？
3. 排班与成本管理有什么样的内在关系？

第十二章

风 险 管 理

风险管理，不单单是呼叫中心的任务，是任何一个企业都必须面对而且必须优先解决的问题。预防性质的风险管理，往往是保障企业顺利运营的前提条件。

呼叫中心的潜在风险，除具有企业共有的风险类型之外，还有本行业所需面对的独特风险。

本章从风险的定义、类型、分析等方面进行阐述，力图做到风险规划和管理，从而将风险有效降低。

第一节 风险管理定义

在阐述风险管理之前，我们首先需要知道风险的定义。那么什么是风险？风险就是该发生的事情没有发生，而不该发生的事情却发生了。

风险有它的特点。总结来说是四点：客观性；不确定性；相对性和阶段性。

客观性。风险的存在不以人的意志为转移，不管人们是否能意识到风险的存在，风险在一定情况下都会发生。

不确定性。风险的发生不是必然的。风险在何时、何地发生以及风险所造成的影响程度都是不确定的。

相对性。风险管理主体承受风险的能力、期望收益、投入资源的大小等因素都会对风险的大小和后果产生影响。

阶段性。风险是分阶段发展的，而且各个阶段都有明确的界限。主要有三个阶段：风险潜在阶段；风险发生阶段和造成后果阶段。

我们呼叫中心之所以要作风险管理，就是为了促进企业资源的最优配置；保护公司的资产和形象；提高组织的运营效率；保障客户利益，用户利益与企业利益得到最大的实现机会；最大限度地避免风险；从而确保呼叫中心稳定、持续、发展。

如果细分到上文提到的三个阶段，我们作风险管理需要达到如下目的。

风险潜在阶段：识别潜在风险；选择有效控制手段；规范操作程序；制定相关规定。

风险发生阶段：降低风险处理成本；合理处置风险；避免造成重大损失。

造成后果阶段：采取有效补救措施，将损失减少到最小；总结经验教训，修订风险管理方案；保护公司的资产和形象；保持稳定增长。

第二节 风险类型

风险可大体上分为外因风险与内因风险。外因风险如自然灾害风险，停电，业务量猛增/猛减等；内因风险包括设备故障，人为风险等。常见风险如图12-1所示。

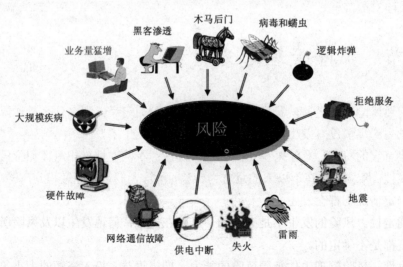

图12-1 风险类型

对于风险管理，我们第一步需要善于识别呼叫中心可能发生的各种风险。风险识别指对呼叫中心自身所面临的风险加以判断、归类和鉴定其性质的过程。对尚未发生的、潜在的及客观存在的各种风险进行系统地、连续地识别和归类，并分析产生风险事故的原因。

举例来说呼叫中心日常运营中一个常见的风险就是匹配问题。

(1) 人员需求与实际业务量之间的匹配

如果座席代表数高于完成业务量所需要的人员数量，就会导致座席代表闲置，人力资源浪费，成本增加，直接影响到呼叫中心的赢利水平；相反，如果座席代表数低于业务所需要的人员数量，虽然短时间内可以通过激励手段，或者加班等措施保证业务被按时完成。但长期来看，必然会影响到服务质量。同时由于持续的高负荷运行，使员工不堪重负，提高了流失率，进而使情况更加恶化。

(2) 信息系统与工作模式之间的匹配

如果信息系统配置过低，顾客体验要求就不能得到满足，呼叫中心的战略目标就不能得以实现；相反，如果信息系统配置过高，就会导致资源不能被有效的运用，提高了呼叫中心成本。

这样的风险在呼叫中心中比比皆是，毫不夸张地说我们每天都会面临着风险发生的可能性。那我们该怎么识别这些风险呢？

我们往往可以通过以下方式制定适合自己呼叫中心的风险清单：

头脑风暴法 (集思广益法)；

德尔菲技术 (问卷调查法)；

业务流程分析 (针对每个业务流程的过程进行分析)；

行业参照 (参照行业其他呼叫中心所做的风险清单)；

……

第三节 风险定性和定量分析

为有效制定风险应对策略，我们需要在识别风险的基础上，对风险进行定量与定性的评估。通过考虑风险发生的频率，风险发生后对呼叫中心带来的影响程度，对已经识别的风险进行优先级评估。

我们可以从总体出发预先设计打分机制，比如将风险概率设为 1 到 10，某个风险每年都可能发生，或者最近三年已多次发生过的，我们将它的概率定位为 10；而几乎不可能发生的，最近三年从来没有出现过的风险概率定位为 1。用同样的方法对风险影响进行打分，风险影响最大的 10 分，最小的 1 分。随后将概率值和影响值相乘，把结果从大到小进行排序，对分值高的风险采取重点措施，并采取积极的应对策略。而对于分值低的风险可以先把它留在观察清单内，不需要采取特别的措施。

我们也可以用概率和影响矩阵对风险进行分类。如图 12-2 所示。

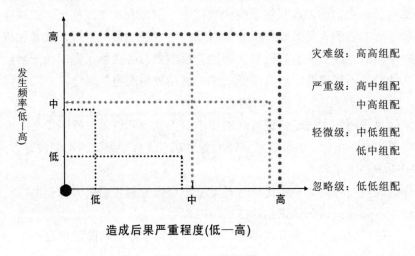

图 12-2　风险分类

第四节　风险规划与控制

风险规划指针对风险决定所要采取的应对措施。它可以帮助呼叫中心日常运营保持平稳、有序的状态，而不会因为某些突发事件发生而不知所措。风险规划的基础是风险清单和风险分值(概率和影响矩阵)。

我们在作风险规划的时候，一定要明确风险潜在应对措施，措施行动时间，风险负责人，风险发生的征兆和警示。

表 12-1 为风险控制与规划。

表 12-1 风险控制与规划

故障级别	故障级别定义	受故障系统	受影响程度	持续时长分钟	申报部门	处理部门	汇报渠道		处理指引
							汇报人	汇报形式	
I级故障	因网络数据传输影响	Unicall系统	个别电脑终端受到轻微影响	0—15	客服前台当值LTC	IT	现场其他主管助理经理	口头电话	1. 前台前值LTC接到TC反映或自己发现Unicall系统发生故障；应即时对所发生的故障进行判断；即时致电IT通知值班人员，由值班人员马上对故障进行排查并处理 2. 超过10分钟故障未能恢复，上报该业务组助理经理 3. 故障持续15分钟仍未恢复，致电值班人员了解有关进展
II级故障	白屏，无法查询业务资料及无法建立工单	Unicall系统	50%电脑终端受影响，短期内无法处理客户订单	15—30	客服前台当值LTC	IT	现场其他主管、助理经理、经理、总经理	口头电话电邮	1. 当值LTC致电IT向值班人员了解故障原因及故障可能持续的时长 2. 通知LTC按标准应答口径、手工记录客户订单需要 3. 上报该业务组经理 4. 故障恢复后，需由当值LTC补发邮件通知、总结故障原因及处理措施
	部分电话忙音	IVR系统 ACD系统	间歇性少量电话无法接入	0—10	客服前台当值LTC	IT	现场其他主管、助理经理、经理	口头电话	1. 当值LTC即时进行电话拨测，了解IVR系统故障是否属实 2. 即时致电IT通知值班人员，由值班人员马上对IVR语音系统故障进行排查并处理 3. 按统一标准应答口径予与现场TC 4. 上报该业务组经理
III级故障	部分系统功能无法使用	Unicall系统	业务处理间歇性出现中断	30—120	客服前台当值LTC	IT	现场其他主管、助理经理、经理、总经理室	口头电话电邮	1. 当值LTC与IT保持联络，随时了解故障处理进度并向上级汇报 2. TC按标准应答口径、手工记录客户订单需求 3. 上报该分管业务组的总经理助理及总经理 4. 故障恢复后，当值LTC需补发邮件通知、总结故障原因及处理措施
IV级故障	系统无法使用	Unicall系统	业务处理处于瘫痪状态	120以上	客服前台当值LTC	IT	现场其他主管、助理经理、经理、总经理室、分管副总裁	口头电话电邮	1. 当值LTC与IT保持联络，随时了解故障处理进度并向分管经理汇报 2. TC按统一标准应答、手工记录客户订单需求 3. 每30分钟上报一次分管该业务组的经理 4. 故障恢复后，当值LTC需补发邮件通知、总结故障原因及处理措施
	所有电话无法接入业务处理平台	ACD处理系统	业务处理处于瘫痪状态	10以上	客服前台当值LTC	IT	现场其他主管、助理经理、经理、总经理室、分管副总裁	口头电话电邮	1. 当值LTC与IT保持联络，随时了解故障处理进度并向分管领导汇报 2. 通知所有当值TC不可离开座席以故障恢复后立即接听电话 3. 每隔5分钟测试一次电话线路情况 4. 随时向上级领导汇报故障处理进度及测试结果；故障恢复后，当值LTC需补发邮件通知、总结故障原因及处理措施
系统维护	由IT部门提前发出"系统维护"通知	按IT部门通知	按IT部门通知	按IT部门通知	IT值班人员	各业务联系电话	受影响的前台当值LTC	电话电邮	1. IT值班人员需在系统维护前致电通知受影响的业务组前台当值LTC 2. 前台当值LTC留意系统维护是否在指定时间内完成，并对受影响的系统进行系统性的测试 3. 维护时间超出预定时间，前台当值LTC向IT了解情况，并需判断是否升级按"各类系统故障级别"进行处理并上报

风险控制指通过行动确保风险发生时，呼叫中心的确根据已经设计的风险规划采取相应措施，将风险带来的影响控制到最低。同时通过监控审核已有风险规划的有效性，通过方案改进，不断完善管理体系。

风险控制需要做到以下几点：

(1) 确保呼叫中心人员对风险规划的承诺；
(2) 提高全员的风险意识；
(3) 明确风险的相关责任人；
(4) 日常管理工作对可能发生的风险进行检查；
(5) 定期审核风险管理体系，以检查它的可靠性和有效性；
(6) 更新风险管理的知识，技术和方法。

风险对呼叫中心而言是不可避免的，但是只要我们"循规守责，防患未然"，当风险真的来临时，我们也会泰然处之，知道该如何平静面对了。

思考题

1. 在流程设置中，应如何考虑风险因素？
2. 呼叫中心所面临的潜在风险都有哪些？
3. 呼叫中心应如何应对各种风险防范？
4. 在日常管理中要注意哪些风险预防方面的检查？
5. 在你的团队里，规章制度中有哪些是与风险预防和控制有关的？
6. 你的团队为风险预防管理工作做了哪些努力？

第十三章

运营指标管理

呼叫中心的的 KPI 指标是运营的指引,运营中的一切工作都是围绕 KPI 来进行。同时,KPI 指标也是检验运营水平的直接标准。

运营指标涵盖了运营工作的方方面面,全面而系统的体现了呼叫中心运营的阶段性目标和终极目标、部分目标和整体目标。

本章从呼入和呼出两方面指标入手,解释了各指标的含义及由指标的表现而透视出的管理问题。

第一节 呼入指标

一、实际工作率

表 13-1 为实际工作率项目表。

表 13-1 实际工作率项目表

项 目	内 容
定义	是一种测试客服代表是否如所计划的那样在他们岗位上工作的方法。实际工作率的计算结果是一个百分比,它等于客服代表签入系统准备回答电话的实际时间除以客服代表按照计划应当回答电话的总时间,再乘以100
数据记录与报告	实际工作率百分比数据一般来自 ACD,并且应当每日都做一次报告,并按周和月进行追踪

(续表)

项　目	内　容
规范和目标	每个客服代表的最佳实际工作率应该达到92%或者更高
监控措施	1. 呼叫中心现场管理者在教育与督促员工保持较实际工作率方面可能做得不够 2. 监管人员或质检人员可能不够，新员工没有得到及时指导和帮助 3. 客服代表可能对规定有误解 4. 缺勤率可能太高 5. 相较于呼叫电话量，客服代表从事其他事情的时间可能太多

二、平均通话时间

表 13-2 为平均通话时间项目表。

表 13-2　平均通话时间项目表

项　目	内　容
定义	指谈话时间和事后处理时间的总和
数据记录与报告	ACD 会提供每一客服代表的持线时间数据，并给出平均值。每日、每周、每月报告和图示这一规范，并每周、每月进行一次管理上的考察
规范和目标	呼叫中心的类型不同，其平均通话时间的努力目标也不同。一个技术支持力较强的呼叫中心，平均数一般在 10～15 分钟之间。从全行业来看，平均通话时间是 8.5 分钟。可将这一规范的目标定在 3～10 分钟之间，并还可扣减 15%。如能根据呼叫的类型和班组类型来确定时间范围是再好不过。规定一个均可接受的时间范围，避免只定一个目标所带来的问题，这样就给了话务员选择，有足够的时间处理好第一次呼叫
监控措施	1. 画一个曲线图，让图中的区县界面宽阔，一目了然 2. 要求基层管理人员报告超越目标范围之外的情况 3. 时间过长可能表示人员过剩，会引起费用增高 4. 对业务员进行运用技术设备和电话处理技巧方面的培训

三、事后处理时间

表 13-3 为事后处理时间项目表。

表 13-3 事后处理时间项目表

项　　目	内　　容
定义	指一次呼叫电话接听完后,客服代表完成与此呼叫有关的整理工作所需要的时间
数据记录与报告	此数据也可从 ACD 得到。这一规范应由小组或个人制成日表、周表和月表,还应该做成图形来与过去的记录进行比较
规范和目标	平均事后处理时长为 30～60 秒
监控措施	1. 如出现此方面的问题而又与训练、程序和技术等因素无关,建议小组每一小时贴出 2. 此规范的标准目标,直到情况改善为止 3. 话务员完成操作的机器可能不方便使用,应将其配置或者位置做些调整 4. 把呼后处理所需要的所有动作都做一遍,认真观察并评价每一个动作,看是否都是程序必须的 5. 鼓励话务员在谈话时就做好信息处理,减少事后处理时间。如果有反应灵敏而且好用的软件系统,应该利用上 6. 事后处理时间过长则表明话务员本身有问题,需要他进一步学习,尤其要通过电话监听帮助他们解决这个问题 7. 如果这一规范的数字上升,表明话务员行为上出现异常,需待有关监管人员送来有关的情况报告 8. 整个呼叫中心事后处理时间的平均值变长意味着可能是训练、程序或者是技术上出现了问题 9. 如有新的话务员加入,由于还不熟练引起的处理时间过长是在意料中的事情 10. 对造成事后处理时间过长的话务员进行跟踪,并确定待岗再培训

四、平均放弃时间

表 13-4 为平均放弃时间项目表。

表 13-4　平均放弃时间项目表

项　目	内　容
定义	指呼叫者放弃呼叫前平均等待的时间，以秒来计算
数据记录与报告	此数据由 ACD 收集，应每日和每周都做出报告
规范和目标	平均时间为 60 秒
监控措施	1. 等待时间很短即放弃，表明顾客等待的耐心有限，原因可能是有其他呼叫中心可以选择，也可能是拨打时总是不成功。两者都值得引起重视，并采取措施 2. 检查放弃的数目、没有拨通情况发生时排队的时间，看是否存在呼叫者拨不进来的情况，这一问题如果对顾客很重要，呼叫者的满意率就会明显下降

五、平均持线时长

表 13-5 为平均持线时长项目表。

表 13-5　平均持线时长项目表

项　目	内　容
定义	客服代表让顾客在线上等待的平均时间
数据记录与报告	自动呼叫分配系统 ACD 会提供每一客服代表的持线时间数据，并给出平均值。每日、每周、每月报告和图示这一规范，并每周、每月进行一次管理上的考察
规范和目标	平均持线时间范围应控制在 20～60 秒之间
监控措施	1. 话务员可能涉及不到所需信息 2. 训练不够，话务员不懂如何得到所需信息 3. 系统延迟，即机器需要太长时间方能显示所需信息 4. 话务员无权接触有关资料

六、平均振铃次数

表 13-6 为平均振铃次数项目表。

表 13-6 平均振铃次数项目表

项　　目	内　　容
定义	指顾客听到回话之前电话铃振响的次数，不论这个电话是由客服代表、还是 IVR 回的
数据记录与报告	数据资料由 ACD 收集，每天都作报告，以便中心管理人员参考，或应呼叫者满意程度测试计划所需要
规范和目标	平均次数是 2～4 次
监控措施	1. 平均振铃次数应该保持在最低，尽管高峰期可能会有所增加，因此应该经过讨论来确定次数。此外，还可以将振铃次数作为掌握排队时间的一个准则 2. 只要遇到的不是忙音，这一数字的多少对呼叫者不具有特别的意义

七、平均应答时间

表 13-7 为平均应答时间项目表。

表 13-7 平均应答时间项目表

项　　目	内　　容
定义	指总排队时间除以所回答的总电话数
数据记录与报告	此规范也可直接得自 ACD，应以半小时为单位进行报告，并以图表显示走势
规范和目标	此规范一般又称为 ASA，标准长度常常定在 20 秒之内
监控措施	1. 平均应答速度过高 2. 事后处理时间超出了目标规定 3. 持线时间比预期的要多 4. 呼叫量的预测不准确 5. 计划实际工作效率不够

八、平均排队时间

表 13-8 为平均排队时间项目表。

表 13-8　平均排队时间项目表

项　目	内　容
定义	指呼叫者被 ACD 列入名单后等待客服代表回答的时间
数据记录与报告	ACD 能按照适用或呼叫类型将所有到达中心的电话记录下来,将这一数字每日、每周和每月张贴公布给员工们看
规范和目标	这是一个具有行业特殊性的规范标准,目标范围在 30～90 秒之间。排队时间在建立整个服务水平的总目标上是个关键因素,如果排队时间为零就意味着让话务员等电话到来,这是不经济和缺乏效率的
监控措施	1. 可能在实行一些新的方法,需要业务员掌握;或者政策上有什么新的变化,需要业务员用更多的时间来熟悉和处理业务 2. 可能安排了太多的没有经验的话务员工作 3. 可能需要增加 IVR 来处理更多的日常呼叫 4. 可能要利用 CTI 将某些工作机械化 5. 排队时间可能是呼叫者不满意的主要原因 6. 在呼叫高峰时考虑增加临时话务员 7. 根据需要调整人员,使服务目标得以连续性的完成

九、平均交谈时间

表 13-9 为平均交谈时间项目表。

表 13-9　平均交谈时间项目表

项　目	内　容
定义	指呼叫者与客服代表联系后交谈的时间长度
数据记录与报告	这一数据也是由 ACD、客服代表、业务小组或呼叫中心收集和报告得出，要求现场管理者每周和每月评估一次。如果客服代表的业务活动是特意根据呼叫类型分组进行的，则此一规范对于管理的用处更大。个人及小组的业务表现可能是一很有力的反馈数据，但重要的是要用呼叫者满意程度测试计划所产生的反馈数据对它加以平衡。如果相对较长的谈话能够提高客户的满意度，那么增加点话费也值得。因此，有些客服代表就需要再培训沟通技巧，以便他/她们能用稍长些的谈话来获得客户较高的满意度
规范和目标	交谈时间的努力目标应以 270~360 秒为好
监控措施	1. 交谈时间的变化意味着话务员或者呼叫者行为的变化。这需要监管人员能够找出这一变化的原因，并协助定出一个解决办法 2. 呼叫电话回答后，询问呼叫者几个有关是否满意和有何期望的问题，平均交谈时间可以调整到一个令人满意的长度 3. 谈话时间可随业务员的技术能力、资料易于利用的程度以及系统涉及的不同而不同 4. 不同类型的呼叫会有不同长度的谈话时间，考虑到这一个特点也很重要 5. 为了降低成本，谈话时间越短越好；然而短的交谈时间可能导致有些呼叫者不满，他们认为你没有认真倾听他们的问题或过于匆忙了 6. 谈话时间还可能因为服务代表说话风格的不同而不同。这比较难以处理和改变

十、每小时呼叫次数

表 13-10 为每小时呼叫次数项目表。

表 13-10 每小时呼叫次数项目表

项目	内容
定义	指每个客服代表每小时接待呼叫的平均次数。它等于一个交接班中，客服代表接听的电话总数除以他/她接入电话系统后的总时数
数据记录与报告	此数据也可从 ACD 得到，我在运营管理中要求客服代表每天报告一次。并且要求班组成员长对自己的班组成员做好详细记录
规范和目标	每小时呼叫次数主要依靠呼叫中心的性质而定，在一个技术程度较高的呼叫中心，这一数字可能低到每小时只有 5 次，而在一个技术设施简单的呼叫中心，这个数字则可能每小时高达 100
监控措施	很久以来，每小时呼叫次数都是衡量话务员业绩表现的一个普遍适用的标准，具有较高的小时接待数的话务员从来都是受人欢迎的，因为他们代表了较高的生产力，但随着客户服务中心的发展，这个衡量标准越来越受到人们的怀疑，它开始变得问题重重，主要原因是片面强调小时数可能导致服务品质的降低

十一、监听分值

表 13-11 为监听分值项目表。

表 13-11 监听分值项目表

项目	内容
定义	指由质检专员对客服代表的回话质量所做的等级评价
数据记录与报告	监听分值并没有一个普遍适用的评价标准，尽管人们一般用百分制来评价。为了符合政策上的规定和作为呼叫中心标准适用的反映指标，业务员每个月可以被监听 4~5 次
规范和目标	没有普遍适用的目标
监控措施	1. 这种评价方式应该持之以恒 2. 话务员应该完整地了解评分方法 3. 如果可能，监听电话应该记录下来，以便将所评的分数与话务员实际表现比较时可以参考

十二、占线率

表 13-12 为占线率项目表。

表 13-12　占线率项目表

项　　目	内　　容
定义	(通话时间+持线时间)/(通话时间+持线时间+闲置时间)×100%
数据记录与报告	此项数据可来自 ACD，报表计算应按班组和话务员加以平均
规范和目标	此规范一般标准最好是 90%或更大
监控措施	1. 改进业务培训 2. 改进业务监管

十三、呼叫放弃率

表 13-13 为呼叫放弃率项目表。

表 13-13　呼叫放弃率项目表

项　　目	内　　容
定义	一个放弃电话是指已经被接通到呼叫中心，但又被呼叫者在客服代表、呼出电话员和信息通知部接听之前自动挂断了的电话。放弃率是指放弃电话数与全部接通电话数的比率
数据记录与报告	ACD 也能为呼叫中心提供此数据，报告应该每日、每周和每月都作。必须确定"短时放弃"的时间长度到底是多少，并保证将这一数据在报表中清除掉。"短时放弃"按通常标准是 20 秒或者更少
规范和目标	建议在 3%～5%之间。放弃率几乎完全依赖于呼叫者，并可能因下列一个或所有的因素而变化： 1. 呼叫者放弃的动机与紧急程度有关 2. 其他呼叫中心可以提供同样的服务 3. 基于人口统计基础的呼叫者的期望值可反映出这之中的情况 4. 呼叫者没有时间等待 5. 电话费的原因

(续表)

项 目	内 容
监控措施	1. 平均等待的时间可能过长 2. 预测的准确度可能过低 3. 因为工作内容的变化或客户不满意问题的增多，持线的时间可能变长 4. 排队等候的时间难以忍受 5. 考虑用超量人员服务对付超量呼叫 6. 1天多次将放弃率张贴出来，让话务员们清楚整个情况，还可以加上一些解释说明可以遇见会有的上升或下降 7. 因为客户电话可能打得过长(即平均通话时间上升)，话务员人手不够，造成线路堵塞 8. 一段时间内，看到呼叫类型的变化，可以预见呼叫量的变化 9. 放弃率过高表明排队的时间过长。ACD有报告显示客户放弃前的等待时间，如果在1~5秒内挂机的顾客很多，那就是电话误拨的问题，而非排队问题 10. 呼叫者放弃呼叫意味着话务员人数可能不能匹敌呼叫量 11. 仔细比较电话的长度、排队平均耽搁的时间、计划实际工作率等几个因素，可以帮助你确定是否需要安置新的人手 12. 放弃呼叫与等待(或排队)时间是紧密相连的，客户的耐心依他们对服务的需要程度和替换物易于得到的程度而变化

十四、出勤率

表13-14为出勤率项目表。

表13-14　出勤率项目表

项 目	内 容
定义	指一个班组实际工作的人数除以计划工作的人数乘100%
数据记录与报告	得到这一数据的常用方法是取HR门禁记录
规范和目标	常见目标是95%
监控措施	1. 检查缺工原因 2. 与缺工员工谈话，了解所存在的个人问题

十五、忙音率

表 13-15 为忙音率项目表。

表 13-15　忙音率项目表

项　　目	内　　容
定义	指受到忙音信号阻滞，连 ACD 都没有到达的呼叫电话的百分数
数据记录与报告	此数据可从 ACD 或电话经营商处获得，应该每小时检查一次，看看受阻高峰出现在哪里
规范和目标	建议努力将目标范围控制在 1%～3%之间。最理想的状况是没有受阻电话，因为这意味着既失去了一桩生意，又增加了一个客户的抱怨，而这两者对公司都是没有好处的，不论是从近期收入来讲，还是从较远的客户满意程度上来说
监控措施	1. 选择之一是将超量电话分流到另一服务机构 2. 如采取了这一办法后放弃率依然很高，则可能分流的公司人手不足，需要再增加人手 3. 增加无论是全时或是半时的话务员 4. 如果排队、谈话、持线等时间都上涨了，则应该让员工们再进行培训 5. 受阻电话需要呼叫者重新拨号，如果受阻率高，相应的重新拨号率也高 6. 大多数电话服务商(如 AT&T)都有实时报告装置，在一定时间(30 天)内使用自动数字认证去分辨按时和按天显示的重复拨号电话的数量，这一信息可以帮助预测话务员的有效利用率 7. 忙音会带来零售业公司产品的退回

十六、一次性问题的解决率

表 13-16 为一次性问题解决率项目表。

表 13-16　一次性问题解决率项目表

项　目	内　容
定义	指不需要呼叫者再呼、也不需要客服代表回呼就将问题解决了的电话的百分数
数据记录与报告	ACD 可用编码的形式在呼后处理的过程中产生出这一信息，客服代表和呼叫中心都应该每日报告一次
规范和目标	建议范围在 85%～100%之间
监控措施	1. 此规范数字的下降需要及时处理，解决方案要考虑回呼的成本和因回呼而产生的呼叫者不满意的可能程度 2. 对客户要求回呼的请求，应授予话务员做出是否回呼的决定的权利 3. 如没有或较少阻滞，放弃率也很低，则对于呼叫者频频再打回呼叫中心的现象，有关重拨的资料会帮你找出那些不被人注意的方面，并通过调查确定客户为什么会这样做的原因 4. 培训是有用的，要调查落实话务员接近资料的可能性 5. 邀请话务员一起解决问题

十七、队列放置率

表 13-17 为队列放置率项目表。

表 13-17　队列放置率项目表

项　目	内　容
定义	列入排队名单的电话数量/呼叫中心所接到的所有电话的数量×100%
数据记录与报告	此数据由 ACD 收集，呼叫中心管理者应每周计算和检查一次
规范和目标	建议范围在 10%～20%
监控措施	1. 要检查增加的业务员是全时的、半时的，还是超呼叫量时才用到的 2. 此规范数值的上升可能引起电话成本的增加，所以要调查之所以如此的根本原因，显得重要

十八、转接呼叫率

表 13-18 为转接呼叫率项目表。

表 13-18 转接呼叫率项目表

项 目	内 容
定义	由客服代表转给其他人员接听的电话的百分比
数据记录与报告	可由 ACD 和客服代表报告这一数据,应每天、每周和每月都进行报告,并附带上客服代表的反馈信息,这些反馈信息至少一月,最好一周汇报一次,要确定究竟是什么原因造成了转接
规范和目标	此规范的平均标准是 3%,建议每 100 个电话只有一个被转接,而且转给专家座席
监控措施	1. 如果话务员技术上有差别,则应该使用以技术为基础的软件,使话务员有能力回答呼叫者的问题 2. 如果呼叫者一定要转电话,倒不如通过自动转接装置将呼叫者的录音转过去,这样可节省时间和费用 3. 不通知客户就转接常常意味着呼叫者需要重新向话务员解释,这种重复会对呼叫者的满意度产生消极影响 4. 从一开始就确定是进行盲目转接还是告知后转接,而且不要试图脱离这个原则 5. 转接的电话太多意味着问题,或令客户混淆 6. 电话转接过多将耗费成本 7. 监管人员提供减少转接次数的方案

十九、已复电话百分比

表 13-19 为已复电话百分比项目表。

表 13-19 已复电话百分比项目表

项 目	内 容
定义	回答过的电话数/所有接入的电话数×100%
数据记录与报告	用于计算这一规范的数据资料可由 ACD 提供,建议每日报告一次
规范和目标	此一规范最常见的百分比是 98%

(续表)

项目	内容
监控措施	1. 这是话务员业绩的一个首要标志，虽然本身不具有行动性，但能表明系统中所存在的问题 2. 可反映出所有其他规范的发展趋势和问题，并为找到相应的解决办法提供方便 3. 接入中心的电话流中可能有短暂的高峰期 4. 开线要求可能太低 5. 对电话量的估计不够 6. 业务不熟练的话务员可能上岗的太多 7. 加开的分流渠道可能没有必要 8. 考虑让有 CTI 处理器的 IVR 分担常规电话 9. 考虑增添临时话务员应付超量电话流 10. 可能在预测时不正确地运用了历史记录 11. 可能在新的促销活动中时计划工作做得不好 12. 可能是季节性波动的缘故 13. 可能业务员没有严格遵守有关规定

二十、服务水平

表 13-20 为服务水平项目表。

表 13-20 服务水平项目表

项目	内容
定义	回答时间少于×秒钟的电话数除以所接入的电话总数乘以 100%
数据记录与报告	这一数据可以从 ACD 得到。服务水平应该建立在不断监听的基础上，因为这一规范预示着所存在的主要问题
规范和目标	80%的电话都在 20 秒钟之前作出回答
监控措施	1. 如果服务水平的值高于标准目标，则意味着电话量比原计划的要少，或电话的长度比计划中的要短，也可能是上岗的业务员太多，请将他们做些合理的调整 2. 如果服务水平低于目标，那么就存在的问题找其他原因 3. 问题产生的可能领域 4. 电话呼叫量预测不准确

(续表)

项　目	内　容
监控措施	5. 话务员实际工作效率太低 6. 监管人员对工作的先后顺序安排得不好 7. 对过去的资料以及其他有用的数据、指标参阅不够 8. 午餐开始或结束的时间不当，需要重新确定

二十一、总呼叫数

表 13-21 为总呼叫数项目表。

表 13-21　总呼叫数项目表

项　目	内　容
定义	指所有打入中心的电话，包括受到阻塞的、中途放弃的和已经答复的电话
数据记录与报告	这一规范数据来源，应该每小时、每天、每周、每月都进行检查。为了更好地组织安排工作人员，需要对打入的电话进行跟踪，并将它们按类型细致地划分一下。越早地预见到呼叫类型的变化，越便于管理人员作出及时有效的调整与安排
规范和目标	这个规范主要用来确定其他规范，并对未来电话作出计划、预测、以便合理地安排话务员
监控措施	1. 寻找偏差的最好办法是画线性图，分门别类地表现电话各方面的情况，总电话数、回答的电话数、放弃的电话数、阻塞的电话数，对每一小时、每一天以及每一月的变化都可用此图来反映 2. 分析电话类型的有关资料，确定呼叫者是否使用了多种方式来获得解答，如果是这样，显然会增加电话的总量 3. 如果打入的电话总数与过去相比或与你所期望的相比变化很大，那么有必要找到原因；但仅仅查看 ACD 的数据是找不到原因的，答案有可能在呼叫中心运作的系统之外 4. 打入的电话总数必须与忙音资料联系起来看，如果线路传输不畅，则电话量也会受到限制

二十二、话务员流动率

表 13-22 为话务员流动率项目表。

表 13-22 话务员流动率项目表

项 目	内 容
定义	指一月、一季或一年中离开中心的客服代表人数在全时工作总人数中的比例
数据记录与报告	此数据则由人力资源专员提供,应该每月和每季度都进行查验、统计
规范和目标	目标定在 15%～30%
监控措施	1. 让呼叫中心之外的人事部工作人员与辞职话务员做一次辞职谈话,这样将得到有价值的信息资料,这些资料会帮助管理人员采取改正措施,这样在新的更好的话务员到来之前就有了一个更好的工作环境 2. 我们发现报酬是话务员辞职的理由中最少被提及的原因之一,而更多提及的是管理人员、工作环境和工作压力等方面的问题 3. "辞职增加的原因是什么?"找到这一问题的答案,永远是呼叫中心管理者不可忽视的责任 4. 一个呼叫中心用于招聘、选择、培训和储备一个新话务员的费用很高,所以话务员辞职占呼叫中心经费中最主要的一项 5. 有些辞职十分有益!辞职率太低意味着话务员没有责任感或没有不断提高自己的挑战精神

第二节　呼出指标

一、接通率

$$呼出接通率 = 接通总量 \div 号码总量$$

呼出接通率反映目标客户数据有效性;对于呼出接通率较低的情况应从如下几方面着手考虑。

- 外呼时间的合理安排,例如家庭电话接通率在 19:00 后的接通率较高,是因为家庭成员大多在家。

- 主叫号码是否具有知名度和可信性,例如用陌生号码联系客人的接通率就不如 10086 等号码联系客人的成功率要低。

二、成功率

$$营销成功率 = 营销成功量 \div 号码总量$$

营销成功量是营销代表营销能力和产品可行性的参考指标,对于营销成功量较低的情况应从如下几方面考虑。
- 服务代表营销能力
- 产品设计是否得当

三、接通成功率

$$呼出营销成功率 = 营销成功号码量 \div 成功接通号码量$$

呼出成功量反映项目营销政策是否适合用户;反映服务代表营销能力;反映客户消费水平。对于呼出成功量较低的情况应从如下几方面考虑。
- 服务代表营销技巧
- 产品设计是否得当

四、接通成功并且销售成功率

$$有效成功率 = 营销成功号码量 \div 成功访问号码量$$

有效成功率是反映员工营销能力的最重要指标。对于有效成功率偏低应从如下几方面考虑。
- 员工营销技巧
- 产品定位与客户的实际需要

五、客户投诉率

$$投诉率 = 投诉客户量 \div 接通客户量$$

投诉率直接反映整个团队的服务能力和业务能力，对于投诉率偏高的情况应从如下几方面考虑。
- 员工对业务的熟悉程度
- 是否有制定针对当前项目的质量标准
- 服务质量监管力度是否足够
- 质检反馈流程是否顺畅
- 管理人员是否重视

思考题

1. 如何引导每个指标的实现？
2. 影响指标制定的因素有哪些？
3. 指标的标准确定时应考虑到哪些方面？
4. 不同定位的呼叫中心所采用的指标有何不同？
5. 指标与运营的关系是什么？

第十四章 成本和效益管理

企业之所以要建立一个客户服务中心，是希望通过客户服务中心来实现推动自身发展的多种目的。例如：帮助企业加快内外部信息沟通的速度，增强客户的一致性体验，提高客户的满意度和忠诚度，整合企业资源，开发潜在客户，实现企业对客户的直接销售等。但无论企业出于何种目的，客户服务中心都是一个需要有资金投入而且有一定产出的部门。任何企业的核心目标都是为了赢利，因此，客户服务中心作为企业的部门之一，成本和效益的管理也就十分重要。对于那些专业提供外包服务的客户服务中心来说，成本和效益管理的重要性更是不言而喻。

客户服务中心成本管理和效益管理，两者密不可分。效益包含一个很重要的概念是收益，而成本和收益是一个此消彼长的关系。成本管理的核心在于如何合理地使用资金、人力和技术等资源以及如何合理控制经营所带来的成本。效益管理的核心在于如何在成本管理的同时利用有效的方式获取更多的赢利，并科学地计算效益。

第一节 成本模型

成本中心与利润中心的概念

绝大部分的客户服务中心都可以根据其成本与收入的核算方法归结为两类，成本中心(cost center)和利润中心(profit center)。

成本中心

成本中心(cost center)是其责任者只对其成本负责的单位,大多是只负责产品生产的生产部门、劳务提供部门或给以一定费用指标的企业管理部门。成本中心有两种:即基本成本中心和复合成本中心。两者的主要区别是,前者没有下属成本中心,如生产车间的一个工段是一个成本中心,后者有若干个下属成本中心。基本成本中心对其可控成本向上一级责任中心负责。

成本中心通常不产生直接收入,它的职责是用一定的成本去完成规定的具体任务。目前绝大部分的客户服务中心就是成本中心,比如作为企业售后服务的客户服务中心,它的目的是为客户提供产品售后的技术支持、维修的电话支持。它不直接形成销售收入,企业也不考核其收入,而是着重考核它的服务成本和发生的费用。通常,企业通常使用费用预算来评价成本中心的成本控制业绩。

判别成本费用支出责任归属的原则如下。

① 假如客户服务中心通过自己的行动能有效的影响一项成本的数额,那么该中心就要对这项成本负责。例如800电话的使用费用,话费可以由客户服务中心进行一定控制。

② 假如某客户服务中心有权决定是否使用某种资产或劳务,它就应对这些资产或劳务的成本负责。比如对公司公用办公设备的使用,如客户服务中心有权决定它是否要使用公司某公用会议室,如果使用,就要对这个会议室的成本负一定的责任。

③ 客户服务中心管理人员虽然不直接决定某项成本,但是上级要求他参与有关事项,从而对该项成本的支出施加了重要影响,则该客户服务中心对该成本也要承担责任。例如该客户服务中心总经理参与公司客户服务战略的实施,那所在客户服务中心也要承担一定的成本。

利润中心

利润中心(profit center)是其责任人既能控制成本,又能控制收入的责任中心。一般是拥有产品生产经营决策权的部门或单位,利润中心是较高层次的责任中心。一个利润中心通常包含若干个不同层次的下属成本中心。要对其实现利润额向上一级责任中心负责。对利润额负责的实质是对收入和成本负责。

在利润中心,管理者没有责任和权力决定该中心资产的投资水平,因而利润就是其唯一的最佳业绩计量标准。管理者对利润中心具有几乎全部的经营决策权,并可根据利润指标对其作出评价。例如戴尔计算机公司，其电话直销部门对产品的销售有完全的控制，并在一定程度上能控制生产环节，公司也主要是根据其利润的多少来评价该电话直销部门的业绩。

一般来说利润中心有两种类型：一种是自然的利润中心，它直接向企业外部出售产品，在市场上进行购销业务。另一种是人为的利润中心，它主要在企业内部按照内部转移价格出售产品。上述戴尔的例子就属于后者，因为经过该电话直销部门出售的计算机产品部件采购是由采购部门负责的，它是在采购部门给它的内部转移价格的基础上定出整机的价格再进行销售的。

评价一个利润中心的业绩主要是看它创造利润的多少。它同时也要像成本中心一样承担一些分摊费用。分摊的原则和成本中心的分摊原则是基本一致的。

成本中心和利润中心看似仅仅是财务核算方法不同，但这两种不同的核算方法直接导致客户服务中心不同的定位，进而导致在财务决策、财务预算、为客户提供的服务方式、员工激励等诸多方面都存在着很大差异(如表14-1)。

表14-1 成本中心与利润中心比较

	项　　目	成　本　中　心	利　润　中　心
不同点	有无利润控制	无	有
	最终衡量标准	预算	利润
	短期目标	降低开支	增加销售
	预算基础	任务量	销售量
	员工激励	激励力度小	激励力度大
	客户服务方式	以服务为主	以营销为主
相同点	分摊成本	大部分有	有
	成本控制	有	有

客户服务中心的成本分析

客户服务中心无论是成本中心还是利润中心，无论它要进行成本管理还是效益管理，首先都要了解客户服务中心的成本构成和收入构成。通常来说，客户服务中心的成本除了一般意义上的人力成本、管理成本外，还包括客户服务中心系统建设成本(电信系统、网络系统、计算机软硬件成本)、系统维护成本、电信线路租用成本等。

总体而言，客户服务中心成本的前三位通常为人工、通信、电脑软硬件。根据John Anton 的"Call Center Management by the Numbers"一书所列的数据，这三项成本的比率平均为 66%，14%及 8%。人工成本比率最大的行业为公共事业，占 85%，最低的为电脑行业，为 60%(如表 14-2)。

表 14-2 客户服务中心成本构成

项　　目	人 力 资 源	电信和网络	计算机软硬件
总体	66.0%	13.9%	7.8%
银行业	60.3%	18.0%	8.4%
计算机业	60.1%	23.0%	10.4%
医疗卫生	74.9%	12.5%	5.8%
保险业	67.7%	12.3%	4.9%
制造业	67.7%	10.8%	9.3%
电信业	61.8%	10.3%	10.2%
运输业	68.9%	12.9%	5.6%
公共事业	84.5%	6.4%	3.7%
其它	63.9%	14.6%	7.8%

资料来源：John Anton(美)，Call Center Management by Numbers。

表 14-2 的统计数据来源主要是美国客户服务中心，国内客户服务中心的统计结果会有些不同。特别是在人力成本上，不仅在行业的排序上会有些不同，而且在占整个成本的比重也会不同。比如计算机行业，在国内计算机行业的人力成本相对较高，因此在整个成本的比重上相对于其他行业不会是最低的。同时，国内的人力成本在整个成本比重上相对要比美国低，这是因为国内劳动力价格相对较低，客户服务中心的从业人员尤其如此。虽然如此，由于国内不少企业不采用 800 号码，从而不承担全部通信费用，且其他成本要素的相对价格也比美国要低。但在国内，人力成本在整个成本中的比重还是最大的，通常在 50%～60%之间。

一般来说，客户服务中心的成本中最大的三项，即上述的人工、通信、电脑软硬件，整个占所有成本的80%以上。因此，任何客户服务中心做成本和效益管理时，这三方面一定是要最优先考虑的。做成本和效益的管理，需遵循一个普遍的原则，即"开源节流"。所谓"开源"，即是如何通过业务创新、服务增值、转变服务模式来创造更多的收入和利润。所谓"截流"，即是如何通过有效合理的方法来控制支出、减少支出来降低成本。无论是"成本中心"还是"利润中心"，控制和降低成本都是客户服务中心成本和效益管理的核心。

第二节　成本控制方法

随着市场竞争的日益激烈，信息及技术更新越来越快，第三方的技术或产品提供商越来越多，越来越专业，导致企业在产品和技术上的差异程度越来越小。例如国内的手机行业，不同的公司不同的品牌可能用的是同一种技术，甚至是同一个OEM厂商生产的产品。在这种情况下，企业用得最多也是最有效地获取市场份额的武器就是降低价格。价格策略的背后需要有良好的成本结构。因此，各企业在市场压力下纷纷采取控制成本、缩减成本的措施。绝大多数客户服务中心作为企业的一个成本中心，必然也应该控制成本、缩减成本。

一、成本控制的三种类型

成本控制是一项系统工程，而不仅仅是一项措施、一个规定。成本控制的结果是服务于整个企业的，与客户服务中心在企业的定位是一致的。无论什么样的成本控制措施，我们都可以分为三种类型(见图14-1)。

第一是短期成本控制，通常只是运营和部分流程的改变。这种成本控制措施能在短期内见到效果。第二类是中期成本控制，它涉及系统和流程的改变。第三类是长期成本控制，这一类涉及整个战略的重新定位，它不仅仅是客户服务中心内部的事情，还涉及企业内其他相关的部门。换言之，它可能是企业对客户服务中心定位的再思考，即方向性的调整。

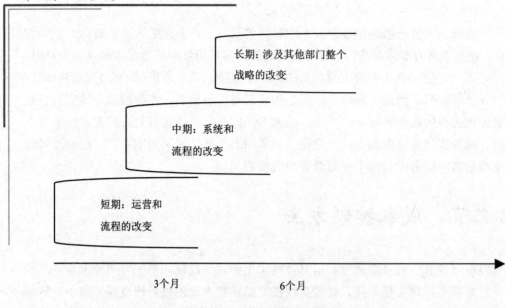

图 14-1 成本控制三种类型

通常，企业在规划客户服务中心重新定位或战略性调整的问题上会非常谨慎，因为客户服务中心的定位经常与整个企业的战略调整密切相关。比如说，有的企业为了使销售渠道更加有效，销售成本更低，把销售模式从传统的一级一级的代理分销型转化为通过客户服务中心或直销人员为主的直销型销售模式。这是整个企业的战略性调整，其客户服务中心的定位也由单纯为客户提供信息咨询或技术咨询为主的"成本中心"调整转化为电话直销型的"利润中心"。这种转变涉及的层面是很广的，就不仅仅是运营措施、系统或某些流程的调整了。

对于中期的成本控制来说，客户服务中心也会十分谨慎。中期的成本控制可能涉及系统的调整和人力的调整，就更不用说由此而带来的流程改变。系统的调整不是把某些不经常用的系统卖掉那么简单，而是有可能需要增加新的系统。这不是增加支出，与成本控制的目标背道而驰吗？当然也不是。成本控制从来不等同于不花钱，而是可能通过花小钱避免大的开销。比如采用新的技术降低人工支出。如前文所述，人工支出通常在客户服务中心里占有最大的比例。特别在一些跨国公司，人力成本的控制是一个非常重要的问题。在这样的公司中，无论是人力的直接成本还是间接成本往往都非常高，多一名雇员就会多一份分摊费用，因此人力资源外包往往是一种较好的选择。

短期的成本控制是最容易采用的，而且无论长期还是中期的成本控制都必然会涉及短期的成本控制措施。

二、控制成本的步骤

控制成本，首先必须有一个科学而详细的计划，而且这个计划是基于科学分析的基础上制定出来的。通常，成本控制可以分解为三个步骤。

第一步：找出缩减成本的可能措施

客户服务中心最主要的业务就是和客户打交道。因此，基本上所有控制成本的措施都直接或间接与客户有关，成本控制最终的结果也体现在和客户打交道上。从这个意义上，成本控制主要表现在三个方面：

(1) 减少电话处理时间(包括平均通话时间和事后处理时间等)

(2) 减少与电话服务相关的其他资源的成本(人力、系统等其他资源都可以分摊在每通电话上，我们常用每通电话的成本来计算)

(3) 减少服务客户数(包括通过各种方式进入客户服务中心的客户数)

这三个方面是客户服务中心减少运营成本的基本出发点，做成本控制措施分析时一定要从这三方面出发。当然，只知道这三个方面还不行，还应进一步做具体分析。做具体的成本控制措施分析时，有时候要用到一些必要的工具，比如鱼骨图之类的。一步一步细分，尽可能地把每一个可能的措施都找出来。图14-2就是一个可能措施分析的例子。

这些可能的措施都找出来之后，还要来分析哪些是可行的，哪些是不可行的。一般可以这么来做：成立一个小组来做可能性分析。这个小组的组员可以是一线的服务代表、组长或其他功能的管理人员，这些人员必须具备开放的和有创造力的思考问题的能力。通过这个小组的工作，最终形成一个可以采取措施的列表。

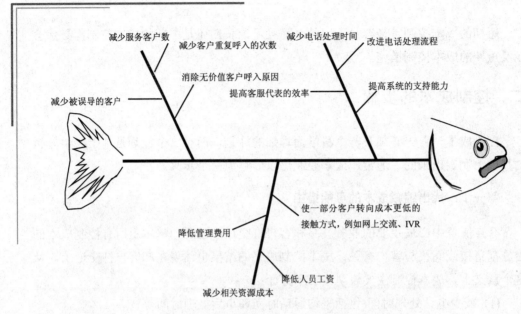

图 14-2 减少运营成本的可能措施鱼骨图分析

第二步：把这些措施排序，并分出哪些是重点和马上着手做的

第一步做完后，把第一步形成的列表再来筛选出可以采取的措施，并列出最终的行动计划。这个行动计划必须按照以下几点来分析：

(1) 责任人(由谁负责，实行的过程中要涉及哪些人？)

(2) 削减支出最终造成的影响(最终会节省多少钱？)

(3) 在什么时候开始实行、实行多长时间(是属于长期成本控制计划还是中期、短期？)

(4) 实现的复杂程度(要考虑到人、系统和流程的因素)

(5) 实现的成本(需不需要新的投资或再投资？)

(6) 对客户服务质量的影响(对客户的影响有多大？在客户对服务的期望值方面会有多少影响)

(7) 对服务代表的影响(士气？)

(8) 其他还有什么潜在的影响？

第三步：按计划实施

有了计划，就按照这个计划实施。在实施计划之初，一定要注意和整个部门进行沟通，让大家明白这个计划给客户服务中心带来的好处，让大家觉得这是正面的，是能够取得成效的。

这三步法是客户服务中心做成本管理的一般步骤，任何客户服务中心大体都可以遵照这种方法去做。

第三节　效益提升方法

知道成本在哪里及如何控制成本的同时更应知道回报在哪里，有多大。客户服务中心的效益管理指的是如何计算客户服务的回报以及如何通过多种方式增加客户服务的回报。很多企业都在谈论如何把客户服务中心从"成本中心"转变为"利润中心"，其实，客户服务中心未必都一定要成为"利润中心"。因为大多数的客户服务中心还是以客户咨询服务与技术支持为主，关键不在于它们赚了多少钱，而是通过科学合理的计算来评估它的效益。

纵观目前的客户服务中心，大致可以分为两类：服务为主型和营销为主型。服务型的客户服务中心主要从事客户服务和技术支持职能，而营销型主要是电话销售、电话覆盖与电话销售机会管理。我们可以用不同方式来做不同类型的客户服务中心的成本－效益分析，如图14-3。

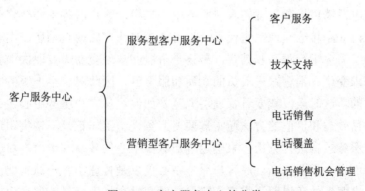

图14-3　客户服务中心的分类

一、营销型客户服务中心的成本-效益分析

1. 电话销售型的成本-效益分析

对于三种类型的营销型客户服务中心：电话销售、电话覆盖与电话销售机会管理中，电话销售的成本-效益分析是最容易的，获得了多少的客户订单、销售出多少产品，带来了多少的利润就是收益。成本的计算如前所述，也相对容易计算，成本和收益一比较就可以看出客户服务中心的效益。

2. 电话覆盖型的成本-效益分析

对于电话覆盖型的客户服务中心来说，相对较难些。所谓电话覆盖通常是指用电话协助或支持其他销售团队，比如支持外部直接销售人员，这样的客户服务中心的服务代表有时也被称为"内部销售代表(inside sales)"。很多销售型客户服务中心都具有类似的团队。因为是协助，客户服务中心价值评估的随意性很大，被低估的可能性更大。因此，对于从事电话覆盖的客户服务中心来说，计算它的效益没有一个通行的做法，但可以通过对业绩做一些明确的划分或按照一定的方式来计算整体的效益。通常为了更好地管理和完成销售，在一些电话覆盖型客户服务中心，内部和外部销售代表可能共同承担一样的销售任务，销售业绩按照一定的比例进行分摊或按照一定的方式来计算。

3. 电话销售机会管理型的成本-效益分析

对实施电话销售机会管理的客户服务中心来说，客户服务中心会将潜在客户购买需求(sales leads)转给当地销售代表，也可能指向代理店或直销店，由其他人员对这些潜在购买需求进行跟踪和销售，最终是否能够实现交易需要取决很多因素，例如客户的需求变化、销售跟进人员的素质和服务等。因此对于客户服务中心的效益量化是最难的。这时候，就要看管理层究竟是如何定义客户服务中心在销售活动中的贡献。评估效益和价值的方法通常需要对服务人员工作记录、销售跟进人员的反馈信息结合服务录音进行分析，来确定客户服务中心的效益和价值。对于最终实现交易的信息而言，需要判断到底客户服务中心仅仅是传递了客户原本就决定的购买意向，还是靠服务技巧说服了客户掏腰包。对于没有实现交易的信息而言，是客户服务中心错误的传递或理解了客户的购买信息，还是原本真实的客户购买需求因为

现场销售时的某些因素而发生了变化。

二、服务型客户服务中心的成本－效益分析

1. 技术支持型的成本－效益分析

在服务支持型客户服务中心中，主要包括客户服务与技术支持两大类。而技术支持的效益衡量比较直观，在通常情况下，企业制定产品价格时已经考虑了技术支持的成本，也就是说客户通常都是花钱买支持，只要已经获得了产品的销售收入，那衡量技术支持产生的效益方式与电话销售的原则是一样的。

2. 客户服务型的成本－效益分析

最不容易计算成本－效益的是不直接带来收入的客户服务和内部支持型客户服务中心。因为服务的价值通常很难直接计算出来。很多企业错误地把客户服务中心当成一个"花钱的机器"，或者一厢情愿地想把它从"成本中心"向"利润中心"转化，这是不切实际的。

众所周知，客户服务的目的最终在于增加客户满意度，保留、维系和发展客户。一个好的客户服务中心能提高客户对企业的忠诚度，使客户愿意重复购买企业的某种或多种产品，甚至推荐亲朋好友都来购买企业的产品。这里涉及一个客户对企业的终生价值(CLV，Customer Lifetime Value)的概念，终生价值简言之，就是某个客户在一生中对该企业的价值贡献有多少。例如一个客户单次购买产品花费了 3000 元，但是每年会有四次交易，一共与企业往来了十年，它的终身价值便是 $3000\times4\times10=120\,000$(万元)。

客户终生价值不仅是指企业从客户身上获得的一个月或一年期间的收入，而是意味着客户在以后对公司保持忠诚那一时期内产生价值的总和。例如对福特汽车而言，当客户从选购一辆汽车开始，他们便计算出客户将会带来至少三十万元美金的价值，因此福特在交货之后不但提供了卓越的售后服务，还为客户提供终身服务，培养终身客户，进一步创造客户终身价值。

美国 John Anton 的 "Call Center Management by the Numbers" 一书中提出的 "投资回报率(ROI)模型计算方法" 为客户服务型的成本—效益分析提供了帮助。

客户服务中心月投资回报率(ROI)计算方法如下：
(1) 计算客户终身价值(CLV)

其中：$CLV = \dfrac{R \times \left\{1 - \left[1/(1+i)^n\right]\right\}}{i}$

"R"指每年从忠诚客户处获得的收入，即每月从忠诚客户处获得的平均收入×12；

"i"表示贴现率，或者是把未来支付转化为当前值的利率；

"n"表示客户对公司忠诚的年数，这个值可以假定为：由销售部门和财务部门提供的平均客户终生价值的经验值，利用以上公式计算出客户平均对公司忠诚的年数。

(2) 分别计算出当月满意客户数量和不满意客户数量

这个数值可以通过对客户进行服务满意度调查的方法得到。

① 计算客户服务中心因为提供优质服务而为企业带来的收入的总值

首先需要得到忠诚客户数量，可以设定客户满意指数高于 85 的客户为忠诚客户，用第(1)步中计算出的客户终生价值乘以忠诚客户数量即得出收入总值。如果企业拥有多种类型的客户群，则分别计算出每种客户群的收入，然后求和得出全部收入的总值。

② 计算客户服务中心因为提供劣质服务而为企业带来的损失的总值

可以设定客户满意指数低于 50 的客户为不忠诚客户，用以上方法得出不忠诚客户给企业造成的全部损失的总值。

③ 计算客户服务中心当月的净收入

忠诚客户收入总值扣除不忠诚客户给企业造成的损失总值后，即得到净收入。

④ 计算投资回报率

3. 内部支持型的成本－效益分析

$ROI = \dfrac{(当月净收入 - 当月投入的净成本) \times 100\%}{当月投入的净成本}$

对于内部支持型客户服务中心来说，相对更复杂一些。因为它不是一个客户忠诚度或终身价值的问题，而是企业内部降低成本、提高工作效率的问题。比如可为企业内部提供 IT 服务支持的客户服务中心，可以帮助企业员工解决电脑故障，或提供电话信息支持,这些工作帮助企业提高了内部的工作效率,产生的成本可以根据服务消耗的时间得出,但由于服务对象的不同,问题难度的不同,评估实际效益是很困难的。但企业管理者不能忽视由此产生的效益,应该制订出一些相关的内部度量标准,间接的衡量内部服务产生的效益,以便激励客户服务中心对内部客户服务的热情。

总之,不管是什么情况,客户服务中心都应尽可能地通过一些方式来计算客户服务中心的成本和效益。这对于客户服务中心管理者来说,能帮助客户服务中心在企业争取一个更主动的地位,对于企业管理者来说,也能更明确客户服务中心在企业的整个经营活动中扮演的角色和价值。

当然,客户服务中心的效益管理不单纯是计算成本－效益,事实上,效益管理在很大程度上是一个管理思想和管理理念,即用收益的角度去考虑客户服务中心的运作。在计算成本－效益的同时,应该还要思考如何拓宽客户服务中心的应用,如何为企业从事更多的增值服务,最大限度地发挥客户服务中心的作用。现在,很多人都提出了客户服务中心应整合服务和营销向"客户互动中心"的方向发展。这的确是客户服务中心发展的必然趋势。越来越多的企业,特别是大型企业会将更多的业务功能与应用,通过与客户服务中心的整合来实现。通过呼叫通路实现营销、销售、服务、内部支持和渠道管理等多种功能的有机整合。客户服务中心作为企业与客户的重要接触点将承担起企业营销策略的核心任务:电话销售、客户维系、营销渠道管理、网络营销管理等。通过资源的整合,为企业节省成本,创造更多的收益。

企业可以通过客户服务中心重新整合销售渠道,优化销售模式,扬长避短,建立了一个全面的客户服务模式。企业通过客户服务中心来进行售前产品咨询、电话销售、市场推广、媒体监测、外部销售代表的后援支持、经销商的管理、公司长期客户的管理、物流信息管理、售后服务等。

(1) 售前产品咨询:回答用户对产品、市场活动的各种问题,主要是对用户的信息服务,对有购买意向的客户做销售线索的传递,传递给电话销售人员或经销商。

(2) 电话销售:主要是对需要直接购买的客户通过电话直接进行交易。

(3) 市场推广:包括直邮的跟踪、产品或活动宣传、客户购买意向调查等。

(4) 媒体监测:对平面广告与电子媒体广告效果的测量,比如利用对不同媒体广告带来电话量的分析等。

(5) 外部销售代表的后援支持:帮助外部销售代表安排约会、制作合同与报价等。

(6) 经销商的管理：特别是对渠道销售代表无力顾及的大量小经销商的管理。这些管理包括市场活动的通知、进销存状况的跟踪、新经销商的招募等。

(7) 公司长期客户的管理：有些公司的长期客户，他们往往会享受特别的价格与服务，但他们通常也是最稳定的，他们可以只通过电话就来购买。

(8) 物流信息管理：产品运输状态的查询与到货后与客户的确认等。

这种整合的渠道管理将是客户服务中心发展的必然趋势。只有把客户服务中心与企业销售活动、市场营销活动、客户关系管理、渠道管理等结合起来，才能使客户服务中心为企业创造更大的收益。

这里，还涉及一个收益目标分解的问题。一个整体的收益目标只有层层分解，才更容易实现。

下面以一个客户服务中心特别是销售型客户服务中心举例说明分散利润目标的方法。

一般来说，公司财年开始会制订一个对客户中心的赢得目标，包括其成本及销售额计划。所以，这个客户服务中心就需要从两方面去控制，一是完成甚至超越销售任务，二是控制成本。这两个目标的实现是交织在一起、不分时间先后的过程。那究竟如何用分散利润目标的方法去实现整体的赢利目标呢？简言之，即是在时间上分散，在空间上分散。

在时间上分散是一种动态的管理，把目标按时间分段管理。比如，把全年的目标分季度，再把季度目标分月份，再把月度目标分周，再把周目标分工作日，甚至把每天的目标分上下午。这里以一家跨国公司为例，这家公司的业务主要是通过客户服务中心向客户提供电脑硬件。它的客户服务中心是一个独立的利润中心，每财政年度同时有电话销售的销售额目标和赢利的目标。该客户服务中心通常把整年的销售目标及赢利目标分成四个季度，每季销售额任务根据市场变化而不同，但保持一定的增长趋势。每季利润率的指标也不同，可以根据实际变化作实时调整。利润率指标是根据公司市场发展战略而定，但并不是利润率越高越好。每个季度开始之前也会分月份定出月度指标，同样月度指标也作动态调整。季度指标同时也分成周指标(每季十三周，13 周×4 季度＝52 周/年，这种分类方法不以现实的日历分，而是按公司自己的财政日历)。这样可以做到以周为单位对销售业绩及利润额进行管理，对销售人员也以星期为单位进行衡量。管理最高层只需关心季度目标，管理高层对月度目标，管理中层对以周为单位的目标，一线管理层(supervisor)对五个工作日的管理，而电话销售人员只需把控自己每天的行为。目标明确，简单有效。

从空间上分散是把销售业绩和利润额跟个人利益结合起来。每个与业务直接相关的人员的收入都直接和自己实现的销售业绩和利润挂钩。每个人都能很容易地计算出自己在什么时候可以拿到多少的收入，不论是高层、中层还是第一线的电话销售人员。每个一线的电话销售人员每卖出一台电脑，它在系统里很清楚地知道这台电脑的销售额(即售价)和利润，也立即可以很容易地推算出自己从这台电脑中为公司赚了多少钱，为自己赚了多少钱。中层管理人员也立即可以从自己团队的业绩作类似的推算，高层同样如此。这样一来，整体的赢利状况一目了然，而且同时每个人也有了工作积极性，员工激励从一种被动的激励型转变为主动的激励型，公司与员工双赢。但这种模式需要一个强有力的系统的支持，公司ERP/CRM/SFA的实施与否就显得尤其重要。

思考题

1. 服务型和销售型呼叫中心在成本控制方面有哪些相同点和不同点？
2. 在企业运营中，"开源"与"节流"的关系是什么？
3. 你的团队在成本控制中还有哪些好的办法？
4. 在效益分析工作中，哪些因素是必须要考虑的？
5. 在影响效益的诸多要素中，哪些是可控的？

第四篇 技 能 篇

呼叫中心的管理技能，对目标达成虽不起直接作用，但这种间接作用的威力却非常大。这些技能通过对呼叫中心的运营点起到监督、检测、支撑等作用，对呼叫中心的团队表现起着至关重要的作用。

本篇通过培训、质量、团队建设、流程改进、压力管理、时间管理、执行力管理、沟通技巧等方面的介绍和阐述，力图对呼叫中心的管理起到支持作用，以保证呼叫中心的工作全面、协调发展。

第十五章

培 训 技 巧

　　每一个呼叫中心的从业人员都认识到：培训工作不仅可以帮助队员提升技能、表现进而提升整个团队的表现和运营能力，更重要的是，培训工作能给员工极大的激励，通过帮助员工补充不足或阶段提升，让员工始终保持高度的工作热情，也保证了团队的高度活力。

　　培训工作还是一种福利，帮助员工提升，不断给员工补给精神营养，让员工自身不断提升，这使得培训工作也成为保持员工忠诚度、工作满意度的一种手段。并且，学习型组织的建设可以使团队呈现上进、共同进步的氛围，这样，培训也成为团队建设的良好方法。

　　本章从培训的内容、原则、方法、评估等方面的介绍，全面呈现了呼叫中心培训工作的架构。

第一节　培训内容及分类

　　除了企业的一些基本情况，如愿景、价值观、文化及一些人事、行政方面的规章制度外，呼叫中心的员工培训大体上应该包括如下内容。

一、培训分类(按培训阶段划分)

1. 岗前培训

岗前培训主要涵盖专业知识、技能操作、辅助工具培训、基本软技巧培训。

2. 在岗培训

在岗培训主要涵盖业务提升培训、技能提升、素质提升培训、语言培训。

3. 转岗及岗位交叉培训

新岗位角色及职责培训、新岗位业务培训、新岗位技能培训。

4. 晋升培训

主要包括管理基础知识培训,管理工具培训、管理能力提升培训、素质提升培训。

二、培训分类(按培训内容分类)

按内容,培训可分为如下几类,如表 15-1 所示。

表 15-1 培训分类表

公 共 类	技 能 类	素质提升类	管 理 类	语 言 类
公司介绍 价值观培训 职业道德 客服中心介绍	知识: 行业知识 工作必备知识,包括技术,沟通技巧及行业常识 流程: 相应工作涉及的所有流程 工具: CRM 系统,电话系统,数据库系统,知识库等	电话处理技巧 投诉处理技巧 服务同理心 应变能力技巧 沟通技巧 谈判技巧 人际关系技巧 培训技巧 数据分析技巧	现场管理 辅导技巧 团队管理及激励 压力及情绪管理 高效执行力 绩效管理 质量管理 时间管理 非人力资源的人力资源管理课程 ……	英语 粤语 普通话提升 (语音、语调)

呼叫中心在招聘的时候都会要求员工具备一些基本的技能和素质要求，但是在员工招进来之后，却往往忽视了对这些基本技能和素质的继续培养和提升。应该有规律地重新评估员工在这些基本的技能和素质要求方面的表现，并根据检验结果把欠缺部分放入岗继续培训计划中。

同时，总结绩效表现优秀员工的综合素质特点以及这些特点是如何形成的。培训中可以引用这些实例。一些共性的东西可以用于流程改进并完善目前的培训计划。

第二节 培训应遵循的原则

我国职业培训与发达国家相比，无论是在硬体建设还是在软体发展上，都存在很大的差距。而其中最大的差距莫过于在培训的内容设置方面，我们过多地模仿国民教育体系，偏重于学历教育和知识灌输，而在突出技能培训和观念变革方面严重不足。特别是呼叫中心的职员培训，目前还没有一套成熟的模式可以借鉴，大家在摸索着前进。随着国内客户服务理念的逐步深入，越来越多的企业设立了呼叫中心作为与客户之间的门户，其重要性越来越得到认同，呼叫中心的成功建立、高效运营摆在了管理者们面前，培训成为提高运营效率、创造绩效、增强竞争力的必不可少的手段。呼叫中心职员培训可归为职业培训范畴，遵循基本的职业培训原则，如表15-2所示。

表15-2 培训遵循的原则表

项　　目	内　　容
实用性	培训以实用为主，目的让接受培训者能掌握和运用、发展和提高岗位专业能力，侧重于基本能力在实际中的运用
标准性	依据客服中心各业务技能部门的工作程序及标准进行培训，专业知识培训课程都必须有统一的教材和考核标准
全员性	培训的目的在于提高客服中心全体员工的综合素质与工作能力，所有人员都应充分认识培训工作的重要性，从前、中、后台员工到管理层都要积极参加培训、不断学习进步，并参加考核
计划性	培训工作要根据培训需求，制定有目的、有针对性的计划，并按计划严格执行
跟踪性	培训结束后要对培训内容进行考核，考核要有结果与奖惩，要及时定期检验及跟踪培训效果

第三节 培训的特点

员工培训体系

- 培训需求评估
- 培训课程设计及开发
- 培训效用评估
- 培训效果管理

成人学习的方式

- 他们是否想学或需要学
- 通过将学习的过程与过去,现在或将来的经验相结合
- 将学到的知识付诸实践
- 在有帮助和指导的条件下
- 在非正式且无胁迫的环境下

记忆的五个要素

- 起始:我们记住事件的开端或一系列事件中的第一件的可能性最大
- 复习:不复习的话,24小时后,记忆迅速减弱
- 出色:非同一般的事让我们总是记得特别牢
- 联系:靠记忆术或类比记住的事情记得更牢
- 结尾:我们记住的事情的结尾或一系列事件中最后一件的可能性更大

为了帮助受训者左右脑并用,我们必须理解信息是以视觉,听觉和感觉来存储的。有资料表示视觉和感觉信息记忆约是听觉信息记忆的两倍。

视觉:图片、景象、影像、图表、示意图、图形、图表、照片、绘画。

听觉:话语、音乐、声音、口音、对话。

感觉:情感、气味、味道、疼痛或舒适。

因此,我们希望能以彩色的视觉形象支持语言信息的表达,同时刺激受训者的感情及感觉。

在我们做课程开发的时候,建议在准备工作中考虑到:

- 实用的技能结合理论知识；
- 了解学员的背景，设计符合他们需要的课程；
- 使用多种不同的教学方式，如用故事、个案研究、比喻、PowerPoint、角色扮演、小组合作、个别练习和提问题等方式。

学习环境－座位安排

位置的安排可以影响到受训者的心理和参与度。这里介绍 6 种基本格局。我们可以根据实际情况和需求调整。

U 型

【优点】

- 严肃认真
- 培训师可以走进 U 字中间
- 一般来说，方便学员观看
- 标准化而无胁迫感

【缺点】

- 有些正式，需打破僵局
- 有些学员的视线会被视听设备挡住
- 前排学员看屏幕视线常需转 60~90 度导致脖颈痛
- 后排学员离屏幕与活动挂物远

V 型

【优点】

- 视线最佳且防止脖颈痛的最好排法
- 培训师与学员间最便于接触
- 不像 U 型那么正式且胁迫感更少
- 标准化而无胁迫感

【缺点】

- 需要空间大(要人数少才可以)

鱼骨型

【优点】
- 人多时这种安排空间利用率高
- 所有学员看屏幕及活动表等的角度都很适合
- 培训师可以沿着"鱼脊"走动

【缺点】
- 一些学员的视线会被别人挡住
- 使人联想起学校
- 容易形成有副作用的小团体
- 后排的人距屏幕和活动图表等太远
- 学员与培训师之间的沟通较差

咖啡馆式

【优点】
- 对团队构建阶段及讨论会最理想
- 非正式:鼓励学员最大程度地参与和认同
- 创意:鼓励思想的开放
- 培训师可绕学员走动

【缺点】
- 一些学员看屏幕和活动图表视线不良,或总要偏个角度
- 容易导致注意力分散或闲聊

圆形

【优点】
- 培训学员敏锐性的阶段理想的排座方法
- 鼓励学员最大程度地参与
- 学员和讲师之间的良好沟通
- 最难闲聊;不会形成非正式小团体

【缺点】
- 一些学员视线受阻或脖颈痛

- 使人联想起"敏感的而又善感的"临时拼凑团队

阶梯教室

【优点】
- 如果房间设计的好，视野和音响效果会非常好
- 空间利用极为有效
- 适合讲座

【缺点】
- 培训师和学员之间的沟通很差
- 后排必须加高，很有大学的味道

第四节 呼叫中心培训十要素

一、围绕呼叫类型，为话务员提供循序渐进的培训程序

有许多的话务员培训参考资料，包括合理的规则、系统信息和公司编码等等。但是在大多数例子中缺乏一个步骤指南，可以使得话务员容易地获得在任何一个给定时间基于不同呼叫类型的一步步的指导。通过使用编制得很好的、针对每一个呼叫类型的步骤程序，所有的话务员将准确地知道如何在某个场合回答一个给定的呼叫。这将创建一致性并提高呼叫的精确度。即使没有时间接受正规的培训，为话务员提供一步步的程序指南也将提高呼叫中心的生产力和质量。

二、尽可能将现有的参考资料简单化

要尽可能地使信息容易被获取，将现有的参考资料缩短并定出要点。如果现有的资料是纸张印的，最好转成在线格式，要让话务员可以很快地找到想要的资料。

三、围绕呼叫类型组织培训要点

如果有时间进行正规的培训，创建的步骤指南将有助于支持培训效果。如果是围绕呼叫类型组织培训，这将需要培训实际操作，处理每一个在工作中可能遇到的呼叫类型。先要从简单的、需要更多基础技巧的呼叫开始，逐渐到一些需要复杂技巧的呼叫。在培训进入更高级的阶段之前，要确保话务员已经具备了前面所学的每一个技巧的证实能力。

四、允许话务员在不同的呼叫类型中扮演角色

一旦话务员掌握了每一个呼叫类型，应该给他们一个机会，在学习的环境中扮演不同呼叫类型的角色。要尽可能将学习环境模拟成与实际工作一样。这种角色扮演应该包括不同的呼叫类型中简单和复杂的呼叫。

五、学习环境要尽量与实际工作条件相像

要将学习环境做得与话务员在实际中所面对的情况一样，是否有多种对话，座席是否处于话务量高峰期等等。

六、允许话务员以自己的步骤学习，并尽可能多实践

人们只有从实践中才能更好地学习和掌握知识。要保证培训的成功，实践的课程要占总课程数的 50%以上。 随着掌握的熟练程度，有些培训者可以比其他人少一些实践。要注意，不要让一些已经很有经验的培训者在培训中产生厌烦情绪，在编制课程时，要允许这部分培训者进入到更高一级的复杂技巧培训阶段。而对那些实践经验还欠缺的培训者要给予更多的培训时间，以便他们掌握技巧，并树立起在实际工作中所需的自信。

七、使培训者按照与实际工作相同的标准操作

给予培训者足够的实践锻炼机会不仅将帮助培训者在不同的呼叫类型中获得成

功，也要在培训中按实际标准进行要求，如通话时长等。对于那些在培训结束后没有能100%精通技巧的培训者，要在他们返回工作岗位时，再制定一些特殊的计划，这将有助于他们尽可能快地达到实际工作标准的要求。

八、将阅读减少到最小

对于任何的培训所需要的资料，要做到尽量不基于纸张，而是采取在线形式或音频磁带。如果需要提供基于纸张的资料，只要写出要点即可，如"需要知道的"。在资料的旁边要留下大部分的空白空间。

九、强化主管的培训

培训结束后，要给予主管工具、技巧和资料，使他们能够继续不断地指导话务员工作。为了保证培训的持续性成功，对于呼叫中心主管要强化培训，在培训期间要提供最好的实践。否则，新接受培训的话务员在返回到工作实际中，就会发现与培训时不同的程序步骤、执行标准。

十、为新培训的旅游顾问提供支持的工作环境

当新培训的话务员返回工作岗位后，为确保培训效果，在一定的时间内最好为他们配备辅导教师。当然，首先这些辅导教师需接受正规培训，具备这样的能力。至少主管应该在话务员需要得到帮助时能对他们有所指点。

第五节　常用的培训方法

培训的效果在很大程度上取决于培训方法的选择，当前，呼叫中心培训的方法有很多种，不同的培训方法具有不同的特点，其自身也是各有优劣。要选择到合适有效的培训方法，需要考虑到培训的目的、培训的内容、培训对象的自身特点及企业具备的培训资源等因素。下面我把企业培训常用的8种方法的特点和适用范围给大家一一介绍，供大家参考。

1. 讲授法

讲授法属于传统模式的培训方式，指培训师通过语言表达，系统地向受训者传授知识，期望这些受训者能记住其中的重要观念与特定知识。

【要求】培训师应具有丰富的知识和经验；讲授要有系统性，条理清晰，重点、难点突出；讲授时语言清晰，生动准确；必要时运用板书；应尽量配备必要的多媒体设备，以加强培训的效果；讲授完应保留适当的时间让培训师与学员进行沟通，用问答方式获取学员对讲授内容的反馈。

【优点】运用方便，可以同时对许多人进行培训，经济高效；有利于学员系统地接受新知识；容易掌握和控制学习的进度；有利于加深理解难度大的内容。

【缺点】学习效果易受培训师讲授的水平影响；由于主要是单向性的信息传递，缺乏教师和学员间必要的交流和反馈，学过的知识不易被巩固，故常被运用于一些理念性知识的培训。

2. 工作轮换法

工作轮换法是一种在职培训的方法，指让受训者在预定的时期内变换工作岗位，使其获得不同岗位的工作经验，一般主要用于新进员工。现在很多呼叫中心采用工作轮换则是为培养新进入企业的年轻管理人员或有管理潜力的未来的管理人员。

【要求】在为员工安排工作轮换时，要考虑培训对象的个人能力以及他的需要、兴趣、态度和职业偏爱，从而选择其适合的工作；工作轮换时间长短取决于培训对象的学习能力和学习效果，而不是机械的规定某一时间。

【优点】工作轮换能丰富培训对象的工作经历；工作轮换能识别培训对象的长处和短处，企业能通过工作轮换了解培训对象的专长和兴趣爱好，从而更好的开发员工所长；工作轮换能增进培训对象对各部门管理工作的了解，扩展员工的知识面，为受训对象以后完成跨部门、合作性的任务打下基础。

【缺点】如果员工在每个轮换的工作岗位上停留时间太短，所学的知识不精；由于此方法鼓励"通才化"，适合于一般直线管理人员的培训，不适用于职能管理人员。

3. 工作指导法

工作指导法也叫教练/实习法。这种方法是由一位有经验的技术能手或直接主管人员在工作岗位上对受训者进行培训，如果是单个的一对一的现场个别培训则称为我们企业常用的师带徒培训。负责指导的教练的任务是教给受训者如何做，提出如何做好的建议，并对受训者进行鼓励。这种方法一定要有详细、完整的教学计划，但应注意培训的要点：第一，关键工作环节的要求；第二，做好工作的原则和技巧；第三，须避免、防止的问题和错误。这种方法应用广泛，可用于基层生产工人。

【要求】培训前要准备好所有的用具，搁置整齐；让每个受训者都能看清示范物；教练一边示范操作一边讲解动作或操作要领。示范完毕，让每个受训者反复模仿实习；对每个受训者的试做给予立即反馈。

【优点】通常能在培训者与培训对象之间形成良好的关系，有助于工作的开展；一旦师傅调动、提升、或退休、辞职时，企业能有训练有素的员工顶上。

【缺点】不容易挑选到合格的教练或师傅，有些师傅担心"带会徒弟饿死师傅"而不愿意倾尽全力。所以应挑选具有较强沟通能力、监督和指导能力以及宽广胸怀的教练。

4. 研讨法

研讨法是按照费用与操作的复杂程序又可分成一般研讨会与小组讨论两种方式。研讨会多以专题演讲为主，中途或会后允许学员与演讲者进行交流沟通，一般费用较高。而小组讨论法则费用较低。研讨法培训的目的是为了提高能力、培养意识、交流信息、产生新知。比较适宜对管理人员的训练或用于解决某些有一定难度的管理问题。

【要求】每次讨论要建立明确的目标，并让每一位参与者了解这些目标；要使受训人员对讨论的问题发生内在的兴趣，并启发他们积极思考。

【优点】强调学员的积极参与，鼓励学员积极思考，主动提出问题，表达个人的感受，有助于激发学习兴趣；讨论过程中，教师与学员间，学员与学员间的信息可以多向传递，知识和经验可以相互交流、启发，取长补短，有利于学员发现自己的不足，开阔思路，加深对知识的理解，促进能力的提高。据研究，这种方法对提高受训者的责任感或改变工作态度特别有效。

【缺点】运用时对培训指导教师的要求较高；讨论课题选择的好坏将直接影响培训的效果；受训人员自身的水平也会影响培训的效果；不利于受训人员系统地掌握知识和技能。

5. 视听技术法

视听技术法就是利用现代视听技术(如投影仪、录像、电视、电影、电脑等工具)对员工进行培训。

【要求】播放前要清楚地说明培训的目的；依讲课的主题选择合适的视听教材；以播映内容来发表各人的感想或以"如何应用到工作上"来讨论，最好能边看边讨论，以增加理解；讨论后培训师必须作重点总结或将如何应用在工作上的具体方法告诉受训人员。

【优点】由于视听培训是运用视觉和听觉的感知方式，直观鲜明，所以比讲授或讨论给人更深的印象；教材生动形象且给学员以真实感，所以也比较容易引起受训人员的关心和兴趣；视听教材可反复使用，从而能更好地适应受训人员的个别差异和不同水平的要求。

【缺点】视听设备和教材的成本较高，内容易过时；选择合适的视听教材不太容易；学员处于消极的地位，反馈和实践较差，一般可作为培训的辅助手段。

6. 案例研究法

案例研究法指为参加培训的学员提供员工或组织如何处理棘手问题的书面描述，让学员分析和评价案例，提出解决问题的建议和方案的培训方法。案例研究法为美国哈佛管理学院所推出，目前广泛应用于企业管理人员(特别是中层管理人员)的培训。目的是训练他们具有良好的决策能力，帮助他们学习如何在紧急状况下处理各类事件。

【要求】案例研究法通常是向培训对象提供一则描述完整的经营问题或组织问题的案例，案例应具有真实性，不能随意捏造；案例要和培训内容一致，培训对象则组成小组来完成对案例的分析，作出判断，提出解决问题的方法。随后，在集体讨论中发表自己小组的看法，同时听取别人的意见。讨论结束后，公布讨论结果，并由教员再对培训对象进行引导分析，直至达成共识。

【优点】学员参与性强，变学员被动接受为主动参与；将学员解决问题能力的提高融入知识传授中，有利于使学员参与企业实际问题的解决；教学方式生动具体，直观易学；容易使学员养成积极参与和向他人学习的习惯。

【缺点】案例的准备需时较长，且对培训师和学员的要求都比较高；案例的来源往往不能满足培训的需要。

7. 角色扮演法

角色扮演法指在一个模拟的工作环境中行培训。

【要求】 教师要为角色扮演准备好材料,才能产生更好的效果。

【优点】 学员参与性强,教员的指导,可以让学员及时认识自身存在的问题并进行改正。

【缺点】 角色扮演法效果的好坏主要取决于学员素质,如学员素质不高,则效果可能会不理想。

8. 网络培训法

网络培训法是一种利用新型的计算机网络信息进行培训,也是培训发展的一个必然趋势。

【优点】 使用灵活,符合分散式学习的新趋势,学员可灵活选择学习进度,灵活选择学习的时间和地点,灵活选择学习内容,节省了学员集中培训的时间与费用;在网上培训方式下,网络上的内容易修改,且修改培训内容时,无须重新准备教材或其他教学工具,费用低。可及时、低成本地更新培训内容;网上培训可充分利用网络上大量的声音、图片和影音文件等资源,增强课堂教学的趣味性,从而提高学员的学习效率。

【缺点】 不适用于技能类培训,尤其是一些需要实际操作方能掌握的培训。

对以上各种培训方法,我们可按需要选用,实际采用的培训必然是多层次、多内容、多形式与多方法的。这种特点要求培训部门在制定培训计划时,必须真正做到因需施教、因材施教、注重实效。

第六节 培训师心理压力成因与对策

对很多非专业培训人员来讲,第一次站在讲台上授课,心理压力是非常大的。要克服及战胜这种障碍需要经历一段漫长的过程。当然,精心的课前准备应该是最有效的方法,除此以外,还有一些其他的方法也可以和大家一起来分享,如表15-3所示。

表 15-3　压力成因表

环 境 方 面	对　　策	自 我 方 面	对　　策
场地设施生疏	温场	期望值过高	摘下帽子
注意力的干扰	屏蔽	结果不确定	预演成功
学员的能力	转换	生理性不适	生理舒缓
组织者的压力	定力	准备不足	做足功课

(1) 要提前到达现场，要比学员更了解现场；

(2) 降低自身期望值，对结果不要给太多失败的想象；

(3) 做充分的准备，以 1:10 的比例准备课程，即 1 分钟的内容用 10 分钟准备；

(4) 授课前，可以找一些观众彩排一到两次；

(5) 选择适合的衣服，穿着不舒适会使自己很拘束；

(6) 适当选择发问，将压力转嫁给学员；

(7) 不要给自己太大压力，要清楚讲师不是万能的，当场不能回答的问题，可以事后补充。

培训过程中也可能碰到不同类型难缠的学员。我们将其分为 5 类来分析介绍。做好更多的准备能减轻现场的压力。

1. 激烈的质问者

- 可能有不安全感
- 从刺激他人中得到满足
- 咄咄逼人且好争论

怎么办

- 绝对不能生气
- 找到优点，表示同意并转移话题
- 伺机找个对事实表达有误的地方，并提交给小组更正

2. 滔滔不绝及无所不知者

- 喋喋不休的人
- 爱卖弄的人
- 消息灵通并急于让别人知道的人

怎么办
- 等他换气，表示感谢，调整谈话重点时，转移话题
- 问个难题使他慢下来
- 迅速插话并让小组做评论

3. 牢骚满腹者

- 觉得受了亏待
- 可能有特别令人气恼的事情
- 会把你当替罪羊

怎么办
- 让他讲得明确点
- 说明你讲解的目的是积极的，建设性的
- 利用同学的压力

4. 耳语者

- 不明白正在讲的事
- 分享你的讲解促发的趣闻
- 无聊，恶作剧或吹毛求疵(很少)

怎么办
- 停止讲解，等到他们抬头望你，并以非语言方式使他们允许你继续讲
- 扫视听众

5. 沉默者

- 胆怯，缺乏安全感
- 觉得无聊，漠不关心

怎么办
- 胆怯：提简单的问题，在讨论答案时提高他的自我形象，举例时点名叫他，助长其信心
- 无聊：给他出难题，点名说他"肯定知道"；在练习中让他做帮手

第七节 培训导师姿态与眼神

培训师在培训时需注意仪表，具体要求如表 15-4 所示。

表 15-4 培训师仪表

姿 态	标 准
站 姿	双脚分开，丁字步，腰部挺拔，略向前倾。站直，平均分配体重在两只腿上双手放口袋处外
坐 姿	头正身直，双脚平行着地，略分开不超过一只脚长，手放在桌面
走 姿	踱步徐行，动作舒缓，保持丁字步，重心均衡

(1) 要与学员保持距离，每个人都有自己的空间，15cm～20cm 属亲密关系，46cm～122cm 属个人空间范畴，122cm～166cm 属社会空间范畴；

(2) 如需使用麦克风，应单手持麦克风；

(3) 如果觉得空手不适，可在手里握一支笔，舒缓压力；

(4) 要注意与不同位置的学员保持眼神接触；

(5) 上课前先环视一周，开始授课后，可以转为虚视；

(6) 对视不能超过 5 秒；

(7) 需要伸手时，注意手心向上；

(8) 眼睛不要总盯着笔记看。除引语外，其他内容都不要念而是讲述；

(9) 更热情：如果连培训师都没有热情，学员为什么要有呢？

(10) 经常停顿－沉默对你来说比对听众长得多。

第八节 培训效果的评估手段

课堂反馈：主要是学员对培训的方法、团队或个体互动、课程资料、讲师授课形式、表达和组织能力等方面的感觉反馈。通常是以问卷的形式来进行。

结业测试：主要是通过考试测验、模拟环境实习、监听评分等形式来了解员工对所应该学到的知识和技能的掌握程度。尤其要关注受训员工共性的弱项或缺陷，这往往反映出培训内容或实施中某个环节存在不足。

工作绩效表现：通过质量监控、绩效考核与分析等手段评测员工在所接受的培训方面学以致用的实际表现。同样要注意区分个性与共性问题。

思考

授课过程中，遇到以下情况，应如何处理？
1. 讲错内容
2. 遗忘内容
3. 学员走神、睡觉
4. 课堂混乱
5. 学员有意抬杠、恶意挑衅
6. 遭遇高手

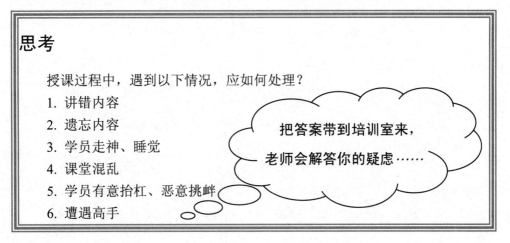

把答案带到培训室来，老师会解答你的疑虑……

思考题

1. 呼叫中心的培训工作从横向上看建立哪些培训体系？
2. 呼叫中心的培训工作从纵向上看建立哪些培训体系？
3. 呼叫中心的培训工作怎样与质检、运营工作结合？
4. 培训课程设置的流程是什么？
5. 培训工作中如何进行效果评估？
6. 如何建设呼叫中心的师资梯队？

第十六章

质量管理

呼叫中心的质量管理是生命线，这句话说明了质检工作的重要性。质量管理不仅对运营工作起到检验的作用，也可以通过对存在问题的发现、检查、改进等工作对运营实现提升作用。

质量管理工作不仅是发现问题，更重要的是解决问题。即通过改进和提升进而提升团队各方面的表现，保证目标达成。

本章通过对质检工作的目的、意义、原则、方法、工具、体系、监控、标准、技巧等方面的解读，全面、细致的对呼叫中心的质量管理工作进行了描述。

第一节 质量的概念

质量的定义

质量是反映实体满足规定和潜在需要能力的特性总和。

质量(quality)是一个产品或服务的特色和品质的总和,这些品质特色能够使产品或服务满足客户明显的或隐含的各种需求。

在一个以质量为中心的呼叫中心里，管理人员肩负着两项责任。

(1) 必须制定旨在帮助企业通过全面质量管理获胜的战略和政策；

(2) 他们必须对外传递服务质量，保证每项服务活动都按照高标准严格执行，以树立企业良好服务形象和口碑。

质量通俗简单的定义

- 质量是客户感受到的东西——塔古奇博士(世界著名质量专家)
- 质量是反映实体满足明确和隐含需要的能力的特性总和——ISO(国际标准化组织)
- 内部质量即符合技术指标、规格,外部质量即顾客满意程度
- 好的质量是设计、制造出来的,而不是检验出来的

第二节 质量管理的目的和意义

质量管理的定义

质量管理,是指确定质量方针、目标和职责,并通过质量体系中的质量策划、质量控制、质量保证和质量改进来使其实现所有管理职能的全部活动。

活动描述

- 强烈地关注顾客
- 坚持不断地改进
- 改进组织中每项工作的质量
- 精确的度量
- 向员工授权

质量管理的目的和意义

(1) 不断提升服务品质,从而提高客户满意度,完善企业形象;
(2) 提高呼叫中心的认同度,提升呼叫机构在企业中的定位与价值;
(3) 持续不断的改善运营绩效,实现更高的运营效率,及更低的运营成本;
(4) 帮助管理人员查明问题所在,评估员工工作表现,总结绩效改进措施。

用案例、数字说话

25 个客人对瞬间感受积累的行为:
24 个顾客不满意但不做任何投诉(96%)

1 个人投诉(4%)

不投诉的顾客中 6 个有严重问题(25%)

客户另找卖家的原因

1%	由于卖方人员亡故
3%	由于营业地点变更
5%	由于顾及其他朋友关系
9%	由于竞争者争取客户
14%	由于客户对服务不满意
68%	由于一线服务人员态度冷漠

质量管理的作用(通过企业行为进行反映)

表 16-1 为质量管理标准表。

表 16-1　质量管理标准表

公认的成功企业	离成功还有很远距离的企业
顾客为中心	开发/生产为中心
以事实为依据的决策	根据不同意见采取措施
以结果为中心的行动	以方法和工具为中心的活动
采取行动	只说不做
专业化的领导	业余领导
包括所有职能部门和层次的工作	工作集中于组织的一部分
所有人都接受质量培训	只有质量部门人员接受质量教育
向预定目标坚持不懈的、系统的工作	只采取不需要任何努力的简单措施
长远眼光	只看眼前
系统解决长期问题	只解决偶然问题，类似"救火"
采取预防措施避免问题发生	只有当问题发生时才想办法
协作和参与	每个人都孤立地工作

第三节 质量管理的基本原则

以客户为中心

客户是市场的焦点,理解客户当前和未来的需求,满足客户要求并力争超越客户的期望,这样才能赢得客户,占领市场。在质量管理的各项活动中,应把使客户满意作为出发点和归宿。通过定期系统性的客户满意度调查来发现自身的不足和客户的期望,以优良的客户满意度作为服务质量体系管理的终极目标。

全员参与

各级人员都是组织的根本,只有员工充分参与,才能使他们的才干为组织带来效益。呼叫中心行业的人员流失率一直高居不下,而通过质量管理中的全员参与活动,可以极大地提高员工的积极性,增强组织内部的沟通和凝聚力。

系统管理

针对制定的目标去识别、理解并管理一个由相互联系的过程所组成的体系,有助于提高组织的有效性和效率。呼叫中心有两个客户,一个是委托呼叫的客户(对于自营型呼叫中心而言为内部客户),另一个是呼入或呼出的最终客户(外部客户)。呼叫中心要将这两个客户很好的联系起来,满足各自的需求,必须在质量管理体系中运用系统管理的思路和方式。

持续改进

持续改进是客户服务中心永恒的追求,采用能不断提高质量管理体系的有效性和效率的方法来实现质量方针和目标,是一个企业在同行业中更具有竞争力的重要条件。纠正和预防措施能实现过程的改进,更多地运用持续改进的理念来优化流程,能使所有的客户都受益,并不断提升客户服务中心的服务质量,树立企业的良好形象。

呼叫中心作为客户服务的重要载体,如何通过与客户的接触,对外传递良好的服务质量,是服务开通运营后最关键的一个问题。

第四节　服务质量提供的原则

服务质量管理的 7 项原则如下

1. 职业化程度与技能

客户认为服务提供者及其员工、经营系统和有形资源应当具有以专业方式来解决他们问题的知识和技能。

2. 态度与行为

客户认为，与他们接触的员工应当关注他们，并且积极主动地解决他们在接受服务过程中所面临的问题。

3. 易获得性与灵活性

服务的地点、时间、服务的员工和运营系统应当根据客户的要求灵活地加以设计和运营，这样客户可以很容易地接受企业的服务；如果客户有要求，也可以根据客户的要求灵活地对服务做出调整。

4. 可靠性与可信度

如果服务提供者及其员工能够信守诺言全心全意地为客户服务，那么，客户就会对企业产生信任感，认为企业是非常可靠的。

5. 服务补救能力

如果出现客户意料之外的事情或服务失误，企业应当立即和主动地采取措施来控制局面并找到新的、客户可以接受的解决方案。

6. 服务环境组合

服务的有形环境和其他环境应当对服务过程起到有力的支持作用。

7. 声誉与信用

客户对服务提供者应当具有信任感，服务应当是"物有所值"的，客户可以与企业一起分享良好的服务绩效和价值。

第五节　质量管理的方法

质量管理没有通用标准的组织、流程和方法，需要根据每个企业的具体情况而定。质量管理的动力和效果来自公司战略的要求。具体的方式方法如何？

一、引入质量管理工作小组概念及简述其工作流程

TCS TEAM：一组人员为达到顾客完全满意的可测目标在一起工作并取得公认的成果。

TEAM：
- Together　　团结
- Everyone　　人人
- Accomplishes　完成
- More　　　更多

TCS：Total　Customer　Satisfaction。这个口号是由摩托罗拉 1988 年提出的。以顾客完全满意为宗旨的 TCS 小组，通过团队努力，在技术、质量与服务各个领域创造出超越顾客期望的丰硕成果。

二、小组成员

1. 小组成员具有的素质

- 有专攻主题方面的专长
- 被分配给时间
- 被授予相应的权利
- 具有解决本组攻关问题的能力
- 具有实施解决问题行动的能力

2. 选择小组成员的标准

- 重视专业技能而不是职位

- 谦虚，乐于接受意见、平等待人
- 对本课题的专心致志并渴望将工作进行到底
- 为目标愿意付出必要的时间

三、引入与质量管理相关的几个概念

- 缺陷、单位缺陷数、百万机会缺陷数
- TQM、ISO、6Sigma

1. 缺陷的定义

- 任何导致顾客不满意的因素
- 任何对标准或规格的不符合

(1) 产品特性
- 丰富的各类酒店信息
- 大量的可订酒店
- 详细的航班信息
- 24 小时预订服务
- 积分换礼品

……

(2) 缺陷
- 信息可能过时或出错
- 酒店客满
- 出错票
- 预订电话打不通
- 员工业务不熟悉

……

单位缺陷数：DPU(Defect Per Unit)或 D/U，是对质量的通用度量。

$$CPU = \frac{在任何检查点发现的缺陷数}{通过该检查点的单位数}$$

百万机会缺陷数：

$$\text{DPMO (Defect Per Million Opportunity)} = \frac{\text{单位缺陷数(OPU)} \times 1\,000\,000}{\text{一个单位中的出错机会}}$$

(3) 举例

例1.

职能：财务

产品：财务报表

缺陷：记录不准确

缺陷数：56个

单位：每个条目

单位数：50 000

出错机会数：2

求：缺陷数，机会数，百万机会缺陷数

缺陷数=56/50 000 或 0.001

百万机会缺陷数=(0.001×1 000 000)/2

=500

例2.

有50个水壶，其中，有20个全部合格，10个壶盖坏，10个壶柄坏，5个壶胆和壶柄都坏，5个壶胆和壶身坏。

求：缺陷数，机会数，百万机会缺陷数

缺陷数=40个

机会数=4

百万机会缺陷数=20 0000个

2. TQM：Total Quality Management

TQM，即全面质量管理，是一种由顾客的需要和期望驱动的管理哲学。TQM以质量为中心，建立在全员参与基础上的一种管理方法，其目的在于长期获得顾客满意、组织成员和社会的利益。

全面质量管理的基本方法可以概况为四句话十八个字，即，一个过程，四个阶段，八个步骤，数理统计方法。

一个过程,即企业管理是一个过程。企业在不同时间内,应完成不同的工作任务。企业的每项生产经营活动,都有一个产生、形成、实施和验证的过程。

四个阶段,根据管理是一个过程的理论,美国的戴明博士把它运用到质量管理中来,总结出"计划(plan)—执行(do)—检查(check)—处理(act)"四阶段的循环方式,简称 PDCA 循环,又称"戴明循环"。

八个步骤,为了解决和改进质量问题,PDCA 循环中的四个阶段还可以具体划分为八个步骤。①计划阶段:分析现状,找出存在的质量问题;分析产生质量问题的各种原因或影响因素;找出影响质量的主要因素;针对影响质量的主要因素,提出计划,制定措施。②执行阶段:执行计划,落实措施。③检查阶段:检查计划的实施情况。④处理阶段:总结经验,巩固成绩,工作结果标准化;提出尚未解决的问题,转入下一个循环。

在应用 PDCA 四个循环阶段、八个步骤来解决质量问题时,需要收集和整理大量的书籍资料,并用科学的方法进行系统的分析。最常用的七种统计方法有:排列图、因果图、直方图、分层法、相关图、控制图及统计分析表。这套方法是以数理统计为理论基础,不仅科学可靠,而且比较直观。

3. ISO:International Organization for Standardization

ISO 是英文 "国际标准化组织"的简称。

ISO9000 族标准并不是产品的技术标准,而是针对企业的组织管理结构、人员和技术能力、各项规章制度和技术文件、内部监督机制等一系列体现企业保证产品及服务质量的管理措施的标准。可以参阅 ISO9001:1994《品质体系设计、开发、生产、安装和服务的品质保证模式》;ISO9002:1994《品质体系生产、安装和服务的品质保证模式》; ISO9003:1994《品质体系最终检验和试验的品质保证模式》。

4. Sigma

中文译名为'西格玛',是希腊字母 σ 的中文译音,统计学上用来表示"标准偏差",即数据的分散程度。特指某个产品或某项服务在运作过程中的完善程度,是一个描述工艺程序与标准值之间偏差的数据术语。

在质量上,6Sigma 表示每一百万个产品中最多只有 3.4 个不合格品,即合格率是 99.99966%。在整个企业流程中,6Sigma 是指每百万个机会当中缺陷率或失误率不大于 3.4。

(1) 换算表－合格率
- 30.85%－1
- 69.15%－2
- 84.13%－2.5
- 93.32%－3
- 97.73%－3.5
- 99.12%－3.875
- 99.38%－4
- 99.87%－4.5
- 99.977%－5
- 99.997%－5.5
- 99.99966%－6

(2) 换算表－DPMO
- 274253.1－2.1
- 158655.3－2.5
- 66807.2－3.0
- 22750.1－3.5
- 6209.7－4.0
- 1394.9－4.49
- 232.6－5.0
- 37.5－5.46
- 3.4－6

(3) 六西格玛的形象表现如表 16-2 所示。

表 16-2 六西格玛形象表现表

‰	面积	拼写	金钱	时间	距离
1σ	一个一般工厂的建筑面积	书内每页出现 170 个拼错的字	10 亿资产中负债 3.174 亿元	每百年中 313/4 年	从这里到月球
2σ	一家大型超级市场的建筑面积	书内每页出现 25 个拼错的字	10 亿资产中负债 4570 万元	每百年中 41/2 年	绕地球一圈半

(续表)

‰	面积	拼写	金钱	时间	距离
3σ	一个小型五金商店的建筑面积	书内每页出现1.5个拼错的字	10亿资产中负债270万元	每百年中31/2年	美国东海岸到西海岸
4σ	一间典型起居室的建筑面积	每30页中才有一个拼错的字	10亿资产中负债8.3万元	每百年中21/2年	在高速公路上驾车4分钟(向任何方向)走的距离
5σ	电话底部的面积	一套百科全书中有一个拼错的字	10亿资产中负债570元	每百年中30分钟	到当地加油站的距离
6σ	一块典型钻石的尺寸	一个小型图书馆全部藏书中有一个拼错的字	10亿资产中负债2元	每百年中6秒	朝一个方向走4步
7σ	一枚缝衣针的针尖	若干大型图书馆全部藏书中有一个拼错的字	10亿资产中负债0.3分	每百年中一眨眼工夫	1/8英寸(约等于您推动一次电冰箱的距离)

四、质量管理的目标是什么

质量管理的目标：多、快、好、省。具体量化指标可以参照标杆或是纵向对比，制定当年的目标。质量管理重要的准则是行动。所遵循的原则是：流程管理，闭环管理，从一而终。有检查，有落实，有跟踪，有反馈，有结果，有始有终。

在ISO标准里，明确了质量管理的八大原则及应用指南：质量管理八项原则是一个组织在质量管理方面的总体原则，这些原则需要通过具体的活动得到体现。其应用可分为质量保证和质量管理两个层面。

就质量保证来说，主要目的是取得足够的信任以表明组织能够满足质量要求。因而所开展的活动主要涉及：测定顾客的质量要求、设定质量方针和目标、建立并实施文件化的质量体系，最终确保质量目标的实现。

质量管理则要考虑，作为一个组织经营管理(这里说的不是营销管理)的重要组成部分，怎样保证经营目标的实现。组织要生存、要发展、要提高效率和效益，当然离不开顾客，离不开质量。因而，从质量管理的角度，要开展的活动就其深度和广度来说，要远胜于质量保证所需开展的活动。

原则1——以顾客为中心

组织依存于他们的顾客，因而组织应理解顾客当前和未来的需求，满足顾客需求并争取超过顾客的期望。

实施本原则要开展的活动：
- 全面地理解顾客对于产品、价格、可依靠性等方面的需求和期望；
- 谋求在顾客和其他受益者(所有者、员工、供方、社会)的需求和期望之间的平衡；
- 将这些需求和期望传达至整个组织；
- 测定顾客的满意度并为此而努力；
- 管理与顾客之间的关系。

实施本原则带来的效应：
- 对于方针和战略的制订，使得整个组织都能理解顾客以及其他受益者的需求；
- 对于目标的设定，能够保证将目标直接与顾客的需求和期望相关联；
- 对于运作管理，能够改进组织满足顾客需求的业绩；
- 对于人力资源管理，保证员工具有满足组织的顾客所需的知识与技能。

原则2——领导作用

领导者建立组织相互统一的宗旨、方向和内部环境。所创造的环境能使员工充分参与实现组织目标的活动。

实施本原则要开展的活动：
- 努力进取，起领导的模范带头作用；
- 了解外部环境条件的变化并对此作出响应；
- 考虑到包括顾客、所有者、员工、供方和社会等所有受益者的需求；
- 明确地提出组织未来的前景；
- 在组织的各个层次树立价值共享和精神道德的典范；
- 建立信任感、消除恐惧心理；
- 向员工提供所需要的资源和在履行其职责和义务方面的自由度；
- 鼓舞、激励和承认员工的贡献；

- 进行开放式的和真诚的相互交流；
- 教育、培训并指导员工；
- 设定具有挑战性的目标；
- 推行组织的战略以实现这些目标；

实施本原则带来的效应：
- 对于方针和战略的制订，组织的未来有明确的前景；
- 对于目标的设定，将组织未来的前景转化为可测量的目标；
- 对于运作管理，通过授权和员工的参与，实现组织的目标；
- 对于人力资源管理，具有一支经充分授权、充满激情、信息灵通和稳定的劳动力队伍。

原则 3——全员参与

各级人员都是组织的根本，只有他们的充分参与才能使他们的才干为组织带来收益。

实施本原则员工要开展的活动：
- 承担起解决问题的责任；
- 主动地寻求机会进行改进；
- 主动地寻求机会来加强他们的技能、知识和经验；
- 在团队中自由地分享知识和经验；
- 关注为顾客创造价值；
- 对组织的目标不断创新；
- 更好地向顾客和社会展示自己的组织；
- 从工作中得到满足感；
- 作为组织的一名成员而感到骄傲和自豪；

实施本原则带来的效应：
- 对于方针和战略的制订，员工能够有效地对改进组织的方针和战略目标作出贡献；
- 对于目标的设定，员工承担起对组织目标的责任；
- 对于运作管理，员工参与适当的决策活动和对过程的改进；

- 对于人力资源管理，员工对他们的工作岗位更加满意，积极地参与有助于个人的成长和发展活动，符合组织的利益。

原则 4——过程方法

将相关的资源和活动作为过程来进行管理，可以更高效地达到预期的目的。

实施本原则要开展的活动：
- 对过程给予界定，以实现预期的目标；
- 识别并测量过程的输入和输出；
- 根据组织的作用识别过程的界面；
- 评价可能存在的风险，因果关系以及内部过程与顾客、供方和其他受益者的过程之间可能存在的相互冲突；
- 明确地规定对过程进行管理的职责、权限和义务；
- 识别过程内部和外部的顾客、供方和其他受益者；
- 在设计过程时，应考虑过程的步骤、活动、流程、控制措施、培训需求、设备、方法、信息、材料和其他资源，以达到预期的结果。

实施本原则带来的效应：
- 对于方针和战略的制订，整个组织利用确定的过程，能够增强结果的可预见性、更好地使用资源、缩短循环时间、降低成本；
- 对于目标的设定，了解过程能力有助于确立更具有挑战性的目标；
- 对于运作管理，采用过程的方法，能够以降低成本、避免失误、控制偏差、缩短循环时间、增强对输出的可预见性的方式得到运作的结果；
- 对于人力资源管理，可降低在人力资源管理(如人员的租用、教育与培训等)过程的成本，能够把这些过程与组织的需要相结合，并造就一支有能力的劳动力队伍。

原则 5——系统管理

针对制订的目标，识别、理解并管理一个由相互联系的过程所组成的体系，有助于提高组织的有效性和效率。

实施本原则要开展的活动：
- 通过识别或展开影响既定目标的过程来定义体系；
- 以最有效地实现目标的方式建立体系；

- 理解体系的各个过程之间的内在关联性；
- 通过测量和评价持续地改进体系；
- 在采取行动之前确立关于资源的约束条件。

实施本原则带来的效应：
- 对方针和战略的制订，制订与组织的作用和过程的输入相关联的全面的和具有挑战性的目标；
- 对于目标的设定，将各个过程的目标与组织的总体目标相关联；
- 对于运作管理，对过程的有效性进行广泛的评审，可了解问题产生的原因并适时地进行改进；
- 对于人力资源管理，加深对于在实现共同目标方面所起作用和职责的理解，能够减少相互交叉职能间的障碍，改进团队工作。

原则6——持续改进

持续改进是一个组织永恒的目标。

实施本原则要开展的活动：
- 将持续地对产品、过程和体系进行改进作为组织每一名员工的目标；
- 应用有关改进的理论进行渐进式的改进和突破性的改进；
- 周期性地按照"卓越"的准则进行评价，以识别具有改进潜力的区域；
- 持续地改进过程的效率和有效性；
- 鼓励预防性的活动；
- 向组织的每一位员工提供有关持续改进的方法和工具方面教育和培训，如，PDCA循环、解决问题的方法、过程重组、过程创新；
- 制定措施和目标，以指导和跟踪改进活动；
- 对任何改进给予承认。

实施本原则带来的效应：
- 对于方针和战略的制订，通过对战略和商务策划的持续改进，制订并实现更具竞争力的商务计划；
- 对于目标的设定，设定实际的和具有挑战性的改进目标，并提供资源加以实现；
- 对于运作管理，对过程的持续改进涉及组织员工的参与；

- 对于人力资源管理，向组织的全体员工提供工具、机会和激励，以改进产品、过程和体系。

原则 7——以事实为决策依据

有效的决策是建立在对数据和信息进行合乎逻辑和直观的分析基础上。

实施本原则要开展的活动：
- 对相关的目标值进行测量，收集数据和信息；
- 确保数据和信息具有足够的精确度、可靠性和可获取性；
- 使用有效的方法分析数据和信息；
- 理解适宜的统计技术的价值；
- 根据逻辑分析的结果以及经验和直觉进行决策并采取行动。

实施本原则带来的效应：
- 对于方针和战略的制订，根据数据和信息设定的战略方针更加实际、更可能实现；
- 对于目标的设定，利用可比较的数据和信息，可制订出实际的、具有挑战性的目标；
- 对于运作管理，由过程和体系的业绩所得出的数据和信息可改进和防止问题的再发生；
- 对于人力资源管理，对从员工监督、建议等来源的数据和信息进行分析，可指导人力资源方针的制订。

原则 8——互利的供方关系

组织和供方之间保持互利关系，可增进两个组织创造价值的能力。

实施本原则要开展的活动：
- 识别并选择主要的供方；
- 把与供方的关系建立在兼顾组织和社会的短期利益和长远目标的基础之上；
- 清楚地、开放式地进行交流；
- 共同开发和改进产品的过程；
- 共同理解顾客的需求；
- 分享信息和对未来的计划；
- 承认供方的改进和成就。

实施本原则带来的效应：
- 对于方针和战略的制订，通过发展与供方的战略联盟和合作伙伴关系，赢得竞争的优势；
- 对于目标的设定，通过供方早期的参与，可设定更具挑战性的目标；
- 对于运作管理，建立和管理与供方的关系，以确保供方能够按时提供可靠的、无缺陷的产品；
- 对于人力资源管理，通过对供方的培训和共同改进，发展和增强供方的能力。

第六节 质量管理常用工具

质量管理的工具——记录的方法

- 检查表
- 曲线图
- 趋势图
- 柱形图

质量管理主要工具如图 16-1 所示。

	分析主要原因	
因果关系图		以某种规则的方式,对所有可能引起某一具体问题的原因进行鉴定
	分析动力阻力	
力场分析图		确认影响某一情形或问题的各种作用力
	分析阻断	
过程图		将某一项工作的过程用图加以展示,通过找出阻断来确定改善点并缩短运转周期

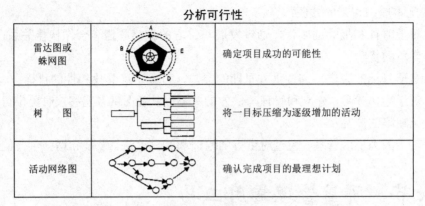

图 16-1 主要工具

一、戴明循环图

PDCA 质量管理工作循环的 4 个阶段的内容如下。

计划阶段(PLAN)：经过分析研究，确定质量管理目标、项目和拟定相应的措施。

执行阶段(DO)：根据预定目标和措施计划，落实执行部门和负责人，组织计划的实施和执行。

检查阶段(CHECK)：检查计划实施的结果，衡量和考察取得的效果，找出问题。

处理阶段(ACT)：总结成功的经验和失败的教训，并纳入有关标准、制度或规定，巩固成绩，防止问题再度出现，以便转入下一个循环去加以解决。

图 16-2 为戴明循环图。

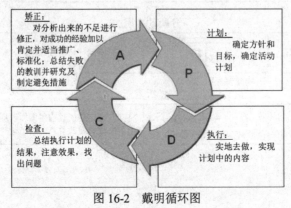

图 16-2 戴明循环图

二、鱼骨图

鱼骨图是由日本管理大师石川馨先生所发展出来的，故又名石川图。鱼骨图是一种发现问题"根本原因"的方法，它也可以被称为"因果图"。鱼骨图原本用于质量管理。

问题的特性总是受到一些因素的影响，我们通过头脑风暴找出这些因素，并将它们与特性值一起，按相互关联性整理而成的层次分明、条理清楚，并标出重要因素的图形就叫特性要因图。因其形状如鱼骨，所以又叫鱼骨图(以下称鱼骨图)，它是一种透过现象看本质的分析方法。

鱼骨图分为如下三种类型。

(1) 整理问题型鱼骨图(各要素与特性值之间不存在原因关系，而是结构构成关系)

(2) 原因型鱼骨图(鱼头在右，特性值通常以"为什么……"来写)

(3) 对策型鱼骨图(鱼头在左，特性值通常以"如何提高/改善……"来写)

制作鱼骨图分两个步骤：分析问题原因/结构、绘制鱼骨图。

1. 分析问题原因/结构

(1) 针对问题点，选择层别方法(如现场管理五要素：人、机、料、法、环等)。

(2) 按头脑风暴分别对各层类别找出所有可能原因(因素)。

(3) 找出的各要素进行归类、整理，明确其从属关系。

(4) 分析选取重要因素。

(5) 检查各要素的描述方法，确保语法简明、意思明确。

分析要点：

(1) 确定大要因(大骨)时，现场作业一般从"人机料法环"着手，管理类问题一般在"人事时地物"层别，应视具体情况决定；

(2) 大要因必须用中性词描述(不说明好坏)，中、小要因必须使用价值判断(如……不良)；

(3) 脑力激荡时，应尽可能多而全地找出所有可能原因，而不仅限于自己能完全掌控或正在执行的内容。对人的原因，宜从行动而非思想态度面着手分析；

(4) 中要因跟特性值、小要因跟中要因间有直接的原因—问题关系，小要因应分析至可以直接下对策；

(5) 如果某种原因可同时归属于两种或两种以上因素，请以关联性最强者为准(必要时考虑三现主义，即现时到现场看现物，通过相对条件的比较，找出相关性最强的要因归类)；

(6) 选取重要原因时，不要超过 7 项，且应标识在最末端原因。

2. 绘图过程

(1) 填写鱼头(按为什么不好的方式描述)，画出主骨
(2) 画出大骨，填写大要因
(3) 画出中骨、小骨，填写中小要因
(4) 用特殊符号标识重要因素

要点：绘图时，应保证大骨与主骨成 60 度夹角，中骨与主骨平行

鱼骨图使用步骤：

(1) 查找要解决的问题，把问题写在鱼骨的头上；
(2) 召集同事共同讨论问题出现的可能原因，尽可能多地找出问题；
(3) 把相同的问题分组，在鱼骨上标出；
(4) 根据不同问题征求大家的意见，总结出正确的原因；
(5) 拿出任何一个问题，研究为什么会产生这样的问题；
(6) 针对问题的答案再问为什么，这样至少深入五个层次(连续问五个问题)。

当深入到第五个层次后，认为无法继续进行时，列出这些问题的原因，而后列出至少 20 个解决方法。举例：图 16-3 以提高质量为问题，引申出六种解决方法……

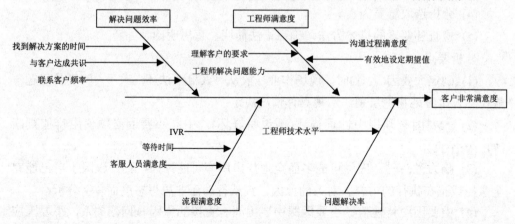

图 16-3　鱼骨图

三、力场分析图

步骤 1：阐述问题
步骤 2：对动力进行思考
步骤 3：对阻力进行思考
步骤 4：对最重要的作用力排序——确定最重要和可以改变的因素是什么？
图 16-4 为学做一道菜时的力场分析图。

学做一道菜	
动　　力	阻　　力
家人对饭菜不满意	讨厌做饭
上馆子太贵	买菜太浪费时间
让别人喜欢	灶具不好用
可以吃得可口	家里人不信任我
省钱	学做菜太费时间

图 16-4　力场分析图

四、雷达图/珠网图

小组课题评估

把表 16-3 中所得 1 分填入图 16-5 所示蛛网图最靠近圆心的地方、5 分填入最靠近外圆的地方。

小结：总得分

通过分数分布，了解

(1) 某网线，即某一专项存在问题

(2) 是否可以解决

若总得分小于平均预估值，则考虑

(1) 限制课题

(2) 限制课题范围，对课题进行控制

表 16-3　小组课题评估表

1. 该课题是否很耗资？	1 成本高	2	3	4	5 成本低
2. 该课题对管理是否重要？	1 不是很重要	2	3	4	5 很重要
3. 该课题是否容易完成？	1 非常困难	2	3	4	5 容易
4. 完成该课题需要多少时间？	1 很长时间	2	3	4	5 较短时间
5. 小组对课题的完成是否有足够的控制？	1 不可控制	2	3	4	5 可控性大
6. 该课题需要多少资源？	1 太多资源 不可控制	2	3	4	5 较少资源 不可控制
7. 该课题对于顾客来说重要程度如何？	1 不重要	2	3	4	5 非常重要
8. 是否有机会进行全过程质量或服务改进？	1 有限的机会	2	3	4	5 大量的机会
9. 是否已有可行的现存的解决办法？	1 没有	2	3	4	5 有

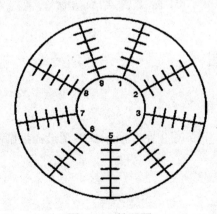

图 16-5　蛛网图

五、树图

目的

将一目标压缩为逐级增加的分解活动

定义

树图是完成某一目标相关的复杂程度的示意图

如何设计树图？

步骤1：表述目标
步骤2：确定主要的树分支，它们是要实现的子目标
步骤3：将每个主要树分支压缩为逐级增加的详细等级

六、活动网络图

目的

确认完成项目的最理想计划

定义

活动网络图是一种完成项目的最有效路径的图示，它包括总完成时间，必要的任务和平行任务

如何设计活动网络图

步骤1：把所有想到的工作任务写在卡片上
步骤2：确定最先需要完成的工作任务
步骤3：依次按先后顺序排列
步骤4：将各卡片连线，并注明实现的理想时间

七、过程图

目的

将某项工作的过程中的各个步骤及其相互关系用一张图加以展示，以加强各职能部门间的联系并对工作过程加以改进。

意义

纵览全局

收集数据(周期、成本等)

找出并阻断(在过程中一个步骤或步骤之间的连接点)问题

选择解决办法

沟通

作为管理手段使用

第七节 关键指标监控体系的运行

1. 目标

这是一套反应顾客对商业因素和组织因素综合评价的运行体系。该体系大体是反应组织内部其他部门和外部客户对服务团队的期望值。如果绩效的结果持续低于客户的期望，就意味着在组织和终端用户之间有很大的服务差距，这就反应了客户满意度很低。

2. 数据来源

KPIs 数据主要来源于 ACD 以及顾客管理系统。

3. 典型的参考数据

(1) 电话服务水平指标

(2) 呼叫放弃率

(3) 通话质量

(4) 运营成本

(5) 客户满意度

4. 质量保证部的职能

(1) 质量保证部负责建立设施绩效评估体系。

(2) 质量保证部负责从系统中收集整理和分析即时数据，制定分析改进报告，并要对分析的结果制定趋势分析报告。

(3) 质量保证部负责定期提交质量监控报告，并要搜集整理各部门领导对该报告的意见和建议。

第八节　监控、持续监测系统

(1) 监控工作采用现场及时提醒，全程录音，面对面的指导培训以及其他方法。

(2) 统计数据模型的建立，系统的数据将被即时的进行综合分析。

(3) 提出清晰易懂的监测标准和标准值的定义解释。

(4) 质量监控的目标值和目标要明确体现在各种质量监控体系的各个部分之中。

(5) 系统中自动生成的数据报表。

(6) 清晰的体现质量监督检查分析的效果。

(7) 6个月定期对质量监控体系进行升级。

(8) 深入到个人层级的质量效能跟踪。

(9) 与实际的质量效能相比较的基准值。

基准值是指与国家、国际标准或顾客建议相一致的明确数据或公式。

第九节　监听标准和技巧

电话监听的控制标准

标准是一种作为规范而建立起来的测量标尺或尺度。对照控制标准，管理人员可以对座席人员的工作绩效好坏作出判断。没有一套完整的监控标准,衡量绩效和改进服务质量就会失去客观的依据。因此,制定监控标准是监控工作的起点。

1. 制定标准的要求

标准怎样才是有效的,即能在监控过程中发挥应有的作用。通常来说,行之有效的监控标准需要满足如下基本特性的要求。

(1) 简明性

即对标准的表述要通俗易懂,便于理解和把握。

(2) 适用性

建立的标准要有利于监控目标的实现,要对每一项工作的衡量都明确规定具体的衡量内容与要求,以便能准确地反映客户服务中心期望的工作状态。

(3) 公平性

建立的标准应尽可能地体现协调一致、公平合理的原则。监控标准应在所规定的范围内保持公平性,如监控标准适用于每个客户服务中心的成员,那就应该一视同仁,不允许有特殊化。

(4) 可行性

即标准不能过高也不能过低,要使绝大多数座席经过努力后可以达到。因为建立标准的目的,是用它来衡量实际工作,并希望工作达到标准要求,所以,监控标准的建立必须考虑到工作人员的实际情况,包括他们的能力、使用的工具等。如果标准过高,座席将因根本无法实现而放弃努力;如果标准过低,座席的潜力又会得不到充分发挥。可行性的监控标准,应该要保持挑战性和可达性的平衡。

(5) 可操作性

即标准要便于对实际工作绩效的衡量、比较、考核和评价。

(6) 相对稳定性

即所建立的标准既要在一段时期内保持不变,又要具有一定的弹性,能对客户服务中心发展的不同阶段的变化有一定的适应性,特殊情况能够特殊处理。

(7) 前瞻性

即建立的标准既要符合现时的需要,又要与未来的发展相结合。监控标准实际上是对座席行为的一种规范,它反映了管理人员的期望,也为座席提供了努力的方向。因此,制定出来的监控标准应将客户服务中心当前运行的需要与未来发展的需要有机地结合起来。

2. 制定标准的过程和方法

制定监控标准首先要选择好关键监控点，然后再确定具体的监控标准。

(1) 确定监控内容

进行监控首先遇到的问题是"监控什么"，这是在决定监控标准之前首先需要妥善解决的问题。客户服务中心的运营和管理要实现的目标是什么？如果我们简单定义为为客户提供满意的服务，那么实现这一目标的整个过程就是我们要监控的内容。从纯理想的角度看，管理人员必须对全部影响实现目标成果的因素都进行监控，但这种全面监控往往是不现实的，也是缺乏经济性的。管理监控中更通常的做法是：选择那些对实现组织目标成果有重大影响的因素进行重点监控。这样，为了确保监控取得预期的成效，管理者在选择监控对象时就必须对影响目标成果实现的各种要素进行分析研究，然后从中选择出重点的要素作为监控对象。一般，影响客户服务中心服务质量的有：

- 职业规范要求
- 服务技巧
- 专业技能

上述三方面因素均是管理监控工作的重点，但是在客户服务中心的不同发展阶段侧重点会有所不同。

(2) 选择关键监控点

重点监控对象确定下来后，还必须具体选定监控的关键点，才能够制定监控标准。比如啤酒酿造企业中，啤酒质量是监控的一个重点对象，尽管影响啤酒质量的因素很多，但只要抓住了水的质量，酿造温度和酿造时间，就能保证啤酒的质量。基于此，在客户服务中心中就要对这些关键监控点制定出明确的监控标准。俗话说，"牵牛要牵牛鼻子"，客户服务中心监控住了关键点，实际上也就监控了全局。

对关键监控点的选择，一般应统筹考虑如下两个方面因素：

影响整个工作运行过程的重要操作与事项，它们当然是管理者应该予以关注的方面；

不是所有的重要问题都作为监控的关键点。通常情况下，管理者应该选择那些易出现问题的环节进行监控，这样才有可能对问题作出及时、灵敏的反应。

结合客户服务中心的特点,同时考虑以上两个因素,根据客户服务中心监控内容的不同,我们认为客户服务中心的关键监控点主要有以下几方面:

职业规范要求的关键控制点

关键控制点包括:开场白、亲切感、结束语、礼貌用语等。

服务技巧

关键控制点包括:控制能力、倾听理解能力、处理问题等。

专业技能

关键控制点包括:专业知识的掌握情况、系统操作能力等。

3. 案例分析

表 16-4 为国内某呼叫中心制定的服务评估标准。

注:(1) 以上评估标准满分为 50 分。

(2) 每项分值可依据工作不同阶段的要求进行调整。

表 16-4 服务评估标准

	序号	项目名称	定义、估评依据	分数
服务规范(满分14分)	1	服务用语(满分 3 分)	自觉使用服务脚本 在结束通话前询问"请问您还有其他问题吗?"并以"欢迎再次致电****"结束。经提醒服务用语仍不规范的,加倍扣分	3 分
	2	亲和力(满分 7 分)	吐字清晰,用语礼貌、得体。客户确认身份后,在以后的称呼上加入姓氏	2 分
			以愉悦的声音,饱满的精神状态应答	5 分
	3	服务忌语(满分 4 分)	是否有顶撞、轻视、生硬等忌语,是否经常打断客户说话	4 分
服务技巧(满分11分)	4	控制通话节奏(满分 3 分)	控制通话节奏的主动权、引导用户顺利完成此次通话	1 分
			询问客户是否可以等待,并在回线后对客户的等待表示歉意,如"对不起,让您久等了"	1 分
			对预计超过 15 秒的等候用"挂起"键播放音乐,对于一个业务问题,电话挂起时间不超过 1 分钟	1 分
	5	安抚客户情绪(满分 2 分)	对于建议者应感谢他的来电	1 分
			在投诉过程中,对客户情绪的安抚和控制	1 分
	6	理解客户意图(满分 6 分)	较快并准确地理解客户的主要问题	5 分
			通过倾听及时了解客户的需求,倾听中用"是"、"嗯"告诉客户你在听	1 分

(续表)

	序号	项目名称	定义、估评依据	分数
业务能力（满分25分）	7	业务处理能力（满分25分）	业务解释准确，操作流程规范。如密码重置前是否验证身份	15分
			是否详细记录客户提供的信息，如卡号、姓名、身份证号、联系电话、业务内容、相关网点等	3分
			是否一次性解决问题	4分
			与客户核对信息，并取得客户确认，若投诉，要将投诉内容给客户重复一遍，经客户确认后受理 需后续处理的业务告知业务编号，若用户不记录，则告之用户下次查询时要提供本人姓名	3分
加分	8	主动营销	适时营销本企业优质产品	2分
	9	客户满意	当时受到客户表扬	2分

第十节 监听监控的策略与技巧

1. 监控的内容

参见表16-3的评估标准，标准中所列内容即为监听监控所关注的主要内容。

2. 监控的频度

通常每月每项业务大约需要监听15～20次。

每个座席人员根据表现的不同，每周每人被监听约3～10次。

3. 监听监控的人员定位

图16-6描述了客户、座席人员、培训师、管理者、质量督导等多方面的相互关系。图中所涉及的人员对客户服务中心的运营管理水平起着重要的作用，对客户服务中心质量控制是每个岗位都有着不可推卸的责任。但是由于每个岗位的职能不同，所以对质量控制发挥的作用或工作的侧重点也应有所不同。

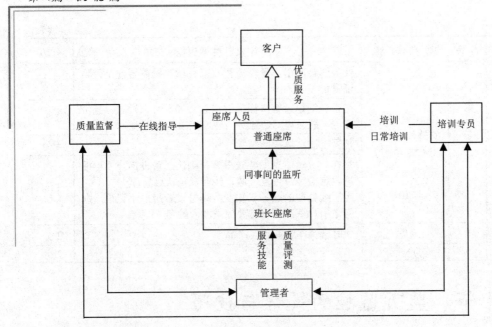

图 16-6 客户服务中心监听监控不同角色之间的关系图

由图中可直接得出如下信息。

(1) 客户服务中心的座席人员是与客户直接发生关系的人员,客户服务中心的其他工作人员作为二线人员直接为座席人员提供服务。

(2) 管理人员的角色是管理与服务并重。只有创造出满意的员工,才能通过其服务赢得客户的满意。

(3) 质量督导应定期与客户服务中心负责人、培训专员保持沟通,并不断提出合理化改进建议,以保证客户服务中心的服务质量稳步提高。

对于不同的岗位开展工作的方式及担当的责任如下。

(1) 管理者(主管):负责对客户服务中心的运营质量进行监督,可以以不定期抽查的方式(但要保证一定的量,如每周抽查 30 个电话)进行,并在月末提出运营水平分析报告。

(2) 质量督导:本岗位安排专职人员负责质检工作,每天进行实时的全程质量控制,并对发现的问题进行在线指导。如果问题较为共性和突出,提出培训需求,通知培训师,安排必要的培训。

(3) 培训师：以不定期抽查的方式(但要保证一定的量)对目前的座席人员的业务水平和服务质量进行评测，发现培训需求，并安排实施培训。

(4) 为了保证三个岗位对整体服务水平有一个综合一致的认识，建议每周安排一次"三方监听会"，共同对座席人员进行服务水平的评测，发现问题，并制定相应的解决办法。

4. 监听监控方法

监听监控的方式方法很多，如随机监听、电话录音、现场工作指导、同事间监听、自我监听、电话结束后客户留下评价，以及匿名呼入等。在实际工作中，管理人员可进行灵活的选择和安排。一般来讲，客户服务中心中最常用的是前三种方式。对每种方式的特点我们做一简要分析，如表16-5所示。

表16-5 客户服务中心的三种电话监听监控方式的比较

监听方式	优　点	缺　点	系统要求
随机监听	1. 因为是多样本随机选择，样本比较具有普遍性 2. 通常座席人员并不知道是否正在被监听，其表现就会更自然一些，监听效果更真实 3. 监听者不必受时间或空间的限制，可以在不忙的时候进行监听，甚至可以在家中利用闲暇的时间监听	1. 随机监听后需要很及时的反馈，但经常是反馈给座席人员的信息已经是一个月甚至更早以前的内容了 2. 由于不能确定客户电话何时呼入，监听者有时不得不等待电话的呼入而造成时间利用率降低 3. 座席人员不能确定何时为被监听对象，因此有些人时常会存在着恐惧心理(这种恐惧心理在三种监听方式中都会不同程度出现)	1. 系统需配备远程监听设备 2. 当有电话呼入时，系统能够马上通知监听者，以省去监听者等待电话呼入的时间 3. 监听者能够观察到座席人员的桌面当前状态，即屏幕捕获系统
电话录音	1. 为座席人员服务质量考核、客户投诉等提供了证据 2. 座席人员自己也可以听电话录音，帮助座席人员判别自己需要改进的地方 3. 监听者对于安排何时进行电话录音掌握更灵活，避免等待电话呼入的时间损耗 4. 对于集中抽查质量也很有帮助	1. 由于不是实时监听，对座席人员反馈的效果通常会打折扣，通常由于监督人员繁忙的工作安排使得座席人员常常是在一个星期以后甚至更长时间才能收到反馈信息 2. 由于受电话录音设备和环境等外部因素的影响，有时录音失真或是质量不好，影响监听的效果	1. 电话录音系统，可以是桌面录音设备 2. 能够实现自动录音和安全保存 3. 座席主管或经理能够浏览和调听座席人员的通话，作为质量监督检查的依据

(续表)

监听方式	优　　点	缺　　点	系统要求
现场工作指导	1. 这种监听保证双方都能及时地交流沟通，监听者能够及时给座席人员信息反馈，可以直接回答座席人员提出的问题，传达工作标准以及及时发现哪些座席人员需要哪些方面的培训，座席人员能够在监听者的指导下及时掌握新的服务内容和技巧 2. 监听者能够看到座席人员使用的参考资料和其他工作站资源 3. 对新招聘进来的座席人员有很大的帮助，高度交互式的交流为座席人员提供一个令人鼓舞的支持性的环境 4. 有利于座席人员和监听者建立起良好的关系，增进彼此的信任感	1. 座席人员可能会由于监督者就在自己身边而感到羞怯或是恐惧，因此不能够表现其正常工作状态 2. 座席人员的表现由于和当时的环境和自身的状态有很大关系，例如有的座席人员可能会因为监督者在旁边而表现出比平时对客户更友好，监听者在一旁观察到的结果就可能会失真	监听电话听筒、插座、记事本、监听者席位等

5. 如何克服监听监控的负面影响

电话监听作为提高客户服务中心服务质量的一种手段，具有很好的效果。但与此同时，我们也应看到座席人员对任何一种电话监听方式，都可能存在着误解、反感、甚至是恐惧。一旦出现这种情况，监听就会增加座席人员的心理压力，对座席人员积极性和工作表现产生消极影响，最终导致座席人员的缺勤率与离职率增加。反之，被座席人员认可的电话监听可以提高座席人员对工作的满意度、积极性和工作效率。因此，关注座席人员的感受，采取适当的措施帮助座席人员克服这种恐惧心理是非常必要的。

(1) 管理者、监听者要表现出人情味

在正式进入工作岗位前，应当直截了当地向座席人员介绍电话监听方式、途径，并向座席人员说明，其目的是为座席人员创造一个更加公平、有效的工作环境，同时帮助座席人员提高其工作技能，从而减少座席人员对此的恐惧与排斥心理。

(2) 要尊重员工的隐私

例如，只监听座席人员与客户的通话，对私人电话和接听间隔期间不应进行监听。必须有合法的理由才能监听电话，可在客户服务中心指定几部不受监听的电话，供座席人员私人使用。对于来客户服务中心应聘的人员，也应告知企业使用了电话监听系统。

(3) 监听人员应当在评估完成之后尽快开始反馈工作

例如，如果监督人员监听了电话并对座席人员的表现做出总结，就应该在接听电话后的几个小时之内提出总结意见，这样才能保证最佳的反馈效果。

针对客户服务中心座席人员对不同电话监听方式的心理反应，相应列出如何克服电话监听对座席人员的负面影响，如表 16-6 所示。

表 16-6 客户服务中心座席人员对不同电话监听方式的心理反应及其解决办法

电话监听方式	座席人员心理反应	克服负面影响
随机监听	"是谁、将在什么时间监听我们的录音？ 需要多长时间反馈结果？ 监听人能看到我们的整个场景和个人桌面操作吗？"	1. 确信监听者诚实、公正、守信以保证监听结果的公正性 2. 告知座席人员会把监听的整个过程及结果及时地反馈给他们 3. 通过屏幕捕获系统观察座席人员的桌面当前状态，而不仅仅只是去听
电话录音	"那难道就是我的声音吗？我不喜欢自己的声音听起来是这样。" "是谁来听这些录音带呢？"	1. 刚开始工作时可将录音资料交给座席人员，让他们自己先听一下，给予座席人员一段适应期。这样，在正式监听电话录音之前，座席人员有一段熟悉适应和自我改进的时间，就能大大消除这种畏惧心理。经过一段时间后再来监听电话录音效果会更好一些，同时座席人员也会把它和以前的录音作比较为自己的进步感到兴奋 2. 监听人员经常抽出一点时间，可以和座席人员在一起听录音。针对某个录音(监听人员精心挑选出来)，一起评判，征询座席人员的意见
现场工作指导	"这样太让人难为情了，我感到很紧张，无法达到最佳状态。"	1. 克服这种恐惧心理的一个比较好的办法就是首先让监听者以座席人员的身份拨打或接听客户电话，由座席人员来反馈意见。这种方式不仅能够大大缓解座席人员紧张的心理，而且也是一次生动的培训过程 2. 监听人员应注意在线指导的时机、长度的把握，通过在线指导，使座席人员达到最佳表现 3. 监听人员要注意自己的角色，是辅助、指导人员的角色，而不是与座席人员敌对的监工 4. 监控主管与座席人员加强沟通，应当通过单独的面谈让座席人员感到他们的工作表现对企业的重要意义

6. 监听监控的结果控制措施

对电话监听的结果还需要进行分析和整理，并采取相应的改进措施，以保证客户服务中心的服务质量和员工的工作积极性都得到提高。

(1) 监听结果与绩效考核挂钩

结合监听的结果，客户服务中心运营系统每月进行一次绩效考核，考核成绩按照一定比例直接纳入员工本月的绩效考核总成绩中，与员工每月的奖金评定直接挂钩。

(2) 监听结果与辅导和培训挂钩

管理者可组织班长、座席等随机进行。按照每天不同的班次(正常班、夜班、繁忙时段的加班等)、呼入/呼出服务形式以及不同的服务内容分别汇总数据。结合鉴定过程中暴露出来的问题进行分析。对于共性问题，讨论并形成调整措施，通常为不同组别分别安排培训课程和心理辅导等。对于发现的个性问题，给予座席人员单独的指导和培训。如可以为其每个人制定改进建议书，并明确规定其希望改进的时间期限。在以后的监听监控工作中，质检人员要据此做针对性的监控，以保证座席人员逐渐改进其服务，客户服务中心的整体服务质量每天都在发生变化，在不断上升和前进。

案例：某技术支持中心质检分析报告(见图 16-7、图 16-8)。

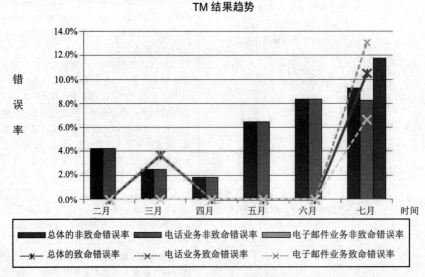

图 16-7　质检成绩结果趋势图

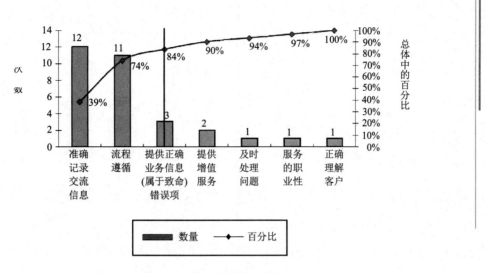

图 16-8 质检成绩帕累托图

思考题

1. 在制定质检方案时,应考虑哪些因素?
2. 质检会议分为哪几种?
3. 质检工作应如何与培训工作结合?
4. 如何从质检的角度看运营表现?
5. 质检工作应如何利用技术力量来提高效率?

第十七章

团队建设及管理

作为一个劳动密集型的行业，呼叫中心的团队建设工作非常重要。从客户的角度讲，良好的团队氛围能使客户的问题更快速、更高质量的被解决。客户无论任何时候、以任何问题与呼叫中心接触，感受到的都是热情、一致的服务而不是互相推诿；从员工的角度讲，融洽的团队氛围让员工感觉工作在舒适的氛围中，从而以更积极的态度面对客户，增强了员工对团队的满意度也就增强了忠诚度。

本章通过对团队的构成要素、类型、发展阶段、弹性的统一团队及人员奖惩等方面的介绍，希望能帮助每个呼叫中心的团队建设。

第一节 团队的定义

团队是由员工和管理层组成的一个共同体，该共同体合理利用每一个成员的知识和技能协同工作，解决问题，达到共同的目标。

- 团队可以创造独特的机会，他们能化腐朽为神奇
- 他们彼此支援，就像一家人
- 他们整合个别的行动，形成集体
- 他们激发向心力，产生凝聚力
- 他们创造归属感，相互信任与依赖

- 他们确认训练与发展需求
- 他们提供彼此学习的机会
- 他们加强沟通，产生创意
- 他们提供令人满意且具挑战性的工作环境

第二节 团队的构成要素

团队有几个重要的构成要素，总结为 5 P：Purpose、People、Place、Power、Plan。

自然界中有一种昆虫很喜欢吃三叶草(也叫鸡公叶)，这种昆虫在吃食物的时候都是成群结队的，第一个趴在第二个的身上，第二个趴在第三个的身上，由一只昆虫带队去寻找食物，这些昆虫连接起来就像一节一节的火车车厢。管理学家做了一个实验，把这些像火车车厢一样的昆虫连在一起，组成一个圆圈，然后在圆圈中放了它们喜欢吃的三叶草。结果它们爬得精疲力竭也吃不到这些草。

这个例子说明在团队中失去目标后，团队成员就不知道上何处去，最后的结果可能是饿死，这个团队存在的价值可能就要打折扣。

团队的目标必须跟组织的目标一致，此外还可以把大目标分成小目标具体分到各个团队成员身上，大家合力实现这个共同的目标。同时，目标还应该有效地向大众传播，让团队内外的成员都知道这些目标，有时甚至可以把目标贴在团队成员的办公桌上、会议室里，以此激励所有的人为这个目标去工作。

1. 目标(Purpose)

团队应该有一个既定的目标，为团队成员导航，知道要向何处去，没有目标这个团队就没有存在的价值。

2. 人(People)

人是构成团队最核心的力量。3 个(包含 3 个)以上的人就可以构成团队。

目标是通过人员具体实现的，所以人员的选择是团队中非常重要的一个部分。在一个团队中可能需要有人出主意，有人定计划，有人实施，有人协调不同的人一起去工作，还有人去监督团队工作的进展，评价团队最终的贡献。不同的人通过分工来共同完成团队的目标,在人员选择方面要考虑人员的能力如何,技能是否互补,人员的经验如何。

3. 团队的定位(Place)

团队的定位包含两层意思:

(1) 团队的定位。团队在企业中处于什么位置,由谁选择和决定团队的成员,团队最终应对谁负责,团队采取什么方式激励下属?

(2) 个体的定位。作为成员在团队中扮演什么角色?是订计划还是具体实施或评估?

4. 权限(Power)

团队当中领导人的权利大小跟团队的发展阶段相关,一般来说,团队越成熟领导者所拥有的权利相应越小,在团队发展的初期,领导权是相对比较集中的。

团队权限关系的两个方面:

(1) 整个团队在组织中拥有什么样的决定权?比方说财务决定权、人事决定权、信息决定权;

(2) 组织的基本特征。比方说组织的规模多大,团队的数量是否足够多,组织对于团队的授权有多大,它的业务是什么类型。

5. 计划(Plan)

计划的两层面含义:

(1) 目标最终的实现,需要一系列具体的行动方案,可以把计划理解成目标的具体工作程序;

(2) 提前按计划进行可以保证团队的顺利进度。只有在计划的操作下团队才会一步一步地贴近目标,从而最终实现目标。

一、典型的项目团队人员配置

项目经理/Project Manager

工作职责和内容

- 项目主要沟通联系人

- 确保项目按照进度高质量地完成
- 工作技能要求
- 项目管理能力
- 问题解决能力
- 沟通与协同工作能力
- 团队管理能力

业务咨询师/Business Consultant

工作职责和内容
- 分析并改进业务流程
- 制作业务咨询报告
- 工作技能要求
- 客服行业运营经验
- 问题解决能力
- 流程管理能力
- 客户沟通能力

技术咨询师/IT Consultant

工作职责和内容
- 系统架构设计
- 系统需求文档调研与制作
- 工作技能要求
- IT专业能力，包括计算机软硬件、网络、电话交换机等
- 客服业务经验
- 问题解决能力

数据分析师/Business Analyst

工作职责和内容
- 数据准备与清洗
- 分析业务数据并制作报告
- 工作技能要求

- 计算机数据处理能力
- 问题解决能力
- 业务分析能力

项目助理/Project Assistant

工作职责和内容
- 项目日常事务组织
- 会议组织与记录
- 工作技能要求
- 文档制作能力
- 协调配合能力

二、典型的呼叫中心运营团队人员配置

运营主管/Team Manager

工作职责和内容
- 负责日常客户服务的运营管理
- 人员招聘与管理
- 与客户方客服主管紧密联系
- 工作技能要求
- 人员管理能力
- 绩效管理能力
- 现场管理能力
- 知识管理能力

运营班长/Team Supervisor

工作职责和内容
- 员工现场管理
- 质量指导
- 工作技能要求

- 客服工作经验
- 现场管理能力
- 人员管理能力

技术主管/Tech Lead

工作职责和内容

- 管理技术解决方案
- 提高问题有效解决率
- 与客户方技术人员保持联系
- 工作技能要求
- 扎实的技术能力
- 客服工作经验
- 知识管理能力
- 培训与教育能力

客户服务专员/Customer Service Representative

工作职责和内容

- 处理客户服务请求
- 在系统中记录服务内容和反馈
- 学习最新的流程和话术
- 工作技能要求
- 沟通能力
- 学习能力
- 计算机使用能力

技术支持工程师/Technical Support Engineer

工作职责和内容

- 处理客户技术支持请求
- 在系统中记录
- 学习最新的产品知识和流程
- 分享最新的解决方案

- 工作技能要求
- 专业技术能力
- 沟通能力
- 学习能力

电话销售专员/Telesales Representative

工作职责和内容
- 与最终用户/渠道进行沟通
- 聆听客户需求
- 介绍产品信息
- 将服务内容在系统中进行记录
- 工作技能要求
- 沟通能力
- 销售技巧
- 对产品和报价的知识

质量保证或质量控制专员/QA&QC Specialist

工作职责和内容
- 监督客服业务运营质量
- 整理运营流程文档
- 根据质检标准对事件进行评分
- 跟踪质量改进进程
- 工作技能要求
- 流程管理能力
- 质量监管能力
- 质量报表制作能力

数据报表专员/Reporting Specialist

工作职责和内容
- 制作业务数据报表
- 制作呼叫中心运营报表

- 工作技能要求
- 计算机数据处理能力
- 数据分析能

团队成员的个性对团队建设有着深远影响。团队角色是指团队成员为了推动整个团队的发展而与其他成员进行交往所表现出来的特有的行为方式。目前研究发现了八个能对团队做出积极贡献的角色，他们分别是：实干家、协调员、推进者、智多星、外交家、监督员、凝聚者、完美主义者。每种角色都是我们团队需要的。假如我们团队缺乏实干者，团队可能很乱；假如缺乏推进者，效率可能不够高。在进行角色管理中，我们需要注意到：

- 人人能不断进步，但无人能达到完美，但团队可以通过不同角色的组合达到完美；
- 团队中的每个角色都是优点缺点相伴相生，领导要学会用人之长，容人之短；
- 尊重角色差异，发挥个性特征。角色并无好坏之分，关键是要找到与角色特征相契合的工作。

天堂与地狱

天堂就是： 厨师是法国人，警察是英国人，修车技师是德国人，公共行政人员是瑞士人，情人是热情如火的意大利人

地狱就是： 厨师是英国人，警察是德国人，修车技师是法国人，公共行政人员是意大利人，情人是冷若冰霜的瑞士人

适材适所方能形成卓越团队！

第三节　团队的类型

根据团队存在的目的和拥有自主权的大小可将团队分成三种类型。
- 问题解决型团队
- 自我管理型团队
- 多功能型团队

1. 问题解决型团队

问题解决型团队的核心点是提高生产质量、提高生产效率、改善企业工作环境等。在这样的团队中，成员就如何改变工作程序和工作方法相互交流，提出一些建议。成员几乎没有什么实际权利来根据建议采取行动。

20 世纪 80 年代最流行的一种问题解决型团队是质量圈，质量圈分成六个单元，或六个部分。首先要找到质量方面存在哪些问题，接下来在众多问题中选择一些必须马上解决的，然后进行问题的评估——如果不解决可能会带来什么样的损失，这个问题的等级是重量级的还是轻量级的？第四个部分是推荐的方案，要解决问题采取什么样的方式比较好？第五是评估方案，看看可行不可行，它的成本花费是多少。最后一部分是决策最终是否实施。

通常质量圈由 5~12 名员工组成，他们每周有几个小时碰头，着重讨论如何改进质量，他们可以对传统的程序和方法提出质疑。在质量圈中问题的确认这一部分是由管理层来最终实施的，团队的成员没有权力来确定问题在哪里，只能提出意见。第二到第四个部分是由质量圈的成员操作，最后两个部分需要管理层和质量圈的成员共同把握。

在这六个部分当中权利其实是分解的，并不是所有质量团队的成员都有权力或有能力完成这六个任务。

2. 自我管理型的团队

质量圈对表现企业的质量行之有效，但团队成员在参与决策方面的积极性显得不够，企业总是希望能建立独立自主、自我管理的团队——自我管理型团队，如图 17-1 所示。

真正独立自主

10~15 人组成

责任范围广泛
(决定工作分配
/节奏/休息)

挑选队员

图 17-1　自我管理型团队

美国德州一汽公司因为推行自我管理型团队而获得国家质量奖。美国最大的金融和保险机构路得教友互动会，因为推行自我管理团队在4年的时间中减员15%，而业务量增加了50%，主要原因是提高了员工的满意度，推行了自我管理型的团队。麦当劳成立了一个能源管理小组，成员来自于各连锁店的不同部门，他们对怎样降低能源问题提供自己的方案，解决这一环节对企业的成本控制非常有帮助。能源管理小组把所有的电源开关用红、蓝、黄等不同颜色标出，红色是开店的时候开，关店的时候关；蓝色是开店的时候开直到最后完全打烊后关掉。通过这种色点系统他们就可以确定，什么时候开关最节约能源，同时又能满足顾客的需要。这种能源小队其实也是一个自我管理型团队，能够真正起到降低运营成本的作用。

但推行自我管理团队并不总是能带来积极的效果，虽然有时员工的满意度随着权利的下放而提升，但同时缺勤率、流动率也在增加。所以首先要看企业目前的成熟度如何，员工的责任感如何，然后再来确定自我管理团队发展的趋势和反响。

3. 多功能型的团队

多功能型团队是由来自同一种等级不同领域的员工组成，成员之间交换信息，激发新的观点，解决所面临的一些问题，如图17-2所示。

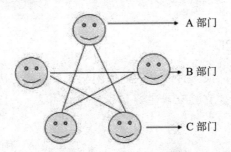

图17-2 多功能型团队

20世纪60年代爱必尔诺威开发了卓有成效的360类反馈系统，该系统采用的是一种大型的任务攻坚团队，成员来自公司各个部门。由于团队成员知识、经验、背景和观点不太一样，加上处理复杂多样的工作任务，因此实行这种团队形式，建立有效的合作需要相当长的时间，而且要求团队成员具有很高的合作意识和个人素质。

麦当劳有一个危机管理队伍，责任就是应对重大的危机，由来自于麦当劳营运部、训练部、采购部、政府关系部等部门的一些资深人员组成，他们平时在共同接受关于危机管理的训练，甚至模拟当危机到来时怎样快速应对，比如广告牌被风吹倒，砸伤了行人，这时该怎么处理？一些人员考虑是否把被砸伤的人送到医院，如何回答新闻媒体的采访，当家属询问或提出质疑时如何对待？另外一些人要考虑的是如何对这个受伤者负责，保险谁来出，怎样确定保险？所有这些都要求团队成员能够在复杂问题面前做出快速行动，并且进行一些专业化的处理。

虽然这种危机管理的团队究竟在一年当中有多少时候能用得上还是个问题，但对于跨国公司来说是养兵千日，用兵一时，因为一旦问题发生就不是一个小问题。在面临危机的时候，如果做出快速而且专业的反应，危机会变成生机，问题会得到解决，而且还会给顾客及周围的人留下很专业的印象。

这一节主要讨论的问题是团队最基本的概念，团队是由员工和管理层组成的一个共同体，它合理利用每一个成员的知识和技能协同工作，解决问题，达到共同的目标。

第四节　团队的发展阶段

一、成立期

即团队形成的初期。

1. 团队成员在成立期的行为特征

- 被选入团队的人既兴奋又紧张
- 高期望
- 自我定位，试探环境和核心人物
- 有许多纷乱的焦虑、困惑和不安全感

2. 依赖职权

团队组建的两个工作重点：
- 形成团队的内部结构框架
- 建立团队与外界的初步联系

团队组建的两个工作重点简单地说一个是对内，在内部建立什么样的框架；一个是对外，怎样跟团队之外的领导者或其他的团队保持联系。

(1) 团队的内部框架需要考虑的问题：
- 团队的任务是什么？
- 团队中应包含什么样的成员？
- 是否该组建这样的团队？
- 成员的角色如何分配？
- 团队的规模多大？
- 团队生存需要什么样的行为准则？

(2) 团队的外部联络需要注意的问题：
- 建立起团队与组织的联系
- 确立团队权限
- 团队考评与激励体系
- 团队与外部关系

3. 如何帮助团队度过第一阶段

(1) 宣布你对团队的期望是什么。也就是希望通过团队建设，在若干时间后，取得什么样的成就，达到什么样的规模。

(2) 明确愿景。告诉团队成员，我们的愿景目标是什么，向何处去。

(3) 为团队提供明确的方向和目标。在跟下属分享这个目标的时候，要展现出自信心，因为如果自己都觉得这个目标高不可攀，那么下属会有信心吗？

(4) 提供团队所需要的一些资讯、信息。比如要一个小组的成员到东北成立一个分公司，就必须给他足够的资讯，首先包括竞争对手在这个商圈中的分布，市场占有率分别是多少；计划在这个区域投入多少资本。

(5) 帮助团队成员彼此认识。第一阶段是初识阶段，大家还不知道你是谁我是谁，自己有一些特长，还不好意思介绍出来，所以这个时候有必要让团队的成员彼此认识。你要告诉他们，哪位成员身上怀有什么样的绝技，这样容易彼此形成对对方的尊重，为以后的团队合作奠定良好的基础。

在组建团队的初期不妨试一个活动，名称是"认识你真好"。如果每一个团队成员都通过彼此的认识，形成一种印象和感觉的话，那么就已经初步建立了一种比较融洽的气氛，为后面团队精神的培养，合作气氛的营建奠定基础。这个活动分成五步：

一、团队成员组合在一起，交叉进行分组练习，每五个成员一起，最多不要超过五个。

二、每个成员介绍自己有代表性的三件事情，其中有两件真的，一件假的。比如我曾经做过两年的培训经理，这是一个经历，让大家猜测一下是不是真的；13岁以前一直生活贫困，这段经历对我以后的工作很有帮助等等。

三、其他成员来猜测，到底哪一个是真的，哪一个是假的，并说出理由。

四、由陈述者介绍一下，哪个真哪个假，依次进行。

五、提供足够的时间，让大家相互认识。除了这三件事之外，可以就广泛的问题进行沟通，以便加深彼此的了解。

二、动荡期

第一阶段完成以后，团队就进入了第二个阶段——动荡期。

1. 团队在动荡期阶段的表现

- 期望与现实脱节，隐藏的问题逐渐暴露
- 有挫折和焦虑感，目标是否能完成
- 人际关系紧张(冲突加剧)
- 对领导权不满(尤其是出问题时)
- 生产力遭受持续打击

随着时间的推移，一系列的问题都开始暴露出来，人们从一开始的彬彬有礼，互相比较尊重，慢慢地发现了每个人身上所隐藏的缺点。慢慢会看到团队当中一些不尽如人意的地方，比如团队的领导朝令夕改，比如团队成员的培训进度落后，刚开始承诺有很多很好的培训机会，为什么一遇到问题的时候就耽误了？

成员对于团队的目标也开始了怀疑,当初领导者很有信心地要达成某个目标,但经过一两个月的检验,基本上是高不可攀,达不到的。而人际关系方面,冲突开始加剧,人际关系变得紧张,互相猜疑、对峙、不满,成员开始把这些问题归结到领导者身上,对领导权产生不满,尤其在问题出现的时候,个别有野心的成员,甚至会想到挑战领导者,这个阶段人们更多是把自己的注意力和焦点放在人际关系上,无暇顾及工作目标,生产力在这个时候遭到持续性的打击。

2. 动荡期的特点

团队中在动荡期的特点从图 17-3 中五个方面体现。

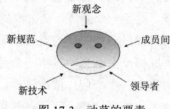

图 17-3　动荡的要素

人们遇到了新观念的挑战,成员间、领导者与成员间发生了一些冲突;在其他团队和传统的组织结构中没有碰到的新技术也是一种挑战,以及一些人们觉得不适应的,过去在组织中没有的新规范。

3. 如何帮助度过团队第二阶段

最重要的是安抚人心:
- 认识并处理冲突
- 化解权威与权力,不容以权压人
- 鼓励团队成员对有争议的问题发表自己的看法
- 准备建立工作规范(以身作则)
- 调整领导角色,鼓励团队成员参与决策

(1) 渡过动荡期最重要的问题是如何安抚人心

首先要认识并处理各种矛盾和冲突,比方说某一派或某一个人力量绝对强大,那么作为领导者要适时的化解这些权威和权利,绝对不允许以一个人的权利打压其他人的贡献。

同时要鼓励团队成员就有争议的问题发表自己的看法。

(2) 准备建立工作规范

没有工作规范、工作标准约束，就会造成一种不均衡，这种不均衡也是冲突源，领导者在规范管理的过程中，自己要以身作则。

(3) 需要调整领导决策，鼓励团队成员参与决策

例如，一个团队成员中午上班，喝酒喝得醉醺醺的，下午办事时，既影响了客户的利益，也影响了公司的形象，碰到这种问题怎样解决？给大家一个建议，这种问题真正出现的时候，可以在团队的会议上，不失时机的予以纠正。可以这样说：各位听好，你们在午餐时间做什么事情是你们个人的选择，不过各位绝对不能带着一身酒味回到办公室，这样不仅令人讨厌，也会给客户留下糟糕的印象，我希望各位从现在开始跟我合作。

通过这番话，这位团队成员会意识到自己的问题所在，也会把自己拉入团队正常的运作轨道中。既然作为一种规则已经定下，那么他就有责任、有必要去配合。

随着时间的推移，技能的提升，团队会进入稳定期，这是团队发展的第三个阶段。

三、稳定期

1. 稳定期的特征

- 人际关系由敌对走向合作

憎恶开始解除

沟通之门打开，相互信任加强

团队发展了一些合作方式的规则

注意力转移

- 工作技能提升
- 建立工作规范和流程，特色逐渐形成

稳定期的人际关系开始解冻，由敌对情绪转向相互合作，人们开始互相沟通，寻求解决问题的办法，团队这时也形成了自己的合作方式，形成了新的规则，人们的注意力开始转向任务和目标。通过第二个阶段的磨合，进入稳定期，人们的工作技能开始慢慢提升，新的技术慢慢被掌握。工作规范和流程也已经建立，这种规范和流程代表的是团队的特色。

2. 怎样帮团队度过第三个阶段

图 17-4 为稳定期的要素。

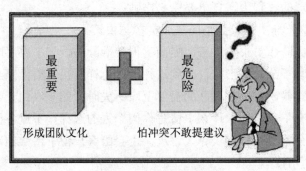

图 17-4 稳定期的要素

团队要顺利地度过第三个阶段，最重要的是形成团队的文化和氛围。团队精神、凝聚力、合作意识能不能形成，关键就在这一阶段。团队文化不可能通过移植实现，但可以借鉴、参考，形成自己的文化。这一阶段最危险的事就是大家因为害怕冲突，不敢提一些正面的建议，生怕得罪他人。

四、高产期

度过第三个阶段，稳定期的团队就可以进入到高产期，也叫高绩效的团队。

1. 高产期的团队情况会继续有所好转

- 团队信心大增，具备多种技巧，协力解决各种问题
- 用标准流程和方式进行沟通、化解冲突、分配资源
- 团队成员自由而建设性地分享观点与信息
- 团队成员分享领导权
- 巅峰的表现：有一种完成任务的使命感和荣誉感

2. 如何带领高产期的团队

对于一个高绩效团队，维持越久越好，但怎样去维持？

(1) 随时更新我们的工作方法和流程。并不是过去制定的一套方法和流程是对的，我们就不需要改变它，时间推移了工作方法也需要调整，所以要保持团队不断

学习的一种劲头。

(2) 团队的领导行如团队的成员而不是领袖。领导者要把自己当作团队的一分子去工作，不要把自己当成团队的长者、长官。

(3) 通过承诺而不是管制来追求更佳的结果。在一个成熟的团队中，应该鼓励团队成员，给他们一些承诺，而不是命令。有时资深的团队成员反感自上而下的命令式的方法。

(4) 要给团队成员具有挑战性的目标。

(5) 监控工作的进展，比如看一看团队在时间过半的情况下，任务是否已经完成了一半，是超额还是不足。在进行监控反馈的过程中既要承认个人的贡献，也要庆祝团队整体的成就，毕竟大家经过磨合已经形成了合力，所以团队的贡献是至关重要的。当然也要承认个人的努力。

五、调整期

古话说，天下没有不散的宴席。任何一个团队都有它自己的寿命，高产期的团队运行到一定阶段，完成了自身的目标后，就进入了团队发展的第五个阶段——调整期。调整期的情况如图 17-5 所示。

图 17-5　调整期的情况

调整期的团队可能有如下三种结果。

第一种：团队的任务完成了，先解散。伴随着团队任务的完成，团队的使命要结束，面临着解散，这个时候成员的反应差异很大，有的人很悲观，好不容易大家组合在一起，彼此间都形成了很好的印象，但时间这么快，团结很好的时候又面临解散；也有一些人持乐观的精神，他们觉得没有白来一趟，完成了既定的目标，新的目标还在等待着我们。人们的反应差异很大，团队的士气可能提高，也可能下降。

第二种：团队这一任务完成了，第二个任务又来了，所以进入了修整时期。经过短暂的总结，休年假等，要进入到下一个工作周期，这个时候新的团队又宣告成立，可能原来一部分成员要离开，新成员要进入，因为人员的选择跟团队的目标是有关联的。

第三种：对于表现不太好的团队，将勒令整顿，整顿的一个重要内容就是优化团队的规范。通常团队不能达到目标就是因为规范建立不够，流程做得不够，没有形成一套有系统的方式和方法。

建立高绩效团队，绝不是一蹴而就的事情，团队的发展有自己的阶段。

这一节主要讨论了团队的五个发展阶段：团队的成立期、团队的动荡期、团队的稳定期、团队的高产期、团队的调整期，团队在每一个阶段当中主要的特征以及如何帮助团队进入下一个阶段。

第五节 弹性的统一团队

1. 识别团队的发展阶段

领导团队的过程就像医生看病人的过程一样，先诊断，后开方，上一节中谈到了如何诊断团队的发展阶段，根据团队发展的不同阶段，可以采取不同的领导方式。

2. 识别团队的两个尺度

怎样判定团队处于哪个阶段？除团队的特征外，还可以从另外两个提炼的因素中得到启示：
- 生产力。这个团队的生产力是高还是低，生产力所反映的问题是这个团队的成员会不会做事情，能不能做事情，是否拥有相关的技能。
- 团队成员的士气。士气体现的是团队成员愿不愿意做。

3. 四种不同的团队

根据士气和生产力的高和低，我们可以组成四种不同的团队，如图17-6所示。

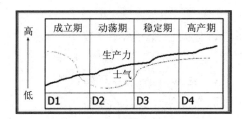

图 17-6　四种不同的团队

- 在第一阶段，团队刚刚组合在一起，面对新技术、新观念、新知识，可能掌握得不多，这时生产力相对还比较低，但人们刚刚开始加入这个团队，都有一种很大的期望值，士气比较高。
- 进入到团队发展的第二个阶段，伴随着培训、产品知识的介绍等，生产力有所提升，但这个时候的士气很低，因为矛盾比较集中，冲突不断出现。
- 随着培训、技能的切磋和交流，团队发展到第三个阶段，这时生产力不断攀升，达到一个较高的水平，但士气则呈现出一种波动的状态，或高或低。

当团队的技能能够完成任务时，人们表现出很好的自信心，这时士气就高；而当交给该团队一个挑战性的工作，团队成员的技能还不足以能够完成它的时候，团队的士气就低。

例如：小孩学游泳，有教练、家长在旁边看着，这时他可以从游泳池的一端游到另一端，20米长没有问题。但有一天教练、家长都不在了，他自己在一个深不可测的湖或大江里，没人看护，他就不敢游。

- 进入第四个阶段，这时生产力和士气都会进入到相对稳定的阶段，即双高阶段。但跟第一阶段相比，哪个士气更高？第一阶段更高，我们很难找到刚开始参加工作时的热忱和兴奋。团队发展到第四个阶段，高士气是相对稳定的，不是那种超现实的状态。

4. 团队领导的两种行为

团队的领导每天都在做什么？在领导者的众多行为、众多事情中，可以归结为如下两种不同的行为。

(1) 指挥性的行为

指挥性的行为就是告诉你做什么，例如布置工作，指导、监督下属。指挥性行为是一种单向的沟通方式，也就是领导说下属听，自上而下，包括5个W和1H(What、When、Where、who、why、How)。除了告诉你这些工作步骤之外，一个指挥性的领导者还会严格的监督团队工作的进展，指挥行为强的领导者在做决策的时候，领导是决定者，是解决问题的人。

指挥性行为的领导者对于团队的技能、生产力是有帮助的。

以下几个关键的词可以帮助判断是不是指挥性行为。

- 结构，一个指挥行为强的领导者总会希望建立强有力的结构，告诉你这件事情分三个阶段去完成，第一阶段准备，第二阶段实施，第三阶段总结、检讨等等。
- 组织，组织的对象是人、财、物、时间、信息等等。当一个任务布置下去之后，指挥性行为的领导者会组织各个方面的资源完成这个项目。
- 教，告诉下属怎么做。
- 监督，指挥行为很强的领导者，绝不会把任务布置完，不管不问，他会保持巡视，了解这件事情的进展。

(2) 支持性的行为

支持性行为从来不会给答案，但会鼓励你：你可以做得到，你能够完成。当你完成工作的时候他会认可你，提升你的自信心，他会扩展团队成员的思维，鼓励你去冒险，想得更深入一些。

支持性行为的领导者在开会时，和指挥性行为领导者的模式完全不同。

指挥性行为很强的领导者，开会时通常是这种方式：今天我们把大家召集在一起开会，主要有以下几个工作，A工作谁去完成，B工作谁去完成，C工作谁去完成，好大家有什么不同的意见吗？如果没有大家可以分头去做！他把所有的事情都想好，然后开会分解，让你来完成这个计划。

支持性行为的领导者在开会时，通常把大家组织在一起，提出自己的问题：最近我们发现团队的离职率越来越高，大家认为最主要的原因在哪里？我们应该采取什么样的方式来保留这些合格的，甚至优秀的团队成员？当他把问题提出来以后，由团队成员集思广益，群策群力，想办法解决。这就是一个支持性行为领导者的特征，不告诉你答案，只问和听。

支持性行为偏强的领导者会提升士气,因为他总是认可、赞扬,使你觉得是一种莫大的激励和鼓舞。

有几个关键的词可以帮助判断是不是支持性行为:问、听、鼓励、解。

5. 四种不同的团队领导方法

事实上在每个领导的身上,这两种行为或多或少都存在,不可能完全是指挥性行为,也不可能是绝对的支持性行为,只是表现的多寡不同而已。

如果我们把这两种行为作为两个轴,就会得到一个象限,可以区分四种不同的领导方式,如图 17-7 所示。

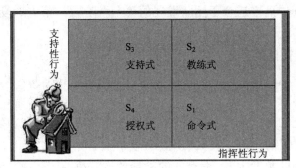

图 17-7 四种不同的领导方式

第一种领导方式——命令式

命令式的领导指挥性行为偏强,而支持性行为偏弱。命令式也可叫做指挥式,用 S_1 表示。

(1) 命令式的领导风格特点

- 从行为上说,指挥得多,支持得少。他总是告诉你做什么,怎么做。
- 从决定权来说,这个命令多半是由领导者自己做出。
- 从沟通上来说,多半是单向的沟通方式,也就是领导者说下属听,自上而下。
- 从监督的频率上来看,因为团队的生产力不太高,所以监督的频率也比较密。
- 从解决问题的角度来看,命令式的领导者通常帮助团队成员解决大量的问题,如图 17-8 所示。

图 17-8 命令式领导为团队解决大量的问题

- 命令式的领导风格适合于团队发展的第一个阶段。第一阶段的特征是生产力比较低,但士气非常高。

(2) 第一阶段团队的领导者所要做的
- 协助团队成员发现问题,这时团队成员刚刚组合在一起,还不具备自己去判断和知道问题所在的能力。
- 从解决问题的角度来看,命令式的领导者通常帮助团队成员解决大量的问题。设定团队成员的角色,提供明确的职责和目标。
- 从解决问题的角度来看,命令式的领导者通常帮助团队成员解决大量的问题。明确指导团队产生行动计划,这套行动计划需要在指导下去完善。
- 从解决问题的角度来看,命令式的领导者通常帮助团队成员解决大量的问题。领导者对员工,在多数情形下采取单向沟通的方式,自上而下解决问题,控制决策。要明确地告诉团队成员他所期望的工作标准,及时跟踪反馈。

第二种领导方式——教练式

教练式的领导是一种双高阶段的领导模式,在这种领导模式中指挥性行为和支持性行为是并重的。教练式的领导恰好对应的是团队发展的第二个阶段,用 S_2 表示。

(1) 教练式领导风格的特点
- 从行为上来看,是双高的,高指挥,高支持。
- 从决策权来看,领导是在征求意见以后再做决定。
- 从沟通上来说,是一种双向交流,并且提供反馈。
- 从监督上来说,相对比第一阶段的次数要少。但因为第二阶段冲突不断,建议监督的频率还要维持在一定的范围内,不宜过少。

- 从解决问题方面来看，建议领导者稍稍退出来一点，当团队成员认为比较困难时，才帮他解决。
- 如果说第一阶段团队的领导者在团队的核心位置，到了第二个阶段，因为团队成员对于领导权已经产生了怀疑和不满，建议领导者稍稍退出中心，很多问题可以征求下属的意见。

(2) 教练式的领导所要做的
- 应确认团队的问题在哪里，第二个阶段团队成员可能慢慢会知道问题在哪里，但是不确定，这就是主要问题所在，领导要帮助团队成员确认问题所在。
- 要帮助团队设定这个阶段的目标。
- 说明决策的理由并征求团队的建议，倾听成员的感受，促发大家的创意。
- 支持和赞美团队的发展、进程。
- 做最后的决定，并继续指导任务的完成。

第三种领导方式——支持式

支持式的领导方式是一种高支持、低指挥的领导方式，用 S_3。支持式的领导适应团队发展的第三个阶段，生产力较高，而士气处于波动的状态，正需要支持。

(1) 支持式领导风格的特点
- 从决策权来说，和前两个阶段有所不同，决定权已经慢慢向团队成员过渡。
- 从沟通上来说，领导者是多问少说，并且经常反馈，多听大家的意见。
- 建议在这个时期监督次数要减少，因为团队已经发展到一个比较高的水平。

(2) 支持式的领导所要做的
- 领导要让下属参与到问题的确认和目标的设定当中来。
- 应多问少说，听听下属的意见，激励下属共同承担责任。
- 必要时提供一些资源、意见和保证。
- 领导和下属要共同参与决策的制定，分享决策权。

支持式的领导者尽可能在下属无计可施的时候才出面，即便是复杂的问题你也要让团队成员自己试试看，否则的话会养成依赖的心理。

第四种方式——授权式

授权式的领导指挥性行为比较少，而支持性行为也比较少，是一种双低的领导行为，用 S_4 表示。对于一个发展到第四阶段的团队来说，授权式的领导方式是受欢迎的。第四阶段生产力已经很高，你不需要指挥他，面对一个士气相对比较稳定的员工，也不需要过多的激励。

(1) 授权式领导方式的特点
- 从行为上来说，是少指挥，少支持。
- 从决定权来说，已经完全下放，但任何时候目标的最终决定权都在领导身上。
- 从沟通上来说，也是一种双向的交流，并及时提供反馈。
- 从监督上来说，要尽可能少。
- 从解决问题上来说，鼓励团队成员自己解决。
- 通过授权式的领导，团队真正实现了分担领导权，团队可以做到集思广益，达到真正的高绩效。

(2) 授权式领导者需要做的
- 跟下属共同界定问题，共定目标，下属参与的程度更高一些。
- 行动计划由下属自己来做。
- 鼓励下属挑战高难度的工作。
- 酬劳你的团队，要给他们适当的认可和奖励，提供团队成员成为他人良师的机会。
- 定期检查和跟踪团队的绩效。

通过图我们可以看到，领导方式有四种：命令、教练、支持和授权。团队发展有四个阶段：第一、第二、第三和第四。在每种领导方式和团队发展的每一个阶段之间，都可以很容易的给它们画上一个连接符，用命令式的领导方式指导第一阶段的团队，用教练式的领导方式指导第二阶段的团队，用支持式的领导方式指导第三阶段的团队，用授权式的领导方式来指导第四阶段的团队。

每一种领导方式和每一个团队发展阶段之间都是一一对应的关系，这便于我们去理解用什么样的领导方式来指导团队的进展。

这一节主要讨论的问题有以下三个方面。

衡量团队发展的两个尺度：一个是生产力，一个是团队的士气；

领导者的两种行为：一个是指挥性的行为，一个是支持性的行为；

四种不同的领导方法：命令式、教练式、支持式和授权式。我们要针对团队发展的不同阶段采取不同的领导方法，用 S_1 来指导第一，用 S_4 来指导第四。

第六节　团队建设的四大误区

随着市场竞争的日益激烈，现代企业更加强调发挥团队精神，但在团队建设过程中，难免会走入误区。

误区一："团队利益高于一切"

团队首先是个集体。由"集体利益高于一切"这个被普遍认可的价值取向，自然而然地可以衍生出"团队利益高于一切"这个"论断"。但在团队里如果过分推崇和强调"团队利益高于一切"，可能会导致两方面的弊端。

一方面是极易滋生小团体主义。团队利益对其成员而言是整体利益，而对整个企业来说，又是局部利益。过分强调团队利益，处处从维护团队自身利益的角度出发常常会打破企业内部固有的利益均衡，侵害其他团队乃至企业整体的利益，从而造成团队与团队，团队与企业之间的价值目标错位，最终影响到企业战略目标的实现。

另一方面，过分强调团队利益容易导致个体的应得利益被忽视和践踏。如果一味只强调团队利益，就会出现"假维护团队利益之名，行损害个体利益之实"的情况。作为团队的组成部分，如果个体的应得利益长期被漠视甚至受到侵害，那么他们的积极性和创造性无疑会遭受重创，从而影响到整个团队的竞争力和战斗力的发挥，团队的总体利益也会因此受损。

误区二：团队内部不能有竞争

有人认为，讲团队精神，团队内部就不能搞竞争，这种观点肯定是错误的。

在团队内部引入竞争机制，有利于打破大锅饭。如果一个团队内部没有竞争，在开始的时候，团队成员也许会凭着一股激情努力工作，但时间一长，他会发现无论是干多干少，干好干坏，结果都一样，那么他的热情就会减退，在失望、消沉后最终也会选择"做一天和尚撞一天钟"的方式来混日子。这其实是一种披上团队外衣的大锅饭。通过引入竞争机制，实行赏勤罚懒，赏优罚劣，打破这种看似平等实为压制的利益格局，团队成员的主动性、创造性才会得到充分的发挥，团队才能长期保持活力。

误区三：团队内部皆兄弟

不少企业在团队建设过程中，过于追求团队的亲和力和人情味，认为"团队之内皆兄弟"，而严明的团队纪律是有碍团结的。这就直接导致了管理制度的不完善，或虽有制度但执行不力，形同虚设。

纪律是胜利的保证，只有做到令行禁止，团队才会战无不胜。三国时期诸葛亮挥泪斩马谡的故事就是一个典型的例子。马谡与诸葛亮于公于私关系都很好，但马谡丢失了战略要地街亭，诸葛亮最后还是按律将其斩首，维护了军心的稳定。

严明的纪律不仅是维护团队整体利益的需要，在保护团队成员的根本利益方面也有着积极意义。比如说某个成员没能按期保质地完成某项工作或者是违反了某项具体的规定，但他并没有受到相应的处罚，或是处罚根本无关痛痒，这就会使这个成员产生一种"其实也没有什么大不了"的错觉，久而久之，后患无穷。如果他从一开始就受到严明纪律的约束，及时纠正错误的认识，那么对团队、对他个人都是有益的。

误区四：牺牲"小我"换"大我"

很多企业认为，培育团队精神，就是要求团队的每个成员都要牺牲小我，换取大我，放弃个性，追求趋同，否则就有违团队精神，就是个人主义在作祟。

诚然，团队精神的核心在于协同合作，强调团队合力，注重整体优势，远离个人英雄主义，但追求趋同的结果必然导致团队成员的个性创造和个性发挥被扭曲和湮没。而没有个性，就意味着没有创造，这样的团队只有简单复制功能，而不具备持续创新能力。

其实，团队不仅仅是人的集合，更是能量的结合。团队精神的实质不是要团队成员牺牲自我去完成一项工作，而是要充分利用和发挥团队所有成员的个体优势去做好这项工作。

团队的综合竞争力来自于对团队成员专长的合理配置。只有营造一种适宜的氛围，不断地鼓励和刺激团队成员充分展现自我，最大限度地发挥个体潜能，团队才会迸发出如原子裂变般的能量。

第七节　人员奖惩机制

科学合理的奖惩机制包括绩效考评体系，薪酬体系，培训体系以及公司基本规章制度。

一、切实可行的绩效考评体系

这是企业实行奖惩的前提。

绩效考评体系应根据公司的发展，科学地设置机构和岗位，明确各岗位的职责，进行岗位评价，然后根据岗位描述进行绩效考评。绩效考评主要是用一定的量化标准对人作出的业绩和效果进行衡量。它是一项经常性的工作，每年对于员工考评两次。绩效考评的第一步就要确定绩效考评指标体系。可以采用平衡计分卡的理念来设计绩效考评指标体系。在每年的年初和年中，管理者会辅助员工根据其业务的特色来设定半年的工作目标，将公司年度目标、部门年度目标和个人目标紧密联系，使每位员工清楚地了解自己工作重心，也能使管理团队能够更加客观和公正的来评判每位员工的工作表现。

从心理学角度分析，以工作对人的思想适应程度要求而言，可分为舒适区、发展区和潜能区。相对于工作的完成标准，舒适区是具备职责所要求的技能，轻松完成，即完成基本目标；发展区是在完成基本目标的基础上，稍有发展；潜能区是指创造性地超额完成任务。就人的本性而言，大家都愿意在舒适区工作，没有压力，不用费力，而最不愿意的就是在潜能区工作，而绩效考评就是通过竞争把大家从舒适区调动到潜能区工作。

基本目标是绩效考评的最低要求。在设置基本目标的基础上，设置达标与超标的立项。部门主要业务中，对具有成长性的项目，根据"跳起来摘桃子"的原则，采取达标与超标相结合的办法进行立项。在发展区设定基本工作目标，分值占70%，任务全部完成方能得分；在潜能区设超标计分标准，分值占30%，按照任务完成量计分。这样，使被考评者保持"跳起来摘桃子"的工作状态，使其能力的发挥从舒适区转向潜能区。在制定绩效考核机制时，要充分体现目标任务的科学性。指标定得太低，使员工觉得无需努力，唾手可得。就会失去了考核的意义，达不到竞争的目的,也推动不了工作;而指标太高,又会让员工感到望尘莫及,因无法完成而放弃,起不到激励的作用。如果目标定的程度超过了员工的实际能力,可能会导致破坏性伤害,比如员工的自信心受损而离开公司。因此,考核的指标要与工作实际能力相结合,既要有一定高度和难度。同时也让员工感到通过努力,勤奋工作,是可以实现目标。

二、建立科学合理的薪酬体系

这是企业最基本的奖惩手段。薪酬是包括工资和福利在内的劳动报酬的总称。建立科学合理的企业薪酬制度,关系到企业内部员工积极性能否充分发挥,关系到企业能否留住人才,保持人才优势,从而关系到企业在社会竞争中的生死存亡。

一个科学合理的薪酬体系,可以降低人员流动率,特别是防止高级人才的流失;吸引高级人才,减少内部矛盾。同时,合理的薪酬体系应能满足职工的生存需要和发展需要。

薪酬与岗位、责任大小、业绩优劣等密切挂钩。通过薪酬的差距及浮动实施奖惩。企业经营者可以根据其掌管的资产大小、收益状况实行年薪制,把企业效益与个人经济上、职业上的风险联系起来。完善的薪酬分配体现了 20∶80 原则,即向企业 20%的核心员工倾斜,有效体现薪酬的奖励职能。

合理的薪酬体系有以下特点:

1. 充分体现以人为本的理念

薪酬设计中除了固定工资,法律规定的各种基本社会福利,还为员工提供饭补,交通补贴等。对于一些特殊职位的员工,根据其业务特点,提供一些额外的补贴金,以照顾到员工的需求。

2. 体现公平、合理、科学的薪酬分配原则

利用最先进的评估方法,核定不同职位的劳动量,并由此核定按劳付酬的数量,为不同的岗位设定不同的薪资范围。此外,坚持把员工的绩效与奖金紧密结合,员工对于公司的贡献越大,他的奖金积点就越高。以此充分调动员工的积极性、创造性,使企业取得最大的经济效益。

三、灵活多变的奖励机制

这是企业实行奖惩的重要手段。除了通过绩效考评和薪酬体系之外,还要实施多样化的激励措施。

在公司范围内,进行年度优秀员工评选。每年会评估各个部门员工的贡献度,通过绩效成绩评估,全民网上投票的形式选出员工心目中的最佳员工,并在年度大会上进行公开表彰。

在线奖品兑换。除了年度优秀员工评选和半年度的评选外,为了更有效地对员工进行激励,对于有特别贡献的员工也会进行表彰。对于所有被表彰的员工,都会给予一定的积分,并且可以进行累计。积分越高,奖品的价值越高。以这种形式促进在职员工充分的发挥其才能和智慧。

内部晋升机会。晋升职务的奖励作用是多方面的。首先它标志着个人能力得到展现并被认可,能够增强员工的自信心;其次使个人在组织及社会上的地位很高,带来极大的心理满足;第三是职务晋升意味着薪酬和待遇的提高,能给自己和家人带来更多的实惠;第四是推动了实现个人价值的过程,为实现自身价值提供了一个更高的起点。为了保证晋升职务的客观性和公正性,严格遵循以下两个原则:一是必须建立在严格考核的基础上,晋升者必须有出色的业绩,并有承担所任岗位的能力;二是晋升职务的激励作用必须是双向的,既能激励其本人,同时对组织的其他成员也起到激励作用。晋升职务的人选要令人心服口服,这样才能充分地调动晋升者和其他员工两方面的积极性。

四、纪律与处分——必要的负激励措施

所谓负激励,是指当组织成员的行为不符合组织目标或社会需要时,组织将给予惩罚或批评,使之减弱和消退,从而来抑制这种行为。为了保证呼叫中心工作的正常运营,对于违纪行为以及处罚措施进行详细的定义,并将其文档化、存储在公司的网站上使所有员工都能方便地查阅到。

五、建立以人为本的培训与发展制度

这是企业实行奖励的一个重要方面。以人为本是当今人力资源开发理论的核心精神，员工是企业最主要的资源，所有员工的培训与发展都是企业需要的。除了普通的培训与发展计划外，给予优秀或业绩出色员工特殊的培训与发展机会，使他们获得承担更高级职务所需要的知识和能力的机会，这是属于较高层次的奖励。

为员工提供了各种供个人发展的平台，给他们提供发展的舞台和空间，帮助他们实现职业梦想。同时引导这种个人目标与组织的需要相匹配。

思考题

1. 团队建设中最具破坏力的是哪些因素？
2. 在进行团队建设时，应结合哪些因素？
3. 团队建设中，如何对待"小团体"现象？
4. 团队建设与企业文化如何结合？
5. 团队氛围如何随着企业的发展而调整？

第十八章
流程改进能力

流程直接关乎企业的效率进而影响成本及收益,所以,流程改进的工作就非常重要了,也广受企业管理者的重视。

企业的流程设置不是固定不变的,随着企业的发展、战略、业务发展而调整。所以,流传的改进是个循序渐进的、不断提升的工作。

本章从流程的定义、目的、作用、准备、分析设计优化、构建、测评、推行、改进等方面,对流程的改进工作进行了全方位的介绍。

第一节 流程及流程改进的定义

ISO9000:2000 标准:业务流程(过程)是一组将输入转化为输出的相互关联或作用的活动。

《牛津英语大词典》:流程是指一个或一系列连续有规律的活动,这些活动以确定的方式发生或执行,导致特定结果的实现。

从业务层面来看,流程改进是帮助客户建立统一高效的运营体系和操作流程。整体流程体系涵盖各条业务线的需求,体系中的各个流程要相互连贯,作为一个有机的整体来指导日常的运营工作。

在进行流程改造时,我们将首先帮助客户识别关键流程,关键流程分为两个大类,一是与客户相关的关键流程,称为关键客户流程;二是支撑呼叫中心的流程,称为运营支撑流程。典型流程如下：
- 业务处理流程
- 业务监控流程
- 人员配备与排班流程
- 绩效管理流程

前者需要操作人员与客户或最终客户进行交互才能进行下去。比如客户来电进行报修，这就是典型的与客户相关的关键流程，因为需要直接与客户进行沟通确认；而关键是支持流程，目的是保障前者的执行效果，比如为了让所有客户代表达到一致的行为准则，我们需要对客户代表进行培训，培训流程就是一个支持流程。

流程改造按照预先设定的、一致的方式进行，达到客户需求和目标的高可能性。流程必须是可控的、在控的、可审核的、可改善的。基本步骤如下。

(1) 完成服务流程模块：根据设计的组织架构，结合业界标准，建立完整的客户服务流程体系。

(2) 完成质量流程模块：根据组织架构，设计完整的服务质量监控流程和服务水平报表流程，并对质量管理人员提供基础的质量监控培训。

(3) 完成绩效与薪酬体系：根据战略定位，设计出一套科学的绩效与薪酬体系，通过绩效考核激发员工工作积极性、挖掘员工潜力、提升员工工作能力，从而达到提升客户服务中心整体工作效率和竞争力的目的。

(4) 建立呼叫中心培训体系：根据对各岗位职能的要求，设计出呼叫中心各岗位的培训课程与考核机制。

在流程创建时，还须考虑合理地降低或规划流程在实际操作中遇到的"风险"。

依据服务品质目标进行合理规划，业务流程搭建，始于客户需求，而非内部管理便利。在流程作业之前，确定服务品质目标，根据事前确定的服务品质目标，考虑可整合的人力、物力资源，规划能使目标达成的方法和程序。同时全面评估整个服务流程可能发生的潜在风险，并建立预警方案。

记录并及时掌握回馈信息。在启用拟定的服务流程后，建立流程回馈机制，使得运营中心具有能力去检验流程有效性。

建立审核机制。在客服人员为客户提供服务过程中，大部分是透过客服人员传递企业对客户的责任态度。为确保服务品质，在流程建立时，同时规划并建立日后的稽核机制，稽核机制的建立将有效管理并确保执行部门进行服务时的态度和方法。

执行部门依照流程步骤，将有效降低因客服人员不同而产生的服务落差。通过执行部门以外的其他人员或者流程监控小组进行流程稽核，确保取得更客观、更合理的稽核结果。

第二节　流程及流程改进的作用和目的

1. 流程及流程改进的作用

建立起一种以流程为导向的企业文化，关注流程、关注客户，并且持续优化，以达到拥有最强的竞争力的市场地位。

2. 流程及流程改进的目的

- 提升产品服务的效率、质量、有效降低成本
- 剔除错误，防止错误，避免造成公司损失
- 以客户需求为导向，提高客户服务体验

第三节　流程改进的前期准备

流程改进前要作如下准备。

(1) 成立流程改进小组，任命流程负责人，挑选小组成员；明确两点：哪些人应该参与流程设计？谁应该担任流程设计的责任人？

(2) 选择关键流程点，进一步明确流程改进的重点、难点、实现方法，设计改进的模型。

(3) 结合客户需求和公司战略，向员工传达流程改进目标。

(4) 得到组织保障、高层支持：

- 设立公司层面的业务流程优化领导小组，并对各产品业务分设业务流程执行工作小组，明确职责，从公司的战略角度出发，对流程建设与实施给予高度的组织体系保障和高层支持；
- 特别强调 IT 与流程的关系，流程为本，IT 支撑。IT 的开发是基于实际的业

务运作流程，一方面，IT 系统的应用拓展了流程改进的空间，推动了流程管理的实现；另一方面，流程为 IT 作用的发挥明确了方向，给出了 IT 作用发挥的准确的作用点。目前对于公司全业务流程的梳理、优化甚至再造，是 IT 系统开发的基础，IT 是基础，管理是目的，IT 系统是手段。

(5) 需要明确对哪些流程进行优化与设计
- 模糊区域
- 经常出现问题的区域
- 流程界限不清：岗位职责不清或多头领导
- 占用时间量最多的
- 耗费大量资源的
- 回报率最高的
- 客户可见的

(6) 流程优化与设计工作启动前的思想宣贯

统一认识，正确引导。统一认识是推动流程设计和优化的开始。推进一项变革，要有强有力的领导集体，从决策层到管理层首先要在思想认识上取得高度一致，才能取得行动上的一致。针对公司员工的消极心理通过教育、宣传、沟通等多种方式进行正确引导。

(7) 全力支持和强力贯彻

需要公司领导人全力支持和强力贯彻，因为在改革过程中会出现一系列的阻力，例如，由岗位调整带来的部门精简、人员下岗，由绩效考核指标带来的工作压力和收入减少，以及新业务流程在磨合过程中出现的部门冲突和不适应等等，这些改革过程中的问题都需要通过企业领导的强力推进，顶住来自各方面的压力，把改革实施下去。

第四节 流程分析、设计和优化

通过对组织内部流程的输入端、输出端的关键参数进行设置、取样、计算、分析，衡量流程绩效的一种目标式量化管理指标，把企业的战略目标分解为可操作的工作目标。KPI 流程使部门主管明确部门的主要责任，并以此为基础，明确部门人员的业绩衡量指标。建立明确的切实可行的 KPI 体系,是做好绩效管理的关键与指导。

1. 流程的驱动因素

流程一般是由两大类因素驱动,时间驱动和事件驱动。

时间驱动与事件驱动的主要区别为:时间驱动进行的流程改进,主动性很强,流程的可预见性较好,可以持续的进行改进;事件驱动的流程改进则大都发生在新的事件发生后,为了应变活动主体的变化而改进,被动性强,主观预见性差,难以持续的进行改进。

一般说来,需求的变更将导致流程的变更。在流程改进前,我们需要明确流程涉及的所有角色,包括主导角色、决策者、资源支持者等;清晰各角色的分工;重点关注流程中的客户接触点;确定流程的业务范围,包括起始活动是什么,流程的终止活动是什么,流程结束的标志是什么;流程需要再造还是只需要优化。

流程再造(BPR,Business Process Reengineering):BPR 是对业务流程的根本性的再思考和重设计,以在成本、质量、服务、速度等关键绩效方面取得戏剧性的改进。

流程优化(BPI,Business Process Improvement):BPI 是对流程的持续渐进式改进,并且重视和鼓励员工的参与和学习。

2. 流程框架的构建和绘制流程图以及对现状流程的模板设计和建立

当我们清晰上面的所有问题,我们可以开始下一步工作,对流程进行搭建框架、建立模板,绘制流程图。

第五节 流程框架的构建

首先对流程体系进行分类及规划。流程可以分为两类:管理支持流程和主业务流程。不论是管理流程还是业务流程的框架构建,都可以进行如下操作。

- 建立 0 级(最高级)视图。0 级视图是展现了流程体系的总结构图,识别了各项业务间的相互作用关系,需要展现各业务价值子链,每一项一级业务及关系。

- 建立1级视图。展现各业务价值子链的核心模块及接口关系,并展现出每项二级业务及关系。
- 建立2级视图。展现某一具体核心模块的全部子模块及关系,并展现出每项业务及关系。

通过以上的构建方法,可以使整个结构清晰,展现出各业务的层级关系,保证完整性。

1. 用可视化流程设计工具绘制详细设计视图

首先,建立统一的流程标准,这有利于吸引广大业务人员真正参与到流程优化活动中,成为流程优化的责任主体。使用统一的可视化流程设计工具可以将复杂的流程用清晰、简单、直观的图示方式展现出来,使业务人员、管理人员、技术人员拥有一套共同的流程语言。

其次,采用直观、以客户为中心的可视化流程图模板进行详细设计。流程图设计的要求如下。

- 明确业务的流向,清晰流程输入、输出接口。详细展现与流程客户的互动界面和过程异常的接触点。
- 流程图的各个活动要展现出角色的责任,将各种活动按照时间顺序排序,编上活动序号。
- 描绘出流程并行活动以及流程活动分流的各种情景。
- 清晰识别流程中的控制点和返工区域。

最后,通过解决一系列的思考问题,将整个流程图明确详细的表达出来,展现出每种角色在其中的分工,这样就完成了一幅流程图的绘制。

2. 建立模板

模板是为流程活动提供指引的操作指导书、操作标准,包含流程运作中产生的信息流载体(表单、报告等)。

- 在流程的梳理过程中规划模板,各业务中各项业务统计,产生的信息报告等以标准方式设置模板。
- 编制模板清单。模板清单中需要包含的内容有:模板归属的流程、模板名称、负责人、模板版本等信息。

模板是执行力的保障，是由重要不可缺失的体系文件组成，企业行为规范的最直接载体，是流程可执行的依据和保障，是杜绝漏洞和行为偏差的最有效的工作，做到标准化、清晰化、经验化、实用化。

利用5W2H的思想来考虑模板的设计。

- Why，体现支持流程启动的意图
- What，描述流程活动的内涵及细化步骤
- When，明确活动的时间要求
- Who，明确谁来执行
- Where，明确从哪里入手
- How to，明确活动的执行标准要求，及注意事项
- How much，定义水平如何

当我们完成了流程的框架、流程图的表达及模板的建立之后，就可以开始对整个流程的分析过程。

1. 流程分析

(1) 通过整个流程时间分析，找出其中流程的运行时间和闲置时间。然后通过闲置时间的分析，从而找到整个流程运行的瓶颈。

曾经有家公司对其外购产品流程进行过一次全流程时间上的分析，最终发现具体操作时间只占整个业务流程的20%，然而等待审批的过程却占了整个业务流程的80%的时间。审批的人数众多，却很难起到很好的效果。很多情况下，除了最先一位需要把关的人员有真正审批，后续的审批过程或许仅仅起到知会上层管理者的作用，却占用了大量的业务运行时间。这时可以通过减少审批人员，来进行加快整个流程的运行。在上级仅仅是需要知情或者知会的情况下，一般采用日报、周报、月报的形式来使上级了解整个业务情况。减少闲置时间，将大大加快整个流程的进行。

目前我们主要采用流程时间分析法。流程操作对于各种时间的要求相当高，其中预订操作时间、调度时间、出票时间、配送时间等都进行了详细的时限规定，确保整个流程顺畅不拖时间。当然也会出现多个部门间难以确定某个业务操作节点和时限。需要经过较多次的沟通协调，才可以完成。

(2) 通过价值链流程分析方法，减少非增值环节的产生，达到成本控制优化流程的目的。

价值链流程分析的基础是价值,价值是买方愿意为企业提供给他们的产品或服务所支付的价格,也代表着顾客需求满足的实现。这决定了价值链流程分析的第一步是价值链分析。价值链分析的实质是对构成价值链的各种价值活动进行价值分析,明确增值的目标和环境,做出具体发展规划;并且分解到企业经营各种作业中加以实现。企业的人力、物力和财力都是有限的,需要分配在最能产生价值的地方。价值链分析为寻找企业增值的关键环节提供了途径。在企业增值目标的指导下,价值链可以通过结构化的方法,对各种价值作业进行分析,并通过与竞争对手或发展目标作比较,发现自己的竞争优势和劣势,确定企业发展的关键环节。企业的关键战略任务就是:重新安排新的价值链中各角色的作用和他们之间的关系以动员新的联合体和各个角色去创造价值,即重新构造企业的业务流程。当企业增值的关键环节确定后,具体的实现过程就需要业务流程来完成了。在企业战略发展规划的指导下,通过充分分析业务流程的顾客需求、需求模式、制约因素和效率目标,业务流程将得到最有效的改进。进一步分析流程的运作,它又是以流程中的作业为基本对象,这样业务流程增值又可分解为各个作业的增值,即把作业看作最基本的投入产出单位,它的产出是向企业外部或下一作业提供的产品或服务等,它的投入是为其产出所耗用的企业资源或从上一作业获得的产品或服务费等。依据这个层次,价值链流程分析可以分为资源动因分析、作业动因分析和业务流程分析三部分。资源动因分析与作业动因分析是通过对作业的识别和计量,作业消耗资源的归集与确认,分析评价各项作业有效的方法,业务流程分析是对作业之间的联系进行分析的方法。

- 资源动因分析——评价成本发生的必要性、合理性。资源动因是指引起资源消耗的起因,即作业消耗资源的原因或方式,它是将资源成本分配到作业中去的标准。
- 作业动因分析——判断作业的增值性。在将资源费用归集到相应的作业上形成作业成本库后,接下来的工作就是进行作业动因分析,以准确地把归集到作业成本库中的资源费用进一步分配到各项产出上。
- 业务流程分析——对每项作业进行了资源动因分析和作业动因分析后,还应分析各作业之间的联系,即业务流程分析。企业的各种作业相互联系形成作业链(业务流程)。作业链上各个作业好比链环,作业之间的联系就是链接,它们环环相扣,缺一不可。在业务流程中,即使链上的各个作业都是增值高效的,也可能由于链接的问题,影响到整个流程的效率和价值。理想的流程应是作业与作业之间紧密相连，无缝隙的对接，作业之间的等待、延误时间最小。这点也验证了上文所述：各种价值活动相互联系则成为降低单个价值活动的成本及最终成本的重要因素。

2. 基于价值链流程分析的成本控制方法

基于价值链流程的成本控制方法就是在对资源动因、作业动因及业务流程分析的基础上，对业务流程和作业进行定量的资源消耗核算，通过作业对资源的消耗来计量流程内各作业的成本，再将流程内各作业的成本汇总为流程成本，各流程成本的汇总最终成为企业的总称，从而把总成本深入到企业生产经营过程的基本单位——作业之中，通过反映流程及作业的增值与非增值程度，动态地呈现总体价值增值在企业生产经营的各个环节形成和积累的具体过程，以便于对流程成本及作业实施管理和改进。与传统的成本控制方法相比，价值链流程分析对成本控制的创新体现在以下几个方面。

- 价值链流程分析是一种对企业生产经营全过程进行成本分析的方法。价值链流程分析借助于价值链分析工具和业务流程分析工具，将成本分析的视角从产品层次追溯到作业及作业消耗的资源上，将费用发生和产品成本形成联系起来，形象地揭示了成本形成的动态过程，不仅使成本的概念更为完整、具体，而且也帮助经营者从宏观上和微观上了解企业的成本状况。
- 价值链流程分析的成本数据是依据成本动因——将成本直接对象化到生产的每一个作业，采用多样化分配标准而来的，使其提供的成本信息更加客观、准确，代表了产品或服务的实际成本，能对实际产生的成本提供一种合理的估计。
- 确定价值链流程，可以充分理解各活动和成本之间的关系以及活动和产品之间的关系，通过分析，又可为企业决策提供有价值的信息，并暴露出企业潜在的一些问题，对进一步进行成本控制提供依据；对所有的价值活动进行成本与价值的衡量，并通过提高效率的方式来帮助缩减、整合或删除某些价值活动，使成本控制方式比传统的会计系统更有助于管理和战略决策。价值链流程分析方法为成本控制提供了一种研究思路，目前在实施过程中还受到多方面的限制，主要是数据收集方面的困难，因为现在会计系统建立的基础不是基于价值链流程的思想，不能为其提供所需要的数据。但随着信息技术的发展和竞争的激烈，企业将在微观的层次上研究成本控制问题，研究价值链流程的成本驱动因素，能为建立更复杂的会计系统提供条件。

成本分析方法也是我们在流程设计和优化中需要充分考虑的地方。很多情况下，一个流程设计及开展过程中，会遇到效率、风险及成本的相互制约的问题。高成本可以提高效率，低成本降低效率提高风险等等。如我们的机票调度流程，完成调度后，是否需要进行电话确认。如果电话确认则需要成本，如果不确认则增加风险。在成本、风险、效率都需要充分考虑的情况下，如何找到最佳的平衡点，正是我们流程改进的关键。

3. 关键点分析法

关键点分析法，最核心的思想是通过找出 KSF 关键成功因素、KCP 关键控制点、PA 问题区域分析，来进行流程的分析过程。

KSF 区域：一般的特点是故障问题一次性解决率不高，多次出现分支及返工区域。清晰 KSF 区域有利于整个流程的顺利开展，提高出现问题的解决率。KSF 区域也是各角色重点关注的区域。

PA 区域：特点是流程中出现模糊地带，难以界定边界和流程分工、角色分工等情况。通常这样的情况会给直接流程操作者造成极大的困难，更为严重的会出现真空地带。理顺 PA 区域将大大提高流程运行效率。

KCP 控制点：特点是流程中出现的需要重点关注的某一项活动。该活动直接影响到整个流程活动的进行。比如，某种项目的实施，设计任务书和计划书就是这样一个关键的控制点。

通过找出 KSF 关键成功因素、KCP 关键控制点、PA 问题区域，我们可以很清晰的认识到流程中急需改进的地方，不是很重要的地方，可以删减的地方，务必细化的地方等等。

4. 对流程运行效益的分析

从企业投资者的角度来讲，好的业务流程设计必然是能够为企业带来最高利润的设计。因此，对业务流程的效益分析是评价业务流程的一个重要方面。从业务流程管理的角度分析企业的成本与收益对传统的财务管理分析来说是一个挑战。从本质上说，基于业务流程管理的财务分析是一种多口径的、动态的、全面的财务分析，而传统的财务分析往往是单一口径的、静态的财务分析，只能反映企业运营过程中某一方面的财务状况。

5. 对流程灵活性的分析

企业业务流程管理的目的是为企业打造一种灵活的、柔性的业务流程，能够快速的适应企业战略决策的变化，因此对流程灵活性的评价也显得尤为重要。生产线上的灵活性往往来自于生产过程高度的自动化以及与之相适应的资源调度的高效率，改变作业流程仅仅需要重新设定控制程序。与之类似，业务流程的灵活性也必须要解决业务流程管理的自动化(半自动化)以及资源调度对业务流程变化的快速响应能力的问题，因此必然要有业务流程自动化管理软件的支持。

6. 对流程运行效率的分析

时间指标是评价企业业务流程设计的基本指标。高效的业务流程要能够在最短的时间产生最多的产出。通过分析企业在单位时间内对某种业务流程的最大处理次数(可称之为企业的业务流程容量)，即可估计出企业未来的产出会有多少。

7. 对资源占用情况的分析

业务流程对人的占用情况是效益分析的一部分，但是对业务流程参与者的工作情况进行分析仍然是有意义的。人不同于机器，人与人之间存在着个体的差异，通过分析比较业务流程对人力资源的占用情况，一定程度上即可反映出任务执行人的工作能力。当然也可以分析出业务流程在哪个人力资源上存在瓶颈。对于大量存在一人多岗现象的企业中，对人力资源进行跨业务流程的分析就显得更为有意义。

8. 流程设计方法

良好的业务流程设计是保证企业灵活运行的关键。清晰的定义业务流程之间的接口，可以降低业务之间的耦合度，使得对局部业务流程的改变不会对全局的流程产生灾难性的后果。对整个企业的业务流程进行建模是一个相当复杂而有挑战性的工作，但是并不代表没有方法可循。一般来说，建模需要处理好以下几个方面：

(1) 建立主要的业务流程与辅助的业务流程

主要的业务流程是由直接存在于企业的价值链条上的一系列活动及其之间的关系构成的。一般来说包含采购、生产、销售等活动。

辅助的业务流程是由为主要业务流程提供服务的一系列活动及其之间的关系构

成的。一般来说包含了管理、后勤保障、财务等活动。

(2) 建立业务流程之间的层次关系

业务流程之间的层次关系反应业务建模由总体到部分、由宏观到微观的逻辑关系。这样一个层次关系也符合人类的思维习惯，有利于企业业务模型的建立。一般来说，我们可以先建立主要业务流程的总体运行过程，然后对其中的每项活动进行细化，建立相对独立的子业务流程以及为其服务的辅助业务流程。

业务流程之间的层次关系一定程度上也反映了企业部门之间的层次关系。为了使所建立的业务流程能够更顺畅的运行，业务流程的改进与企业组织结构的优化是一个相互制约、相互促进的过程。

(3) 建立业务流程之间的合作关系

企业不同的业务流程之间以及构成总体的业务流程的各个子流程之间往往存在着形式多样的合作关系。一个业务流程可以为其他的一个或多个并行的业务流程服务，也可能以其他业务流程的执行为前提。可能某个业务流程是必须经过的，也可能在特定条件下是不必经过的。

在组织结构上，同级的多个部门往往会构成业务流程上的合作关系。

9. 参与者的组织

通过分析客服中心的座席代表，我们可以发现以下一些特点：

- 对座席代表的组织要符合公司业务发展的要求，要能够随着业务发展的改变而改变；如调整开始语、结束语、标准应答，优惠活动应答等等。
- 同一个座席代表所要处理的工作相对稳定。

企业业务流程管理中对参与者的组织要比各种业务要求操作者的组织复杂的多。但是，为最终实现柔性业务流程的运行，以上两点基本的要求仍然是必须的。除此之外，由于企业业务流程是比一条生产线的运行过程复杂得多的过程，因此，对流程的参与者也必然有着更高的要求。企业业务流程管理对参与者的要求归纳如下：

- 清晰的职责
- 良好的沟通意识与团队意识
- 明确自己在由流程实例所形成的一个个"项目"中所担当的角色
- 有效的管理考核参与者在纵向上所属的职能部门与在横向上所参与的"项目"

之间的关系
- 建立面向流程的组织结构,实现人员的动态组合

我们进行的绩效考核、技能竞赛等活动正是体现了组织给予的支持。也使每一位员工更清晰了解自己的职责和发展方向,自己在整个项目中承担的角色等。

10. 流程重设计技巧——消除流程中非增值性因素

(1) 取消所有不必要的工作环节和内容

能够取消的工作,自然不必再花时间研究如何改进。某个处理、某道手续,首先要研究是否可以取消,这是改善工作程序、提高工作效率的最高原则。

(2) 合并必要的工作

如工作环节不能取消,可进而研究能否合并。为了做好一项工作,自然要有分工和合作。分工的目的,或是由于专业需要,为了提高工作效率;或是因工作量超过某些人员所能承受的负担。如果不是这样,就需要合并。有时为了提高效率、简化工作甚至不必过多地考虑专业分工,而且特别需要考虑保持满负荷工作。

(3) 程序的合理重排

取消和合并以后,还要将所有程序按照合理的逻辑重排顺序,或者在改变其他要素顺序后,重新安排工作顺序和步骤。

在这一过程中还可进一步发现可以取消和合并的内容,使作业更有条理,工作效率更高。

(4) 简化所必需的工作环节

对程序的改进,除去可取消和合并之外,余下的还可进行必要的简化,这种简化是对工作内容和处理环节本身的简化。

11. 消除或压缩流程中的等待和传递时间

(1) 流程多样化。一般来说流程具有相对稳定性,但资源的分配及支持却应该具有相对的灵活性。通过合理、灵活的资源配给实现流程的多样化。

(2) 将串行活动变成并行活动。很多活动都是可以同时展开的,不需要每个都慢慢等待其他活动。这样可以大大提高效率。

(3) 去除不需要的活动,减少流程步骤。

(4) 合并内部的界面(环节)。许多环节都是内部共同完成甚至由某一活动个体自行完成。合并之后将有利于减少流程操作中的资源和时间流失或等待。

(5) 调整各环节的地理位置，或导入 IT 应用。地理位置的设置不合理，也会影响到整个流程的运行，正如许多地方政府，都会将各行政部门放置在一起，这样有利于沟通和解决问题。

(6) 压缩每个环节的时间，规定时间期限。明确时间期限，有利于流程的清晰开展、全流程的维护以及整个流程的正常运行。

12. 优化流程中的检查、评审点

(1) 根据发生错误的几率来决定检查评审点设置的必要性

(2) 取消重复审批点

(3) 将不同环节的串行审批变为并行审批

(4) 根据控制对象金额或风险的大小，进行分层审批

(5) 采用窗口式服务或集中式评审

13. 减少流程中的返工情况、缺陷情况

(1) 提高流程中决策点的透明度

(2) 定义操作级流程、重要活动的操作规范、模板

(3) 建立经验教训共享知识库

(4) 规范对流程执行人员的培训

14. 优化流程中的客户接触点

(1) 尽量统一接口，避免太多不同的人直接与客户接触

(2) 简化接触界面，在客户接触点上尽量减少客户的工作量

(3) 整合客户接触点，将需要客户参与的流程活动尽量整合在一起

我们公司与客户的接触点一般情况下是两个，座席代表和配送员。座席代表统一应答客户的各种需求，职责清晰，效率很高。在简化接触界面上，我们的配送员通常情况下，只需要请客户在配送单上进行签名即可。甚至我们使用邮寄行程单的方法，使客户不需要时刻等待我们的配送员。整个操作流程都尽量做到满足客户需求和减少客户工作量的方法进行。

15. 流程的优化方法

目前，业务流程优化有两种方法，即系统化改造法和全新设计法。

系统化改造法主要是通过采用清除、简化、整合和自动化等措施，并不断地循环改进，使得原流程得到进一步的优化。

(1) 清除

清除是指对原有流程内的非增值活动予以去除。所谓不增值活动是指不能给用户增加价值的活动。非增值活动表现在多个方面，例如：①过量生产。任何超过需要的产出只能增加库存和掩盖问题。②活动时间的等待。即人流、物流、信息流在传递过程发生的时间等待，等待的出现使流程的通行时间加长，追踪和监测变得更为复杂。③不必要的运输。任何人员、物料等的移动都伴随着成本费用的发生。④重复的活动。每项活动的执行都应该通过某种方式增加价值。如果一项任务是重复的，那么它就不增加价值而只增加成本。⑤过量的库存。既包括产成品等物资的库存，同时也包括在营运过程中大量文件和信息的淤积。⑥缺陷、故障和返工。因为缺陷和故障的排除既要增加人工成本，又要增加物料成本。

(2) 简化

在尽可能清除不增值活动以后对于剩下来的活动还应该进一步进行简化。哪些活动可以简化，一般可能从以下几个方面着手。①表格。表格作为一种科学管理的工具在管理过程中确实发挥了积极的作用，但是现在不少企业表格越来越多，其中有些表格根本没有实际的作用或者表格设计上就有诸多重复的问题。②程序。在原有的流程设计中，是基于这样一个假设：流程内的每一个员工就其信息处理能力而言，是非常有限的，这样一来，在进行流程设计时，就不得不将很多环节解开，以让足够多的人员来参与流程任务的完成。在进行系统化再造时，就需要把这些被迫分解的环节结合现有的处理能力重新整合。③沟通。对于员工与员工、企业与顾客之间的沟通语言要简单明了，清晰易懂，可能情况下尽量少用或不用各部门的专业术语，以免一些原本简单的沟通搞得异常复杂。④过分复杂的技术。一种过分复杂的技术往往会在使用和理解上出现问题，从而导致错误和时间延滞。⑤物流。在调整物流时，一个很重要的问题就是重新设计一个具有适应性的物流结构。一个可行的方法是，调整任务顺序通常有可能简化物流，并使后续工作更加容易。

(3) 任务整合

在对流程的任务体系经过充分的简化以后，还需要对这些被分解的流程进行整合，以使流程顺畅、连贯、更好地满足顾客需求。从流程的整体来看，一个流程可以被整合的环节主要有：任务、任务的承担者和流程的上下游。①活动。在流程中，有时把几项工作合而为一是可能的。授权给一个人完成一系列简单任务,而不是将这些任务分别交给几个人,可以大大加快组织里的物流和信息流的速度。每当一项工作从一个人转交给另一个人时,都是一次发生错误的机会,因此需要一定的辅助转变设施或机制。②团队。团队是将执行一个流程日常运作的各位专家结合在一起的组织。合并专家组成团队是合并任务逻辑上的延伸,因此可以完成单个成员无法承担的系列活动。成员间空间距离的拉进意味着很多问题不会再出现,一旦出现问题也能迅速得到解决。③流程的下游—顾客。顾客的整合可以从两个主要的层次上考虑:单个顾客的整合和顾客组织的整合。顾客若对某一组织感觉不好,那么他很难与之融为一体,而如果感觉不错的话,他甚至会帮助员工从事工作。一个组织与另一个组织的整合指如何将自己的服务送交与顾客的流程,这种伙伴关系能将顾客与你的组织紧密地结合在一起,使竞争对手难以插手。④流程的上游—供应商。通过消除企业和供应商之间一些不必要的手续,可以极大地提高效率。与顾客的整合一样,这里的关键也是信任和伙伴关系。

(4) 流程任务自动化

在对流程进行自动化之前,应该先完成对流程任务的清除、简化和整合,在此基础上进行自动化。在流程的自动化阶段,应注意两个问题。其一,自动化并非对于任何流程的管理与控制都是有效的。在很大程度上,它只能够加强那些本身控制和运行良好的流程。而对于那些试图以之来解决流程基本问题的想法只会在增加费用的同时使流程更加混乱。其二,在对流程进行自动化改造时,没有必要去追求100%完美的计算机系统支持。一方面这种方式的成本高昂,开发时间较长,从另一方面来讲,100%的完美只是对于现有流程的,这种系统往往对于流程的变化具有极大的刚性,使得它随流程再造而改变的难度变得很大。

全新设计法同系统化改造法一样,同样应体现流程再造的核心思想,只是由于全新设计法是抛开了原有的流程进行再造,因此在具体的方法步骤上有所不同。在新流程设计时,首先应系统思考以下几个基本问题:①流程运营满足什么样的需求,这些需求是我们顾客真正需要的吗?②我们为什么要满足这些需求,这些需求与企业的战略一致吗?③顾客希望我们在何处提供这种需求服务。④顾客希望我们在何时提供这种需求的服务。⑤如何实现上述任务,需要什么流程,谁来运营这些流程;有哪些增强流程和人员绩效的技术机会。

全新设计法可按以下步骤进行。①从高层次理解现有流程。这里虽然不必像系统化改造那样了解所有的细节，但是仍然要找出所有的核心流程，并分析每个流程的关键步骤。②标杆瞄准、集思广益与突破思考。此阶段不要过快放弃各种新思路，对于那些看上去潜力很大的想法，应深入研究下去。③流程设计。即对集思广益出来的思路进行细致的探讨，流程设计是反复迭代的过程。流程设计中人员和技术的考虑都要经过多次比较，要坚持全新设计的立场，对顾客需求进行深入到一定细节的考虑，对人力资源能力进行包括新的工作方式的考虑，以及对技术能力和标杆瞄准进行考虑，以确保不再回到传统的做事方式。④检验。流程设计出来以后，应该通过模拟运行进行检验。在流程的评判标准上，应着眼于流程的效率潜力，而不是对任何事件的有效性。一般来说，只要它对绝大多数事件的处理能力较强，我们就认为这是合乎要求的。在流程检验时，应不断用清除、简化、整合、自动化方法去考察，以便保证新流程高效。

16. 系统改造法和全新设计法的区别

系统化改造法以现有流程为基础，通过对现有流程的消除浪费、简化、整合以及自动化(ESIA)等活动来完成重新设计的工作。全新设计法是从流程所要取得的结果出发，从零开始设计新流程。这两种流程优化方式的选择取决于企业的具体情况和外部环境。一般来说，外部经营环境相对稳定时，企业趋向于采取系统化改造法，以短期改进为主；而在外部经营环境处于剧烈波动状况时，企业趋向于采取全新设计法，着眼于长远发展而进行比较大幅度的改进工作。从多数单位的具体情况来说，比较适宜的方式是采取系统化改造法，而且最好用流程图形式表现出来。

正如我们机票二期的改进和即将进行的各业务组系统的改进。以前使用一期的时候，我们只需要把想要的需求逐步向IT提高，由IT帮助完善整个需求。但随着业务流程和经营策略的转变，一期系统已经不能满足客户的使用，需要全面的设计和构建系统中的环节。这是为了适应业务长远发展的改进工作，对用户和企业都起到非常好的效果。

17. 基于信息化平台的新的客户服务流程

在企业客户服务流程中，多数问题出在客户的诉求需要经过多个环节才能得到响应。然而对于网络化的企业来说，其管理理念之一是对客户需求的"快速响应"，这种多环节的运作模式显然不适应客户的需求。于是，基于信息化平台的新的客户服务流程就应运而生。

客户信息进入新系统后，其诉求立刻在企业诊断系统中得到响应，诊断系统直接向各相关部门发出指令，指挥相关部门解决客户的具体要求。同时，整个服务过程进入知识库，供故障研究与分类部门进行深入分析和总结。这样，一个自动化的"快速响应"系统就形成了。如我们公司客户投诉进入 CCO，CCO 向有关部门要求协助解决客户的需求。另一方面，此投诉会作为案例由 TA 和业务部门进行深入分析和总结，建立投诉案例大全。

18. 业务流程优化顺序

常见的业务流程优化的工作顺序是，首先进行组织建设。组织建设是业务流程优化的前提，因而需要建立由专业人员参加的业务流程优化执行小组，并任命一位具有高层决策权的领导担任小组负责人。

执行小组的主要职责包括描述、分析和诊断现有的业务流程，提出改进计划，制订并细化新流程的设计或改造方案，最终落实新方案。

有了项目小组之后，就要制定企业业务流程优化目标，明确列出业务流程优化的范围，启动业务流程优化工作。首先，是执行小组组织各级人员描述流程现状，进行岗位职责描述，绘制流程；其次是分析并找出阻碍目标实现的制约因素；最后执行小组向企业领导汇报并得到确认后，开始设计业务流程优化方案。初步方案出台后，还要研讨与分析比较新的流程效率与效益以及可行性，从而确定优化方案。

19. 业务流程优化的思路

业务流程优化过程实质上是管理再造或优化的实施过程，企业战略定位的变化和战略思路的改进最终都在业务流程中体现，反过来说，可以利用流程优化的手段来规范和提升管理体系。

基于以上思想，首先要对当前企业的管理体系进行规范和提升。其基本核心思想是：学习国内外先进企业经验，对目前企业的经营和管理模式的定位进行研究，找出其存在的问题和差距，结合企业的业务特点和公司战略，对企业经营和管理模式重新定位，其核心是形成新的管理理念。

在整个企业发展的过程中，我们多次向携程、易龙、莱斯达等国内代理机票、旅游、酒店行业的代表企业学习先进的经验，并充分糅合公司的业务发展特点，最终形成我们最具竞争力的操作流程。比如：对比携程的价格，坐席代表的应答方式，配送单的设置，网站的设置等等，都进一步完善了我们自身的系统和流程。学习国内外先进的技术和流程设计,也是流程优化中很重要的一步。

20. 如何设计没有的流程

(1) 事件驱动:每个新流程制定之前必定有事件驱动,有起因,如:投诉引起、部门反馈、会议讨论等。

(2) 收集意见:获得事件驱动后,收集各方意见,做好前期资料准备,为新流程设好基础。

(3) 组织支持:需要获得部门或组织的支持与推动,只有获得好的支持,工作才能顺利开展。

(4) 整理信息:将各方意见、信息进行整理、汇总,把重要信息整理出来。可通会议形式举行,讨论获取。

(5) 角色分工:工作要分配到人,把每个任务设好责任人,把工作带动起来。

(6) 建立流程框架:要对准备制定的流程设立框架,再细化。

(7) 分析流程可行性:对流程要进行可行性分析,把不可行部分剔除。

(8) 设计流程图:对新的流程进行流程图的设计、规划。

(9) 试运行:新流程适用前,必须进行试运行,以检查各方能否配合,起到优化作用。

(10) 验收:试运行结束如无问题,负责人即对流程进行验收。

(11) 培训新流程:针对流程使用者进行全面培训,需要让每位使用者对新流程都清楚地了解。

(12) 发布及推广:对新流程进行全面发布及推广使用。

(13) 持续管理:在使用过程中,需要进行定期监控流程的实施情况,例如大家是否都按新流程执行,在使用过程中是否出现问题等。

(14) 持续优化:在新流程使用中,进行意见收集,对流程进行局部优化。只有持续优化,才能体现出新流程的作用。

用哪些指标来衡量流程的运作状况

(1) 关键绩效指标:确认流程关键绩效指标,使流程的目标和远景达成一致

① 流程关键绩效指标是指全流程的测评指标,并非部门内部指标

② 突出关键绩效指标的优先级

③ 定义关键绩效指标的测评公式,确定所有有效数据的来源

(2) 效率指标：对流程的效率设定指标，其中包括
① 流程周期
② 流程成本
③ 流程返工率
④ 流程中人力资源利用率
⑤ 流程中的决策效率
(3) 效果指标：对流程的效果设定指标，其中包括
① 缺陷率
② 客户满意度
(4) 流程管理指标：对流程的管理设定指标，其中包括
① 流程绩效的波动差
② 流程的规范性和适应性
(5) 流程验证、推行、维护及持续改进

第六节 流程的验证、测评

1. 流程涉及系统方面改进的验证、测评

- IT 开发完成和内部测试完成后，通知各业务接口人在培训环境中对相应功能进行测试
- 各业务接口人通知相关人员在培训环境中进行测试、验收
- 以 RMS 中的需求为准，并着重测试全流程是否顺畅
- 相关测试人员将发现的问题，及时与 IT 沟通
- 属于系统 BUG：及时通知 IT，IT 进行修正
- 属于系统新优化需求：走正常需求流程，重新提出该需求
- 将测试要点通知相关部门，必要时进行联测
- 参与 IT 组织的 UAT 培训，将相关系统问题落实
- IT 将相关问题修正后，系统开发需求验收通过
- 验收通过标准
- 与 RMS 中提出的需求相符

- 信息抓取及传递准确
- 订单处理流程流转正常
- 业务操作顺畅

2. 流程优化的验证、测评

- 流程执行是否顺畅：效率是否满足业务需求。
- 控制是否适当，流程环节是否落实到岗位，流程执行中是否专事专人？是否会有岗位分工不清？职责界限不清？多头管理导致无所适从？工作分散，业务难以衔接？
- 流程关键控制点/节点是否适当：检查环节是否适当？改进环节是否适当？是否存在过度控制、审核迟缓等环节导致工作效率低下？
- 对于收集到的流程缺陷，需要组织相关人员进行流程的再优化。
- 流程优化测评通过，可以进行流程试行。

3. 流程优化的效果、效率评价方法

- 技能/系统操作：是否比系统改进前操作更方便、更省时、不易出错。
- 用量化的方式来诊断：如通过报表反馈，是否比流程优化前效率有所提高，是否达到原设定的效率指标。
- 问卷、调查表：通过收集大家的意见和反馈，并对问卷调查结果进行分析，了解流程优化后是否达到原设定的效果指标。
- 比较评价法：测量使用新流程操作与未使用新流程操作的员工间的差别。
- 收益评价法：计算出流程优化后为企业带来的经济收益，如成本的降低、相应投诉率的下降等。

通过各种方法评估流程优化是否达到设定时的相应测评指标。

4. 流程试行

流程验证、测评通过后，选择指定的人员和场合，对所需人员进行简单培训，进行流程的试行(流程试行与流程培训需根据具体的流程来决定先后顺序及交叉情况)。

- 设计流程的程序与实际执行流程的程序的差异。
- 流程设定周期与实际操作的流程周期的差异。

第四篇 技能篇

- 试行过程中的问题和障碍。
- 不同员工的流程执行方法的差异。
- 确定员工培训的需要。
- 确定支持该流程优化的执行所需要的培训项目。

总结汇总，开展研讨会，决定流程是否推行。

第七节 进行流程的标准化及落实流程的培训

流程的改进是在流程建立之后的一个周而复始的过程，因此只有进行流程的标准化，同时落实流程的培训，才能使客户感到企业服务的合理、透明、有效。

- 每个流程都有专门责任人负责并在各人岗位责任描述中有清晰的定义。
- 流程具有统一的入口和平台，设计与改进时听取客户、其他部门相关人士及资深员工的看法与建议。
- 定期地流程回顾，总结流程运行状况，研究做出流程改进决定，并将流程改进结果固定在呼叫中心业务处理的各环节，使其切实得到落实。
- 流程的优化从客户的角度出发，以实现客户的服务目标为依据。
- 对于流程执行进行实时监控。每周、月、季度、半年、一年定期对于关键流程及执行情况进行审核和回顾，并制定相应计划进行针对性的改进。
- 通过 PDCA 的方法控制流程的正常运行并不断改善，更新流程以便有效地完成日常工作，满足客户和最终用户的要求。

1. 进行流程的标准化

- 涉及系统方面改进的操作标准化，制定系统操作指引手册
- 对于系统操作涉及的界面进行截屏
- 分步进行详细说明
- 批注系统操作的注意点
- 制定流程操作指引手册
- 说明原流程中存在的问题点
- 优化流程的主要优化点
- 绘制流程图

- 将优化流程分步进行详细说明
- 批注流程执行的注意点及执行规范
- 进行流程及流程指引、规范的发布

2. 落实流程的全员培训

- 流程发布后要对相关执行人员进行培训，确保流程执行人员明确在新流程中职责、执行规范的变化，及时掌握新流程所需的操作技能。
- 落实培训到全员。为达成培训的目的、提高培训会效率，流程小组事先进行内部讨论，对不好理解和操作复杂的地方进行批注，在培训会上重点关注。
- 进行适当的流程考试，其主要目的是迫使流程操作者认真学习、理解和掌握流程，同时检查流程操作者对流程的掌握程度。
- 对考试结果的数据进行分析利用。考试结果数据经分析可以充分了解流程操作者在哪些模块、哪些流程、哪些部位都存在掌握不到位、理解不深入的地方，同时也可发现流程中存在的问题。根据分析结果，可以有针对性地补救，对流程进行修订，对人员进行培训，提高流程本身的可操作性，提高操作人员的操作能力，从而提高流程实施成功率。

第八节　制定流程推行计划及流程的推行

涉及系统上线后的业务情况跟踪

- 系统稳定性测量：是否出现白屏、速度慢等，出现问题及时反馈给IT。
- 系统功能使用是否正常：在培训环境中测试正常使用的功能，系统上线到生产环境是否出现异常情况，如有异常，需及时将问题反馈给IT。

流程实施原则

树立流程权威性：流程建立起来后，必须树立起流程权威性，打造"重视流程、使用流程、管理流程"的氛围。流程要得到有效执行，没有随意破坏流程权威性的现象出现，企业全体员工形成按流程规定操作的习惯。

- 有流程的地方严格按照流程操作

第四篇 技能篇

- 发现流程不完善的时候管理者应主动优化
- 如何处理例外问题：基于经验、基于价值观、基于处事原则

推行过程中可能碰到的问题

- 不按新的流程运用
- 推行坚持不下去
- 各部门不配合
- 推行混乱

流程本身是一种设计好的制度，制度意味着约束，而大多数人对约束反感，流程通常是跨部门的，新流程可能会涉及个人间以及部门间利益关系。因此，流程推行过程中需要大量的沟通。

流程实施是一项艰巨的工程，需要高层领导的重视、高层领导一往无前的决心、给予中层后盾支持，也需要中层管理人员的积极推动，更需要基层操作人员的认真学习、转变思想、密切配合。

第九节 流程维护及持续改进

1. 建立流程管理机制，监控流程的有效执行和持续优化

让流程真正被执行、管理及持续的优化起来！利用现有资源，QAPI(质量监督流程改进)团队对新流程进行定期检查、监控，定时进行会议沟通，QA在电话监听过程中，需要对新流程特别注意，查看所有操作的同事是否按照新流程执行，对新流程中出现的问题要及时反馈给PI组同事跟进及再优化。如新流程制定发布后，操作者如没有很好的按新流程执行，那么新流程制定就没有任何意义。所以监控是否有效执行是流程持续改进的前提条件，并起到极大作用。PI建立规范的流程测评标准，确定好流程改进目标，对流程改进意识促进和行动上得以激励和规范。

2. 流程的加强培训

对于流程执行过程中出现的共同问题，结合QA的监控，可对普遍的流程执行中遇到的难点进行针对性的回顾和培训。培训也是流程维护及持续改进中的重要环

节。只有培训做到位,让同事对流程的操作没有任何问题,在执行过程中才能真正运转。对于培训,要对培训时间、培训地点、培训讲师都要严格要求及计划,以达到培训的真正目的及效果,最后在培训结束时要检查培训效果,保证被培训的同事都能准确地掌握流程操作。

3. 定期进行"流程批斗会"

流程批斗会就是在流程实施之后由流程推行小组定期组织流程操作人员研讨,对优化改进后的流程进行批判,提出改进建议。批斗会成功实施的前提条件是建立渠道收集流程问题,进行分析记录。流程推行小组负责建立正式流程反馈和监督信息通道,收集流程在运行中产生的问题。流程批斗会可分为部门级和公司级两个层次。

部门级的批斗会在部门内部召开,按前紧后松的方式,在实施初期可以两个星期举行一次,3个月后1个月举行一次,6个月根据实施情况可以取消。在部门级的批斗会中,根据收集到的信息,如果流程问题不涉及其他部门,部门内部进行讨论提出优化建议,在履行相关的审批程序后即可修订操作;如果流程问题涉及其他部门,部门内部讨论提出优化建议,反馈流程推行小组,在公司级批斗会上提出讨论。

公司级的批斗会由流程推行小组组织,各部门派代表参与,同样按前紧后松的方式,在实施初期可以1个月举行一次,3个月后按季度举行,1年后根据实施情况可以取消。在公司级的批斗会中,根据收集到的信息,流程推行小组负责提出相关议题,议定相关的优化举措。

4. 落实流程负责人——谁应该直接对流程负责

对于各业务组流程落实到人,每个业务组有专门对口人对该业务的流程进行及时反馈及问题跟进。以方便各业务组在遇上问题时能及时找到接口人进行问题反馈。

5. 流程管理的 PDCA 循环

流程管理的 PDCA 循环能系统性提升流程能力(plan do check action,PDCA)。

流程改进、优化其实属于周期性活动。每个新流程的制定都离不开 PDCA,首先需要对新流程计划(plan),计划好之后就试运行(do),在试运行过程中需要不断对新流程进行分析、审核、检查(check),新流程的制定,正式运行(action)。这是一个新流程从制定到运行的过程、周期。在新流程运行一段时间后,可对流程进行再优化，再更新，以达到配合当时的环境需要。这就是不断重复进行 PDCA 的过程，可见如果 PDCA 可以不断循环就能系统性的提高流程能力。

思考题

1. 如何把握流程改进的时间点？
2. 流程改进的直接动力是什么？
3. 流程改进应遵循的原则是什么？
4. 流程改进时应避免哪些问题？
5. 流程标准化有哪些优点？

第十九章

压 力 管 理

工作生活中，压力无处不在。急剧变化的外部环境和工作本身都对我们提出了巨大的挑战。应付这种挑战，一方面可以通过多层次、多渠道的学习的和实践以提高我们的知识、技能水平；但更为重要的是，我们必须在心态上做好准备，改变我们的态度、提高情绪控制能力、有效缓解生活和工作的压力。前者与思维、智力有关，后者则更多地需要情绪智力的参与。

任何呼叫中心对座席代表的服务水平的要求都是非常严格的。而且多数呼叫中心都遵循着这样一条理念："让客户听得见你的微笑"，并以此为标准，比如为每一个工作台配置一面小镜子，仿佛时刻都在提醒着座席代表："你，微笑了吗？"其实，微笑是一个完全自发的心理过程(《心理学大辞典》990 页：自发活动是神经元在没有受到外来刺激时表现出的电位变化，即刺激为情绪事件，表现为微笑或愤怒表情)。笑，就是一种自然表现，与此同时，伴随的是愉悦的心情。然而，当人类自发性的功能得到极度、长期的抑制时会出现什么情况呢？在心理医学领域，自发性功能的损毁已经被证明可以给人们的身体造成了诸多不适。暴食症、神经性厌食症、睡眠障碍等都是由人们自发性功能的损毁而导致的障碍类型。我们中的很多人从吃饭、睡觉到微笑，仿佛都不知道应该如何去做，都需要学习才可以获得。我们到底在学习什么？"笑"功能障碍，离我们还有多远？

第一节 压力的真相

《现代汉语词典》对压力的定义是：一是指物体所承受的与表面垂直作用力，二是指威逼人的力量。从第一种定义我们可以看出，压力原本是物理中的一个概念，也就是当一个作用力作用于物体时，受力物体会产生形变，这种力称之为压力。而第二种定义可以从第一种定义推导出来，也就是把第一种定义中的物体换做人。

压力是我们判定一个事件具有危险性、挑战性或对我们构成危害的过程，也是我们对这个事件做出生理、情绪、认知或者行为反应的过程。

那么压力是怎么产生的呢？我们来看一个例子：

一杯重量为500克的水，相信大家都可以拿起来。问题是你能拿多久，拿一分钟，各位一定觉得没问题，拿一个小时，可能觉得手酸，拿一天，可能得叫救护车了。

当然，产生压力的原因有很多：比如工作时间太长、遭遇挫折、家庭危机、疾病打击、贪欲过高等等。能够凭自己的能力去完成一项任务，压力自然降低。例如你知道工作一个通宵，就可以处理完积压的文件，你就会积极去做。如果你根本不知道领导会多加多少文件给你，根本无法有个准确的预算，压力就越来越重。要做不是自己能力范围可做到、而要倚赖其他人才能做的事，或是要做环境支配的事，人们就会感到有压力。

压力的轻重，视每个人的能力而定。适应能力强的人，可以应付复杂而繁重的压力。聪明的人比愚笨的人，更容易感到压力的存在。主要是聪明的人容易就一件事产生较广而更远的联想，愚笨者往往想不到太远的事情，因而压力较轻，中国人有一句："难得糊涂"。就是这个道理。

自信和缺乏信心，也导致压力的增加。例如考试，有充分准备的学生，若缺乏自信的话，压力比没有准备的学生来得重。焦虑和精神压力，直接影响思维，成绩也未能达到最佳水准。相反，没有充足准备的学生，也有一定的压力，是掺杂了自责的成分，压力就分散了。

被人过分期望或信任，也是造成压力的因素。在学生自杀个案中，大部分是由于成绩未能达到家长的要求而内疚自尽。

在办公室中，上司的要求越高，下属的压力越重。

在人际关系里，亲人的期望，朋友的看好，都使你加重了心理压力。例如单位有一个较高职位的空缺，整个办公室的人都认为你是最佳人选。在领导未宣布由谁上任之前，你的压力不单只是发自自己，而且是不能被人看扁，面子的问题。因此，被人看的太好，也产生压力。

对于能力不及的事，人们就产生焦虑、盼望、不安。长期处于这种心态，精神压力愈来愈重，后果严重。

以下是导致精神紧张的因素，也是造成压力的原因。

- 赶时间

交通堵塞、闹钟失灵或任何人力范围以外的事。特别是千金一刻的现代社会，迟到是严重的过失。为了怕迟到而时刻看表，是都市人情绪紧张的表现。

- 人际关系

人际关系不佳，直接或间接影响工作进度，且害怕一旦发生事故，无人帮忙。

- 超额工作量

怎样努力也做不完的工作，令人失去自信，变得沮丧。

- 对将来悲观

忽然失去伴侣，或工作不稳定，使人对将来失去信心，产生忧虑情绪。

- 不满意目前工作

有许多人做着自己不喜欢的工作。规律性而枯燥乏味的工作，使人感到郁闷。

欲掩饰个人能力的不足——明知自己实力不够，却硬充专家，经常担心被识破。

第二节　压力是弹簧，你弱它就强

"你有压力吗？"回答问题的人中，有1000多人强调她们有压力。近2/3的人说，平均每个工作日中，他们至少有一半时间紧张着：85%的人感到烦躁不安，65%的人成天忧心忡忡，63%的人有无助、崩溃的感觉。与此同时，他们身体也受到了摧残：69%的人说，压力"损害了我的头、胃和背"，而65%的人说压力毁了他们的睡眠。

压力十宗罪

第一宗罪：强迫症

工作压力、感情受挫、意外事故、家庭生活不和睦都会转化成一种压力，是引发强迫症的诱因。表现为谨小慎微，敏感多疑，犹豫不决，循规蹈矩，严肃刻板，做事追求十全十美，事前精心设计、反复推敲，力求一丝不苟，爱清洁，可谓"严于律己"。

第二宗罪：焦虑症

心理专家说：焦虑，是你的心理得了一次重感冒。多数情况下，焦虑的出现是正常的，只是有些人让焦虑形成了一种恶性循环，使得焦虑持续存在，这就会对自己造成危害。身体感受、心理反应、特殊行为以及社会环境都可引发焦虑，有时是几种因素共同作用的结果。

第三宗罪：失眠症

失眠的产生常常是心理因素在起作用，心理治疗对从根本上缓解心理压力起着很重要的作用。成年人的睡眠是因人而异的,有些人要睡上 10 个小时才能恢复精力，而有些人睡四五个小时就足够。只要第二天仍然精神饱满，不会影响到工作与生活，这就是美妙的睡眠。所以，偶尔放纵一下，享受只属于你的不眠之夜吧！

第四宗罪：失忆症

确切地说，失忆综合症不是疾病，而是一种因压力导致的心理反应。导致失忆综合症的因素有：工作头绪太杂，日程安排过满，情绪低落，慢性疲劳……大脑不是铜墙铁壁，一缺氧就会罢工。神经心理学家分析：大多数失忆是信息"轰炸"大脑和注意力分散的结果，记忆无力"登录"和贮存所有信息。而压力过大是产生这一结果的元凶。

第五宗罪：厌食症

专家认为，很多时候，进食障碍者对自己身材的苛求只是一种表象，更深层的原因往往是他(她)们因承受了极大的压力，无从释放，转而苛求自我的身体。厌食症最基本症状：主观上认为自己太胖，非常强烈的恐惧自己发胖，给自己一个较低的体重限度，无休止地减少体重，闻"胖"色变；开始的时候是不敢吃，到疾病后期，食欲极度缺乏，身体消瘦，体重比正常低至少15%，比自己原来体重至少减轻25%；女性停经达3个月以上。

第六宗罪：肥胖症

你充满动力，如果能把你的动力朝向你的目标发挥，那么，你一定会成功。不幸的是，也正因为这个原因，通常会使你吃得很多，因为你需要食物来缓解你所承受的压力。

第七宗罪：化妆品依赖症

长达一周的高压心境，就等同于我们用粗糙的网纹布在身体上摩擦十分钟后对皮肤所造成的伤害，也因此，我们患上了化妆品依赖症。最典型的想法："如果不化妆我觉得自己像出门没穿衣服一样尴尬。"

第八宗罪：子宫内膜异位

妇科医生认为：这是竞争时代带来的疾病。现代社会中，100个女人中就有一人遭遇此疾病，而这不过是最保守的估计！

第九宗罪：冬季忧郁症

约3%的办公室工作人群会在冬季里或多或少地感染"冬季忧郁症"；20岁～40岁的人群中，女性罹患的比率较男性高出30个百分点；社会上自杀的高峰多集中在冬季。

第十宗罪：疾病因压力而生

所有病例中，约有60%～90%与压力相关，从诸如头痛和胃病的生理疾病到神经紧张和生气之类的情绪问题都是如此，例如：心脏病、感染、自动免疫疾病、哮喘、皮肤问题、不育等等。

压力的正确处理办法

生活在现代社会，人都会有压力，一定程度的压力能促使自己努力奋斗，不甘落后，迅速提高。而压力过大则容易造成精神负担，破坏良好的心理状态，影响活动效果。这个世界还不完善，也没有理想的伊甸园。不如意事有八九，挫折与失败是常有的事，这是自然法则。我们应该以积极的态度去对待。针对造成心理压力的原因，介绍以下几种减轻压力的方法。

(1) 先了解自己的压力然后面对它，并减少不必要的压力来源，比如：过高的目标。

(2) 豁达、乐观的生活态度，以两分法看待事物，把事物看全，看活；而不能只看一点，钻牛角尖，或者只看事物的消极方面。要先看到成绩，再看不足。不要盲目攀比，要尝试学习欣赏自己身边的事物。

(3) 处理好人际关系，要善于表达自己，要学会沟通和谅解，心胸开阔，善解人意，角色互换，设身处地，理解万岁。

(4) 通过不断学习丰富自己，使生活充满希望。从自己的学业中感受人生价值。

(5) 积极的思维，凡事都要朝好的方面去想、去做。

(6) 放松大脑，调节心情。也要有足够的睡眠。

(7) 各种合理的宣泄手段(如向朋友倾诉)。

(8) 多运动，运动可加速血液循环，使身心能量得以合理的释放，有利于心理的愉悦和调节。

(9) 自我接受、 自我解放。

钥匙在你手中。许多时候，真正阻碍我们前进的并不是门，而是我们内心的枷锁，是我们的懦弱和胆怯。拿钥匙去开门，开门的渴望是你的第一把钥匙，开门的勇气是你的第二把钥匙，坚韧是你的第三把钥匙，悟性是第四把钥匙。

第三节　压力VS动力

故事一:

每天，当太阳升起来时，非洲大草原上的动物们就开始奔跑了。狮子妈妈在教育自己的孩子："孩子，你必须跑得再快一点，再快一点，你要是跑不过最慢的羚羊，你就会被活活饿死。"在另外一个场地上，羚羊妈妈也在教育自己的孩子："孩子，你必须跑得再快一点，再快一点，如果你不能比跑得最快的狮子还要快，那你就肯定会被它们吃掉。"

故事二：

美洲虎是一种濒临灭绝的动物，世界上仅存17只，其中有一只生活在秘鲁的国家动物园。为保护这只虎，秘鲁人从大自然里单独圈出1500英亩的山地修了虎园，让它自由生活。参观过虎园的人都说，这儿真是虎的天堂，里面有山有水，山上花木葱茏，山下溪水潺潺，还有成群结队的牛、羊、兔供老虎享用。奇怪的是，没有人见这只老虎捕捉过猎物(它只吃管理员送来的肉食)，也没见它威风凛凛从山上冲下来。它常躺在装有空调的虎房，吃了睡，睡了吃。一天，一位来此参观的市民说，它怎么能不懒洋洋？虎是林中之王，你们放一群只吃草的小动物，能提起它的兴趣吗？这么大的虎园，不弄几只狼来，至少也得放几条豺狗吧？虎园领导听他说得有理，就捉了三只豹子投进虎园。这一招果然灵验，自从三只豹子进了虎园，美洲虎不再整天吃吃睡睡，而日渐精神抖擞起来，天敌竟可以激起生物生活的信心！

压力是现代生活中很平常的一部分，我们每个人都有，接受它，并且积极地解决它，那么压力将会成为动力。但如何能做到呢？

首先，要意识到一些压力是有益处的。它能提供行为的动机。例如，如果没有来自支付生活费用的压力，某些人是不会工作的。其次，认识到当压力拖久了，将会得很麻烦、棘手的问题。第三，越早辨明征兆越好。第四，辨明症结所在。第五，寻找可行的治疗途径。

(1) 变压力为动力的出发点是减轻你的"负载"。80%的治疗可能通过写下你所看重的和你所背负的责任来进行，然后设置轻重缓急的级别，放下那些不重要的。

(2) 请记住：超人只存在于滑稽剧和影片中。每个人都有自己的局限，来认识、接受你自己的"有限"，并且在达到你的限度之前停下来。

(3) 伴随着压力而来的有被压抑的感觉，找你所信赖的朋友或者心理辅导来诉说你的感受，直接减轻你压抑的感觉，这有益于你客观、冷静地思考和计划。

(4) 放弃改变你不能改变的环境。正像一个爸爸告诉他那急躁的年少的儿子："除非你意识到并且接受生活的残酷，问题才会变得简单"。学会适应和在斗争之上生活，才会使我们成长并成熟。

(5) 尽量避免重大的人生转变发生在你的单身时期。

(6) 如果你对某人怀有怨恨,应及时解决造成问题的分歧,"生气不可到日落"。

(7) 用一些时间来休息和娱乐。

(8) 注意你的饮食习惯。当我们在压力之下时,我们常趋向于过量饮食,尤其是一些只会使压力增加的、无利于营养的食物。均衡地摄取蛋白质、维生素、植物纤维,有利于排除白糖、咖啡因、多余的脂肪、酒精和烟碱,这是减轻压力和其他的影响所需的。

(9) 确保参加一些体育锻炼,这能使你更健康,并且有利于消耗掉多余的能引发压力和焦虑的肾上腺素。

第四节　压力源

企业管理者尤其是人力资源管理人员在实施员工压力管理活动时,首先要弄清楚导致员工压力的起因即压力源。压力源从形式上可分为工作压力源、生活压力源和社会压力源三种。

(1) 工作压力源。引起工作压力的因素主要有：工作特性,如工作超载、工作欠载、工作条件恶劣、时间压力等；员工在组织中的角色,如角色冲突、角色模糊、个人职责、无法参与决策等；事业生涯开发,如晋升迟缓、缺乏工作安全感、抱负受挫等；人际关系,与上司、同事、下属关系紧张,不善于授权等；工作与家庭的冲突；组织变革,如并购、重组、裁员等使许多员工不得不重新考虑自己的事业发展、学习新技能、适应新角色、结识新同事等,这都将引起很大的心理压力。

(2) 生活压力源。按对压力影响程度主要分为：配偶死亡、离婚、夫妻分居、拘禁、家庭成员死亡、外伤或生病、结婚、复婚、退休等。可见,生活中的每一件事情都可能会成为生活压力源。

(3) 社会压力源。每个人都是社会的一员,自然会感受到社会的压力。社会压力源诸如社会地位、经济实力、生活条件、财务问题、住房问题等。

第五节 压力管理的内容

进行压力管理要明确以下三个内容。

1. 压力管理的主体是谁(who)

压力管理的主体是员工个人和人力资源主管部门。压力首先是作用于员工个人,不同个性的员工对待同样的压力会有不同的反应。相关研究已经证明了这一点。有些员工遇到压力后容易产生挫折感、焦虑、烦躁,而且长时间不能自拔。而有些员工能正确面对压力,尽管也会出现不适感,但他们能很快调整情绪。这说明不同个性员工对待压力具有不同调控和适应能力。压力管理的主体还包括企业人力资源主管部门或企业管理者,在当前人本管理的时代里,管理者有责任帮助员工去控制自己的压力,从而使员工工作起来心情愉快,工作绩效也能最高,达到"人事双赢"的效果。

2. 压力的起因或来源(from)

为了有效地进行压力管理,这就要求管理者能准确查明员工的压力由何而来,从而相应采取积极有针对性的措施。

压力的起因或来源大体分为三方面:工作压力、家庭压力、生活压力。

(1) 工作压力。工作压力是指在工作中产生的压力。它的起源可能有多种情况。如工作环境(包括工作场所物理环境和组织环境等),分配的工作任务多寡、难易程度,工作所要求完成时限长短,员工人际关系影响、工作新岗位的变更等,这些都可能是引发员工工作压力的诱因。工作压力理应成为企业人力资源管理者所关注的重点。

(2) 家庭压力和社会压力。每一个员工都有自己的个人家庭生活,家庭生活是否美满和谐对员工具有很大影响。这些家庭压力可能来自父母、配偶、子女及亲属等。

还有一些压力来自社会方面。包括社会宏观环境(如经济环境、行业情况、就业市场等)和员工身边微观环境的影响。如IT业职场要求掌握的专业技术日新月异,职场竞争压力大,专业人员淘汰率高,此时就对IT从业人员造成很大的社会压力。员工所处社会阶层的地位高低、收入状况同样对其构成社会压力。如当员工自身收入状况与其他社会阶层相比,或者与其他同行业从业人员相比较低时,对他也会产生压力。

尽管这些家庭压力和社会压力与工作无关,但作为企业管理者同样应予以关注,尽量减少其对员工的干扰,只有这样才能使员工全心投入到工作中。

3. 如何进行压力疏导(how)

在对上述压力具体进行管理时,应对每位不同个性员工和压力来源做具体而全面的分析。调控能力和适应压力强的员工,其心理承受能力强,他们能很好地处理和缓解压力。对心理调适能力弱的员工遇到压力时,可能无法及时调控压力,这时企业管理者需要更多地加以帮助、关心这样的员工。

进行压力管理可以分为宣泄、咨询、引导三种方式。

宣泄作为一种对压力的释放方式,效果应该不错。宣泄可采取各种办法,例如,可以在没人的地方大叫,或剧烈运动、唱歌等。有研究表明体育运动、家务劳动等对减轻压力是非常有益的。

咨询就是向专业心理人员或亲朋好友倾诉自己心中的郁闷紧张情绪。向自己的好友或父母倾诉几乎是每个人都有过的经历。其实,不论被倾诉对象能否为自己排忧解难,倾诉本身就是一种很好的调整压力的方法。这里效果较好的当属和专业人员进行沟通的心理咨询了。心理咨询是专业心理咨询人员通过语言、文字等媒介物与员工进行信息沟通,以调整员工心理或情绪的过程。通过心理咨询可以帮助员工在对待压力的看法、感觉、情绪等方面有所变化,解决其出现的心理问题,从而调整心态,能够正确面对和处理压力,保持身心健康,提高工作效率和生活质量。

引导是管理者或他人帮助员工改变其心态和行为方式,使员工能正确对待压力。诸如重新确定发展目标、培养员工多种业余兴趣爱好等都是很好的引导方法。员工确立正确适当的目标,通过自身努力可以达到此目标,相关压力自然也就消失了。而员工如果有丰富多彩的兴趣爱好活动,当其遇到压力时可以很容易转移注意力,投入到兴趣爱好中,从中陶冶情操、保护身心健康,心态亦会平和,压力自然也就减轻直至消失。

第六节　压力管理的具体措施

企业领导者和人力资源管理者应充分关心、关注、调查、分析员工体会到的压力源及其类型，从组织层面上拟定并实施各种压力减轻计划，有效管理、减轻员工压力。

1. 改善组织的工作环境和条件，减轻或消除工作条件恶劣给员工带来的压力

首先，领导者或管理者力求创造高效率的工作环境并严格控制打扰。如关注噪声、光线、舒适、整洁、装饰等方面，给员工提供一个赏心悦目的工作空间，有利于达到员工与工作环境相适应，提高员工的安全感和舒适感，减轻压力。

其次，要确保员工拥有做好工作的良好的工具、设备。如及时更新陈旧的电脑、复印机、传真机等。

2. 从企业文化氛围上鼓励并帮助员工提高心理保健能力，学会缓解压力、自我放松。

(1) 企业向员工提供压力管理的信息、知识。企业可为员工订有关保持心理健康与卫生的期刊、杂志，让员工免费阅读。这也能体现企业对员工成长与健康的真正关心，使员工感受到关怀与尊重，从而也会成为一种有效的激励手段、激发员工提高绩效进而提高整个组织的绩效。

企业可开设宣传专栏，普及员工的心理健康知识，有条件的企业还可开设有关压力管理的课程或定期邀请专家作讲座、报告。可告知员工诸如压力的严重后果、代价 (如疾病、工作中死亡、事故受伤、医疗花费、生产率下降而造成潜在收入损失等)；压力的早期预警信号(生理症状、情绪症状、行为症状、精神症状)；压力的自我调适方法 (如健康食谱、有规律锻炼身体、学着放松和睡个好觉、发展个人兴趣爱好等)……让员工筑起"心理免疫"的堤坝，增强心理"抗震"能力。

(2) 向员工提供保健或健康项目，鼓励员工养成良好的、健康的生活方式。如有些企业建立了专门的保健室，向员工提供各种锻炼、放松设备，让员工免费使用，还有一名专职的健康指导员去监督锻炼计划和活动，美国一些著名公司还为有健身习惯的人发放资金从而鼓励健身。通过健身、运动不仅保持了员工的生理健康(这是心理健康的基础)，而且还可使员工的压力很大程度上得到释放和宣泄。

(3) 企业可聘请资深专业人士为心理咨询员，免费向承受压力的员工提供心理咨询，使员工达成一种共识："身体不适，找内外科医生，心理不适，找心理医生"。心理咨询在为员工提供精神支持与心理辅导、帮助其提高社会适应能力、缓解心理压力、保持心理健康方面确是一种十分有效的科学方法。

3. 组织制度、程序上帮助减轻员工压力，加强过程管理。

(1) 人力资源招聘中：注意识别人力资源的特点，选拔与工作要求(个性要求、能力要求等各方面)相符合的人力资源，力求避免上岗后因无法胜任工作而产生巨大心理压力现象。

(2) 人力资源配置中：力求人与事的最佳配置，并清楚地定义在该岗位上员工的角色、职责、任务。可减轻因角色模糊、角色冲突等引起的心理压力。

(3) 人力资源培训中：第一，可培训员工提高处理工作的技能(如撰写公文或报告、工作陈述、新技能等)，使之工作起来更得心应手，减少压力；第二，可进行员工时间管理培训(按各项任务的紧急性、重要性区分优先次序、计划好时间)，消除时间压力源；第三，可培训员工的沟通技巧等，消除人际关系压力源，等等。

(4) 职业生涯规划中：帮助员工改善思维，抛弃不切实际的期望值太高的目标，而建立现实客观的 SMART 式的发展目标：S-specific(特定的、适合自己的)，M-measurble(可衡量的)，A-achievable(可实现的)，R-realistic(实际的)，T-time-based(基于时间的)。

(5) 人力资源沟通中：第一，领导者或管理者应向员工提供组织有关信息，及时反馈绩效评估的结果，并让员工参与与他们息息相关的一些决策等，使员工知道企业里正在发生什么事情，他们的工作完成得如何等，从而增加其控制感，减轻由于不可控、不确定性带来的压力；第二，各级主管应与下属积极沟通，真正关心下属的生活，全方位了解下属在生活中遇到的困难并给予尽可能的安慰、帮助，减轻各种生活压力源给员工带来的种种不利影响和压力，并缩短与下属的心理距离。

(6) 保障制度：完善员工保障制度，向其提供社会保险及多种形式的商业保险，增强员工的安全感和较为稳定的就业心理，减轻其压力。

(7) 向员工提供有竞争力的薪酬，并保持企业内部晋升渠道的畅通等，有利于帮助减轻或消除社会压力源给员工带来的压力。

思考题

1. 如何看待压力的两面性?
2. 产生压力的直接原因是什么?
3. 你有哪些有效的减压办法?
4. 呼叫中心中,如何做到集体减压?
5. 压力真的是有害的吗?

第二十章 时间管理

"明日复明日,明日何其多,我生待明日,万世成蹉跎,世人若被明日累,春去秋来老将至……"警示着我们,时间稍纵即逝!"今日复今日,今日何其速,朝朝复暮暮,连命都不顾,世人若被今日累,终身劳累何其苦……"告诉我们,时间飞逝,勤奋的人们为了与时间赛跑,将自己全身心地投入到工作中去,一辈子过的很辛苦。那如何能改善以上这两种局面,通过有效地利用时间,做到工作轻松,生活愉快呢?

第一节 什么是时间

生活中还有一些是肉眼看不见的东西,如空气、时间、空间等等,它们实实在在存在于我们的生活中,与生命同样重要,时刻不能与之相分离。虽然人们看不见,但能体察和感知它们的存在、变化和力量。

时间是指物质运动过程的持续性和顺序性。任何客观存在的物质都会持续一定的过程。例如,从种子发芽到长叶、开花、结果,人从出生到婴儿、少年、青年、中年、老年、死亡,这个过程的持续性,就是物质的时间属性。因此,同长度一样,时间也是客观存在的一种量。

哲学家这样说:"时间是物质运动的顺序性和持续性,其特点是一维性,是一种特殊的资源。"

时间的本质及四项独特性。

(1) 供给毫无弹性：时间的供给量是固定不变的，在任何情况下不会增加、也不会减少，每天都是 24 小时，所以我们无法开源。

(2) 无法蓄积：时间不像人力、财力、物力和技术那样被积蓄储藏。不论愿不愿意，我们都必须消费时间，所以我们无法节流。

(3) 无法取代：任何一项活动都有赖于时间的堆砌，这就是说，时间是任何活动所不可缺少的基本资源。因此，时间是无法取代的。

(4) 无法失而复得：时间无法像失物一样失而复得。它一旦丧失，则会永远丧失。花费了金钱，尚可赚回，但倘若挥霍了时间，任何人都无力挽回。

第二节 每个人的一生有多少时间

每个人的一生有多少时间呢？我们来计算一下。假设一个人能活到 80 岁，他的一生就有 29 200 天即 700 800 小时。如果每天用 7 个小时来睡眠，总共有 204 400 小时，那么他实际只有 496 400 小时的时间可利用做其他事情。

80×365＝29 200 天
80×365×24＝700 800 小时
80×365×7＝204 400 小时(睡觉)
700 800－204 400＝496 400 小时

每个人每天拥有的时间是一样的——24 小时。

第三节 时间重要性

时间对我们来说到底有多重要呢？孔子曾慨叹："逝者如斯夫，不舍昼夜"。我们可看出时间永存于我们的生活中，与生命不能分，随时随地都离不开它。

时间是构成生命的源泉，每一个人的生命是有限的。属于一个人的时间也是有限的。若一个人的生命到了人生的末端，那么这个人生活的时间也将结束了。可见人与时间有着密切的联系。在千千万万的批评家中，最伟大、最正确、最天才的是"时间"。而世界上最快而又最漫长，最平凡而又最珍贵，最容易被人忽视而又最容易令人懊悔的也是"时间"。

时间如流水，稍纵即逝，生命像激光一晃而过，一寸光阴一寸金，寸金难买寸光阴。时间对于每一个人来说都是平等的，他不因你是勤奋者而多给你，也不因你是懒惰者而少给你。但在有限的时间内，不同思想的人会提到不同的结果，怎样去把握，就要看自己怎样去珍惜它。

第四节　什么是时间管理

我们已经知道，时间是不以人的意志为转移的，所以其实时间本身不能够被管理。所谓时间管理，是指用最短的时间或在预定的时间内，把事情做好，即充分利用时间创造最大的价值。

时间管理的发展经历了四个阶段，人们从认识到时间管理的重要性，到开始进行时间管理，期间也经历了管理方式和管理重点的转移。

一、时间增加和备忘录

第一个阶段称为时间的单纯增加和备忘录。时间的增加是指当时间不够用，而工作任务比较多的时候，就单纯地加班加点，延长工作时间。

备忘录就是把所有要做的项目列出来，制作成一个工作任务清单，做一件，勾掉一件，以此种方式进行时间的分配和使用管理。

二、工作计划和时间表

第二个阶段称为工作计划和时间表，即在所有要做的工作任务开始之前，把清单列出来，在每一项任务之前定一个时间的期限，例如早晨 8：00～9：00 做什么，9：00～10：00 做什么，13：00～14：00 做什么，每一项任务都有开始和结束的时间，在这个时间段中完成规定的某项任务。这个方法有时候也称为行事历时间管理法。

三、排列优先顺序以追求效率

第三个阶段的时间管理称为排列优先顺序以追求效率的时间管理。当工作任务越来越多，多到在规定的时间里面没有办法彻底做完的时候，就要求对时间管理的内容进行一定的更改，第一，对工作任务要做一些取舍；第二，要对工作任务排优先顺序，比如，先做哪一件，后做哪一件；重点做哪一件，非重点做哪一件；主要做哪些，次要做哪些；做哪些，不做哪些，等等，描述这个取舍和优先顺序的办法可以通过象限法进行。

如果按照重要程度的轴来标记横坐标，按照紧急程度的轴来标记纵坐标，时间管理可以依据事件的紧急性和重要性的程度，区分为四种。我们平时对时间的利用，也就是对这四种类型的理解和把握。表20-1 时间管理优先级表。

表 20-1 时间管理优先级表

紧急程度 重要程度	紧 急		不 紧 急	
重要	第一种	例如： 处理电话系统故障 参加系统开发会议 接待各级领导视察公司 航班变更通知旅客 旅客投诉处理 ……	第二种	例如： 制订学习计划 参加业务培训 总结经验 每日的班例会 每月销售竞赛 ……
不重要	第三种	例如： 接听无谓的来电 应酬朋友的突然来访 同事请你帮忙邮寄包裹 ……	第四种	例如： 望着电脑屏幕发呆 下了班在街上游荡 和同事间的闲聊 ……

四、以重要性为导向，价值导向，目标导向，结果导向

第四代时间管理的代表是时间管理的二八定律。意大利经济学家帕累托认为，万事万物都可以分为重点的少部分和一般的大部分，这就是通常所说的二八定律，即80%的结果源于20%的努力，也就是80%的结果是因为20%的关键因素所致。

所谓"打蛇打七寸，擒贼先擒王，好钢用在刀刃上"，用最有效率的时间去做20%的最有效率的工作，在这些时间段，注意力要高度集中，一口气把事情干完，不要中间停止，从而达到一种高效率。同时，要调整生物钟，控制好工作的节奏，使得效能最高。

五、时间管理的误区

1. 工作缺乏计划

查尔斯·史瓦在担任伯利恒钢铁公司总裁期间，曾经向管理顾问李爱菲提出这样一个不寻常的挑战："请告诉我如何能在办公时间内做妥更多的事，我将支付给你任意的顾问费。"李爱菲于是递了一张纸给他，并对他说"写下明天你必须做的最重要的各项工作，先从最重要的那一项工作做起，并持续的做下去，直到你完成该工作为止。重新检查你的办事次序，然后着手第二项重要的工作。倘若任何一项着手进行的工作花掉你整天的时间，也不用担心。只要手中的工作是最重要的就坚持做下去。假如按这种方式你无法完成全部重要的工作，那么即使运用其他的方法，你也同样无法完成他们，而且倘若不借助某一件事的优先次序，你可能连哪一种工作最重要都不清楚。将上述的一切变成你每一个工作日里的习惯。当这个建议对你生效时，把他提供给你的部下采用"。

数星期后，史瓦寄了一张面额为两万五千美元的支票给李爱菲，并附言她确实已经为他上了十分珍贵的一课。据说伯利恒后来之所以能跃升为世界最大的独立钢铁制造公司，可能是因为李爱菲的那数句箴言。

尽管计划的拟定能给我们带来诸多的好处，但我们有的同事从来不做或是不重视做计划，原因不外乎如下几条：

(1) 因过分强调"知难行易"而认为没有必要在行动之前多做思考；

(2) 不做计划也能获得实效；
(3) 不了解做计划的好处；
(4) 计划与事实之间极难趋于一致，故对计划丧失信心；
(5) 不知如何做计划。

我们作为一个高新科技企业的员工，要步上职业化的道路，成为一个强调实效性的职业人士，不应该把以上原因当做工作中的借口，为什么呢？

(1) 固然有些事情是易行而难料的，但若过分地强调这一点，则有可能养成一种"做了再说"或"船到桥头自然直！"的侥幸心理。试问，房子燃烧的紧要关头，消防队员是否应立刻拿起水龙头或灭火筒进行抢救，还是应花费少许时间判别风向、寻找火源、分派工作，然后再进行抢救？

(2) 不做计划的人只是消极地应付工作，他将处于受摆布的地位；做计划的则是有意识地支配工作，处于主动的地位并提高工作效率。

(3) 由于目标中拟定假设的客观环境发生变动，计划与事实常常难以趋于一致，所以我们必须定期审察我们的目标与计划，做出必要的修正，寻找最佳途径。但如果是处于无计划的引导，则一切行动将杂乱无章，最终走进死胡同。

综上所述，由于我们的工作缺乏计划，将导致如下恶果。

(1) 目标不明确
(2) 没有进行工作归类的习惯
(3) 缺乏做事轻重缓急的顺序
(4) 没有时间分配的原则

2. 组织工作不当

组织工作不当主要体现在如下几个方面。
(1) 职责权限不清，工作内容重复
(2) 事必躬亲，亲力亲为
(3) 沟通不良
(4) 工作时断时续

如何避免组织工作不当？
(1) 学会如何接受请托
(2) 学会利用资源

3. 时间控制不够

首先我们来做一个测试。

拖延商数测验

请据实选择以下每一个陈述最切合你的答案：

(1) 为了避免对棘手的难题采取行动，我于是寻找理由和借口。
　　A 非常同意　B 略表同意　C 略表不同意　D 极不同意

(2) 为使困难的工作能被执行，对执行者下压力是必要的。
　　A 非常同意　B 略表同意　C 略表不同意　D 极不同意

(3) 我经常采取折中办法以避免或延缓不愉快的事或困难的工作。
　　A 非常同意　B 略表同意　C 略表不同意　D 极不同意

(4) 我遭遇了太多足以妨碍完成重大任务的干扰与危机。
　　A 非常同意　B 略表同意　C 略表不同意　D 极不同意

(5) 当被迫从事一项不愉快的决策时，我避免直截了当的答复。
　　A 非常同意　B 略表同意　C 略表不同意　D 极不同意

(6) 我对重要的行动计划的追踪工作一般不予理会。
　　A 非常同意　B 略表同意　C 略表不同意　D 极不同意

(7) 试图令他人为管理者执行不愉快的工作。
　　A 非常同意　B 略表同意　C 略表不同意　D 极不同意

(8) 我经常将重要工作安排在下午处理，或者带回家里，以便在夜晚或周末处理它。
　　A 非常同意　B 略表同意　C 略表不同意　D 极不同意

(9) 我在过分疲劳(过分紧张、过分泄气、太受抑制)时，以致无法处理所面对的困难任务。
　　A 非常同意　B 略表同意　C 略表不同意　D 极不同意

(10) 在着手处理一件艰难的任务之前，我喜欢清除桌上其他任务。
　　A 非常同意　B 略表同意　C 略表不同意　D 极不同意

评分标准：

每一个"非常同意"评 4 分，"略表同意"评 3 分，"略表不同意"评 2 分，"极不同意"评 1 分。总分小于 20 分，表示你不是拖延者，你也许偶尔有拖延的习惯。总分在 21 至 30 分之间，表示你有拖延的毛病，但不太严重。总分多于 30 分，表示你或许已有严重的拖延毛病。

我们在时间控制上容易陷入下面的陷阱。

(1) 习惯拖延时间

(2) 不擅处理不速之客的打扰

(3) 不擅处理无端电话的打扰

(4) 泛滥的"会议病"困扰。不少中高层领导曾经指出，会议竟占去他们日常工作时间的四分之一，甚至三分之一！然而更令他们感慨的是，在这么多会议时间内，几乎有一半是徒劳无功的浪费！

4. 整理整顿不足

办公桌的杂乱无章与办公桌的大小无关，因为杂乱是人为的。"杂乱的办公桌显示杂乱的心思"是有道理的。让一个没有条理的人使用一个小型的办公桌，这个办公桌会变得杂乱无章，即使给他换一个大型的办公桌，不出几日，这个办公桌又会遭遇同样的命运。套用"帕金森定律"——"工作将被扩展，以便填满可供完成工作的时间"，我们也可以导出"文件堆积定律"——"文件的堆积将被扩展，以便填满可供堆积的空间。"

当你的上司向你索取一份技术资料，你是否能在第一时间从容不迫地递给他？当你需要一份信息时，是否满文件夹地翻个底朝天？

5. 进取意识不强

我们经常说道："人最大的敌人就是自己"。有些人之所以能够让时间白白流逝而毫无悔痛之意，最根本的原因就是他个人缺乏进取意识，缺乏对工作和生活的责任感和认真态度。主要表现在以下几个方面。

(1) 个人的消极态度

(2) 做事拖拉，找借口不干工作

(3) 做白日梦

(4) 工作中闲聊或做其他事情

如果我们一直处于迟钝的时间感觉中，换句话说，当你觉得时间可有可无，不愿面对工作中的具体事务，沉溺于"天上随时掉下大馅饼"的美梦，那就需要好好反省自己了，因为你随时在丧失宝贵的机会，随时可能被社会淘汰！

第五节 时间管理目的

"时间管理"所探索的是如何减少时间浪费，以便有效地完成既定目标。由于时间所具备的四个独特性，所以时间管理的对象不是"时间"，它是指面对时间而进行的"自管理者的管理"。

请注意：

(1) 所谓"时间的浪费"，是指对目标毫无贡献的时间消耗

(2) 所谓"自管理者的管理"——你必须抛弃陋习，引进新的工作方式和生活习惯，包括要订立目标、妥善计划、分配时间、权衡轻重和权力下放，加上自我约束、持之以恒才可提高效率，事半功倍。

• 时间管理不是要把所有事情都做完，而是更有效的运用时间

时间管理的目的除了要决定你该做些什么事情之外，另一个很重要的目的也是决定什么事情不应该做。

• 时间管理不是完全的掌控时间，而是降低变动性。

时间管理最重要的功能是通过事先的规划，作为一种提醒与指引。

第六节 时间管理三部曲

一、明确目标，制定计划(PLAN)

1. 明确目标，目标刺激我们奋勇向上

虽说目标能够刺激我们奋勇向上，但是，对许多人来说，拟定目标实在不是一

件容易的事，原因是我们每天单是忙在日常工作上就已透不过气，还哪来时间好好想想自己的将来。但这正是问题的症结，就是因为没有目标，每天才弄得没头没脑、蓬头垢面，这只是一个恶性循环罢了！

如何制定目标？一个目标应该具备以下五个特征才可以说是完整的。

(1) 具体的

有人说："我将来要做一个伟大的人"。这就是一个不具体的目标。目标一定要是具体的，比如你想把英文学好，那么你就订一个目标：每天一定要背十个单词，一篇文章。

有人曾经做过一个试验，他把人分成两组，让他们去跳高。两组人的个子差不多，先是一起跳过了 1 米。他对第一组说："你们能够跳过 1.2 米。"他对第二组说："你们能够跳得更高。"经过练习后，让他们分别去跳，由于第一组有具体的目标，结果第一组每个人都跳过 1.2 米，而第二组的人因为没有具体目标，所以他们中大多数人只跳过了 1 米，少数人跳过了 1.2 米。这就是有和没有具体目标的差别所在。

(2) 可衡量的

任何一个目标都应有可以用来衡量目标完成情况的标准，你的目标愈明确，就能提供给你愈多的指引。比如你要买一栋房子，先要在心里有个底。房子要多大，是几层楼？需要多少卧室？要木头的还是钢筋水泥的？坐落地点呢？你的预算呢？有了这些明确的标准，你才有可能顺利地盖好你的房子。

(3) 可达到的

不能达到的目标只能说是幻想，白日做梦，太轻易达到的目标又没有挑战性。多年前，美国一位科学家进行了一项成就动机的试验。15 个人被邀请参加一项套圈的游戏。在房间的一边钉上一根木棒，给每个人几个绳圈套到木棒上，离木棒的距离可以自己选择。站得太近的人很容易就把绳圈套在木棒上，而且很快就泄气了；有的人站得太远，老是套不进去，于是很快就泄气了；但有少数人站的距离恰到好处，不但使游戏具有挑战性，而且他们还有成就感。实验者解释这些人有高度的成就动机，他们通常不断地设定具有挑战性但做得到的目标。

(4) 相关的

目标的制定应考虑和自己的生活、工作有一定的相关性，比如一个公司的职员，整天考虑的不是怎样才能做好工作，却一心发着明星梦，又不肯努力奋斗，在一天一天消耗中丧失学习、工作的能力，不思进取，不努力提高工作业务能力，最终会被公司抛弃、会被社会遗弃。

(5) 基于时间的

任何一个目标的设定都应该考虑时间的限定，比如你说："我一定要拿到律师证书。"

目标应该很明确了，只是不知是在一年内完成，还是十年后才完成？

2. 有计划，有组织地进行工作

所谓有计划，有组织地进行工作，就是把目标正确地分解成工作计划，通过采取适当的步骤和方法，最终达成有效的结果。通常会体现在以下五个方面：

(1) 将有联系的工作进行分类整理；

(2) 将整理好有各类事务按流程或轻重缓急加以排列；

(3) 按排列顺序进行处理；

(4) 为制定上述方案需要安排一个考虑的时间；

(5) 由于工作能够有计划地进行，自然也就能够看到这些工作应该按什么次序进行，哪些是可以同时进行的工作。

那么有人会问：究竟该怎样做计划呢？大致的步骤如下：

(1) 确立目标；

(2) 探寻达到目标的各种途径；

(3) 选定最佳的完成方式；

(4) 将最佳途径转化成月/周/日的工作事项；

(5) 编排月/周/日的工作次序并加以执行；

(6) 定期检查目标的现实性以及达到目标的最佳途径的可行性。

二、执行(DO)

按照先前制定的计划去做。

有了计划，就必须有行动。行动是一件了不起的事，请大家记住：

(1) 切实实行你的计划和创意，以便发挥它的价值，不管主意有多好，除非真正身体力行，否则永远没有收获；

(2) 实行时心理要平静，估计困难、做好准备、及时调整。

美国的成功学家格林演讲时，时常对观众开玩笑地说，美国最大的快递公司——联邦快递，其实是他发明的。他不说假话，他的确有过这个主意。但是我们相信世界上至少还有一万个和他一样的创业家，也想到同样的主意。格林刚刚起步时，在全美为公司间做撮合工作，每天都生活在赶截止日期并在限时内将文件从美国的一端送到另一端的时间缝隙中。当时格林曾经想到，如果有人能够开办一个能够将重要文件在24小时之内送到任何目的地的服务，该有多好！这想法在他脑海中驻留了好几年……一直到有一个名叫弗列德·史密斯的人真的把这主意转换为实际行动。

这个故事的教训是：成功地将一个好主意付诸实践，比在家空想出一千个好主意要有价值得多。

分清工作的轻重缓急

请看下面的行事次序，看看你自己平时喜好用哪种方式？

(1) 先做喜欢做的事，然后再做不喜欢做的事。

(2) 先做熟悉的事，然后再做不熟悉的事。

(3) 先做容易的事，然后再做难做的事。

(4) 先做只需花费少量时间即可做好的事，然后再做需要花费大量时间才能做好的事。

(5) 先处理资料齐全的事，然后再处理资料不全的事。

(6) 先做已排定时间的事，然后再做未经排定时间的事。

(7) 先做经过筹划的事，然后再做未经筹划的事。

(8) 先做别人的事，然后再做自己的事。

(9) 先做紧迫的事，然后再做不紧要的事。

(10) 先做有趣的事，再做枯燥的事。

(11) 先做易于完成的整件事或易于告一段落的事，然后再做难以完成的整件事或难以告一段落的事。

(12) 先做自己所尊敬的人或与自己关系密切的利害关系的人所拜托的事，然后再做其他人所拜托的事。

(13) 先做已发生的事，后做未发生的事。

以上的各种行事准则，从一定程度上说大致上都不符合有效的时间管理的要求。我们既然是以目标的实现为导向，那么在一系列以实现目标为依据的待办事项中，到底哪些应该先着手处理，哪些可以拖后处理，哪些甚至不予处理？一般认为是按照事情的紧急程度来判断。假如愈是紧迫的事，其重要性愈高，愈不紧迫的事，其重要性愈低，则依循上面的判断规则。可是在多数情况下，愈是重要的事偏偏不紧迫。因此，我们认为：处理事情优先次序的判断依据是事情的"重要程度"。所谓"重要程度"，即指对实现目标的贡献大小。提请注意：虽然有以上的理由，我们也不应全面否定按事情"缓急程度"办事的习惯，只是需要强调的是，在考虑行事的先后顺序时，应先考虑事情的"轻重"，再考虑事情的"缓急"——也就是我们前面介绍的"第二象限组织法"。

三、检讨与完善(REVIEW)

是否按先前制定的时间完成。如果没完成，要找出原因，进行改进，并重新制定另一个计划来继续完成。

例如，作为一个客服中心的机票旅游顾问(TC)，每个月可以把自己的工作时间合理利用，从而创造出最大的效益。表 20-2 是一个 TC 要求一个月完成 1000 个航段，保险销售达到 39%的计划。

表 20-2　销售数量表

目标	8月1日—8月9日	8月10日—8月16日	8月17日—8月23日	8月24日—8月31日
销售机票航段数	260 个	220 个	240 个	280 个
销售保险数	101 份	86 份	94 份	109 份
接听来电	730 个	620 个	670 个	780 个
订单平均处理时长	180 秒	160 秒	170 秒	190 秒

按照一个月分为四周，每周工作日 5 天，每天工作 8 小时来算，我们就可以计划出每天要完成的工作量。按照计划去做，如果没完成，就要进行检讨，找出原因，做进一步的改进。

第七节　如何利用自己的时间

大多数人不了解自己，逃避现实比观察及解释我们的行为更容易。面对自己并客观地制定我们对时间的使用，需要巨大的勇气。而若你愿意花一个星期做这种功夫，将毫无疑问地发现，这是一种有益的经验。

下面的练习将显示你以你的时间与生命真正去做的许多相关事项。在本项练习中列有一个你在一星期内花费时间的清单。这里要强调的不是一个要你计算每一分钟的"时间难题"练习，而是要求你记录下一星期每隔半小时的所有活动。请记住：时间管理并没有什么高超的技巧，关键就在于持之以恒。

接下来就请按部就班地完成如何进行时间使用清单的分析，之后，你会考虑到一些问题，寻找指引你更适当运用你的时间的答案。

请先看表一和表二。

表一：时间使用清单表 时间统计

项目活动：每星期估计花费的时间(小时)；每星期实际花费的时间(小时)；上两项时间的差额(小时)占每星期总时间的百分比(%)。

一、公务活动

(1) 上下班

(2) 开会

(3) 打电话

(4) 阅读文件、整理通信

(5) 帮助下属

(6) 接待宾客

(7) 向上级汇报

(8) 公务出差

(9) 拜访客户

(10) 其他工作上的活动

小计

二、个人活动

(11) 整理仪容

(12) 饮食

(13) 睡觉

小计

三、家庭活动

(14) 煮饭

(15) 洗熨衣服

(16) 打扫房屋

(17) 杂务与家事

(18) 卖杂物

(19) 其他的逛街活动

(20) 缴款

(21) 看孩子

(22) 宗教活动

(23) 家庭外出

(24) 家庭沟通

(25) 其他家庭活动

小计

四、休闲活动

(26) 听广播与音乐

(27) 看电视

(28) 休闲阅读

(29) 嗜好

(30) 观看比赛

(31) 运动

(32) 休闲旅游

(33) 聚会与社交

(34) 其他休闲活动

(35) 其他活动

小计

时间统计(小时)

表二：一星期时间日志与简略分析表时间 周一 周二 周三 周四 周五 周六 周日 活动标号 时间小计

7:00(1) 上班

7:30(2) 开会

8:00(3) 打电话

8:30(4) 阅读文件、整理通信

9:00(5) 帮助下属

9:30(6) 接待宾客

10:00(7) 向上级汇报

10:30(8) 公务出差

11:00(9) 拜访客户

11:30(10) 其他工作上的活动

12:00(11) 整理仪容

12:30(12) 饮食

13:00(13) 睡觉

13:30(14) 煮饭

14:00(15) 洗熨衣服

14:30(16) 打扫房屋

15:00(17) 杂务与家事

15:30(18) 卖杂物

16:00(19) 其他的逛街活动

16:30(20) 缴款

17:00(21) 看孩子

17:30(22) 宗教活动

18:00(23) 家庭外出

18:30(24) 家庭沟通

19:00(25) 其他家庭活动

19:30(26) 听广播与音乐

20:00(27) 看电视

20:30(28) 休闲阅读

21:00(29) 嗜好

21:30(30) 观看比赛

22:00(31) 运动

22:30(32) 休闲旅游

23:00(33) 聚会与社交

23:30(34) 其他休闲活动

24:00(35) 其他活动

实施步骤

(1) 熟悉并准备一份"时间使用清单表"(如表一)。这份假设的清单是效率先生所作，效率先生，35岁，销售经理，有两个孩子，太太也是职业妇女，所以效率先生也分担了一些家务。

(2) 在表一中效率先生列出约30项每星期中的主要活动，并分成五或六类。希望你按表一的要求类似地列出公务活动、个人活动、家庭活动与休闲及其他活动等类30余项，但你的分类与活动可能与效率先生很不一样。

(3) 在列出所有活动并予以分类后，将每一活动按顺序编号，如表一。

(4) 准备一份"一星期日志与简略分析表"(如表二)，将表一中的活动对应地列在表二中。

(5) 在下周一开始的时候，请注意随时携带你的表二，每半小时在表二的适当位置记上该活动的号码。例如效率先生星期一上午7点到7点半穿衣服去上班，他就把编号11记在星期一上午7点的空格里。

(6) 该星期结束时，表二的所有空格都应该有一个号码。现在统计每一项活动出现的次数。例如效率先生在时间表上第二项活动出现了15次，即表示他花了7个半小时在工作时打电话。因此效率先生要在打电话这一栏的"时间小计"中记上7.5。依上述方法填满表二，直到"时间小计"中都有一个数目字(可能是零)。

(7) 然后把表二中的"时间小计"填到表一的"每星期实际花费时间"上。

(8) 将"每星期估计花费时间"减去"每星期实际花费时间"的余数填在表一的"上两项时间的差额"上。如果是负数，表示你花费在该活动上的时间多于你的估计；如果是正数，则正好相反。

(9) 为每项活动算出"占每星期总时间的百分比"，公式如下：

$$百分比(\%)=(每星期实际花费时间 \div 168) \times 100$$

(10) 检查数目字。"每星期实际花费时间"的总计应该等于168，而"占每星期总时间的百分比"的总计应该是100%。若有些微差异，不必担心。本项练习的目的在于显示你的时间去处，而不是一项讲精确的练习。

(11) 再把每一类所有活动的数目字相加，并分门别类制成一表，可对你如何使用时间有更明显的印象。效率先生的总结清单如表三。

表三 一星期时间总结表 时间统计

项目活动　每星期估计花费的时间(小时)　每星期实际花费的时间(小时)　上两项时间的差额(小时)　占每星期总时间的百分比(%)

公务活动小时　45　50 小时～5 小时，占 29.8%
个人活动小时　45　40 小时～5 小时，占 23.8%
家庭活动小时　32　46 小时～14 小时，占 27.4%
休闲活动小时　40　27 小时～5　12.5 小时，占 16.4%
其他活动　　　6　4.5 小时～1.5 小时，占 2.6%
时间总计　　　　168 小时～168 小时，占 100%

一旦你完成了时间使用清单，并对资料完成通晓，下一步就是应用这份信息，帮助你在未来把时间使用得更好。毫无疑问，你真的会有一些惊讶，可能它们并不全让你愉快。

现在，请你完全诚实地做下列练习。拿出几张纸、你的时间使用清单以及你写下来的目标，详细考虑后，写出你对下列问题的答案。

(1) 我如何浪费我的时间？未来有什么途径可预防或减少时间的浪费？

(2) 我如何浪费别人的时间？我浪费了谁的时间？我应如何预防不使其发生？

(3) 哪些活动我现在可以减少、不予考虑或交给别人做？

(4) 别人如何浪费我的时间？未来有没有方法减少或排除其发生？如果有的话，是什么方法？

(5) 我做的哪些事既重要又紧急？
(6) 我做的哪些事对我的目标很重要？
(7) 我是否花费时间追求那些对我很重要的事？如果没有，原因何在？如果有，是哪些事？

这些问题的答案应能提供许多使你将时间使用得更理想的构想。每6个月做一份一星期时间使用清单，也是极佳的构想，第二次做的时候就轻松多了。你知道如何做，就不会感到吃惊。在努力拟定计划与设定目标之后，你大概会发现你的时间管理技巧有了进展。

新的坏习惯在根深蒂固之前，即可迅速暴露并加以排除。如同萨缪尔·约翰生所言："习惯的束缚平常是感觉不出来的，等到发现时又已经变得难以破除了。"定期使用清单，使你有一个更好的机会打破那些束缚。

1. 如何制定计划

在我们对自己时间使用的方式和状况有了一个初步的了解后，就可以根据部门、个人的工作或生活目标来制订计划了。首先，让我们对计划的基础概念有一些认识：

计划有如下几种类型。

按广度分：战略性计划与作业性计划

应用于组织，为之设立总体目标和寻求组织在环境中地位的计划称为战略计划；而规定目标如何实现的细节的计划称为作业计划。战略计划趋向于覆盖较久的时间间隔，通常以年为单位，涉及较宽的领域和不规定具体的目标；作业计划趋向于覆盖较短的时间间隔，如月度计划、周计划、日计划，主要偏重于实现的方法。

按时间框架分：短期计划、中期计划与长期计划

短期是指一年以内的期间；长期一般超过5年以上；而中期在于两者之间。

按明确性分：具体计划与指导性计划

具体的计划具有明确规定的目标，不存在容易引起误解的问题；指导性计划只规定一些一般的方针，指出重点而不限定在特定的行动方案上。例如一个增加利润的具体计划，可能具体规定在未来6个月中，成本要降低4%，销售额增加6%；而指导性计划也许只提出未来6个月使利润增加5%～10%。显然，指导性计划具有内在的灵活性，具体计划则更具有明确性。只要将重要性和价值高的工作始终作为重点对待就可以。

2. 合理地安排时间

80/20 原理对我们的一个重要启示便是：避免将时间花在繁琐问题上，因为就算你花了 80%的时间，你也只能取得 20%的成效。所以，你应该将时间花于重要的少数问题上，因为掌握了这些重要的少数问题，你只需花 20%的时间，即可取得 80%的成效。

掌握重点可以让你的工作计划不致偏差。一旦一项工作计划成为危机时，犯错的几率就会增加。我们很容易陷入日常琐碎的事情处理中；但是有效进行时间管理的人，总是确保最关键的 20%的活动具有最高的优先级。

注意事项

(1) 事先的了解
① 所在部门的业务定位。
② 所在岗位的业务定位。
③ 上级主管的业务目标。
④ 上级主管对你的期望和要求。
⑤ 与其他相关岗位的业务接口关系。

(2) 遵循 5W2H 原则
① Why：为什么要做这项任务，对工作目标是否有支持。
② What：任务的内容和达成的目标。
③ When：在什么时间段进行。
④ Where：任务发生的地点。
⑤ Who：哪些人员参加此任务，由谁负责。
⑥ How to：用什么方法进行。
⑦ How much：需要多少成本。

(3) 设置控制点
① 在目标或任务中设置阶段性的里程碑，通过检查，可以及时发现问题，对自己难以解决的，还可以获得同事或领导的支持。比方说，我们计划在 3 天之内给六层楼的地面刷上油漆，那么第一天就要设立控制点，如果不能刷完 2 层，显然后面就要利用增加人手、提高效率等方式，才能保证任务最后的如期完成。

② 坚持工作周记和工作日记,对计划的执行情况进行总结,发现和纠正各种偏差,同时对计划进行调整和滚动。另外,还可以对前期的工作时间分配进行分析,不断改进时间管理。

第八节　如何对待别人的时间

鲁迅先生说过:时间就是生命,无缘无故地耗费别人的时间,和图财害命没什么两样。

因此,除了很好地利用自己的时间外,同样也要很好地对待别人的时间。

任何人类的组织,不论大小,都有其周而复始的节奏性、周期性;而我们作为社会或是团体组织中的一员,毫无疑问地要与周边部门或人发生必然的联系。在这种情况下,我们需要互相尊重对方的时间安排,也就是说要与别人的时间取得协作。

认清并适应组织的节奏性与周期性是成功的要素。你也许拥有全世界最伟大的广告构想,但是如果你在各公司都已经做完广告预算后才提出你的构想,你可能就不会有太好的运气,可能要等到几个月后,你的构想才会被慎重考虑,甚至可能会被一不小心扔到垃圾桶里去!

同样地,当我们需要到某一部门去参观学习,也需要提前与该部门人员进行预约,双方共同达成一个有关时间、地点、人员安排等的约定。否则,突如其来的打扰会令对方措手不及,甚至有可能将你拒之门外!

思考题

1. 时间管理的意义是什么?
2. 呼叫中心的时间管理指标有哪些?
3. 呼叫中心的时间管理特点是什么?
4. "通话时长"的时间管理指标应如何合理设置?
5. 个人时间管理应如何与集体的时间管理相适应?

第二十一章

高效执行力

我们经常看到,一个完美的计划却带来了令人失望的效果,这除了计划的不合理因素外,还有一个重要的因素就是执行力问题。

在任何一个企业中,执行力是一切工作的基本保证。因为这是任何目标得以实现的重要保证。无论是个人的执行力还是团队的执行力,都直接决定着工作目标的实现结果。

本章从执行力的关键因素、提升办法等方面对执行力进行了深度探讨。

第一节 什么是执行力

执行力是企业管理中最大的黑洞,管理学有许多的理论,告诉管理人员如何制定策略,如何进行组织变迁,如何选才、育才、留才,如何做资本预算等,可是,该如何执行这些想法,却往往被视为是理所当然,未曾有人加以探讨。作为管理者,重塑执行的观念有助于制定更健全的策略。事实上,要制定有价值的策略,管理者必须同时确认企业是否有足够的条件来执行。要明白策略原本就是为执行而拟定出来的。所以,提升企业的执行令就变得尤为重要。

到目前为止,"执行"一词一直没有一个清晰、统一的定义,"执行"在每个人心目中的理解、认识还存在着相当大的差异。在中国最早大规模地谈到"执行"问题,是在司法领域。而在经济管理学科中的"执行"一词则主要是从国外翻译、引进的概念，其对应的英文是"Execute"，他主要有如下两种含义。

第一种含义：是指完成计划，此时的"执行"是与"计划"、"目标"相对应的。

第二种含义：是指如何完成任务的学问和策略，即便是事情，都可以"执行"，甚至在某种意义上，制定计划，规划策略等都是执行的对象；制定计划，规划策略，如未能按照要求的时间、水准完成，都是执行力不强的表现。

执行力是一种纪律，是"使命必达"的团队工作态度；

执行力是一种习惯，务必把事情如期完成的工作习惯；

执行力就是竞争力，是战胜竞争对手的关键……

海尔总裁张瑞敏在比较中日两个民族的认真精神时曾说："如果让1个日本人每天擦桌子6次，日本人会不折不扣地执行，每天都会坚持擦6次；可是如果让1个中国人去做，那么他在第1天可能擦6次，第2天可能擦6次，但到了第3天，可能就会擦5次、4次、3次，到后来，就不了了之。"有鉴于此，他表示："要把每一件简单的事做好就是不简单；把每一件平凡的事做好就是不平凡。"以此来强调在执行过程中对于偏差要具有敏感性。

第二节　有效提升个人执行力

通常我们会发现具有高效个人执行力的人都具有如下特点。

一、爱岗敬业

美国通用电气公司前CEO杰克·韦尔奇说："任何一家想要靠竞争取胜的公司必须设法使每个员工爱岗敬业。"因为一个人只有爱岗敬业才有可能对公司高度认可，才能发自内心地认同公司恪守的价值观，认同公司为实现其价值观所设定的目标、流程、团队架构和管理制度，愿意主动全身心地去执行，并在这个过程中发挥自己的最大价值。

当然，真正的爱岗敬业是一个长期的过程，需要一个人持之以恒的坚持。就像我们现在从事的客户服务工作一样，既然从事了这一行业，那么就要让自己爱上这个行业，否则很难做到爱岗。作为客服行业的员工要以敬业的心态去克服执行过程中的一切困难，从而成就一番事业。

有这么一个故事，说是佛堂里的大理石地面有一天抬起头来对佛像说："我们原本来自同一块石头，可是我躺在这里，你却高高在上受人膜拜，这有些不太公平吧？"佛像说："是的，虽然我们来自深山里的同一块石头，但是你知道吗？我站在这个位置之前经受了多长时间多少次的打磨吗？而你只是经历了简单的加工啊。"

歌德曾说过："你适合站在哪里，你就应该站在哪里。"一个人最大的损失，莫过于把精力毫无意义地分散到很多方面的事情上。因为每个人的能力和精力毕竟有限，要想样样精通是很难办到的。如果你想成就一番事业，不妨在执行任务的过程中时刻牢记"敬业"二字。

二、自动自发

一个人会工作是远远不够的，除了会工作还要自动自发。所谓自动自发，不是一个口号，一个动作，而是要充分发挥主观能动性与责任心，在接受工作后应想尽一切办法把工作做好。乍一听来，这似乎只是一个普通的定义，其实它更是一种面对人生的态度。

我们生活在高速发展的现代社会，每时每刻都会遇到一些新的挑战和挫折。人的一生不可能永远一帆风顺，总会经历一些小风小浪。在这些小风小浪面前，有人退却了，开始怨天尤人；也有人在同样的环境下脱颖而出，成为强人或名人。这一切的一切，就在于一念之差。而所谓的一念之差，其实就是一种态度——面对生活，面对工作，面对人生的态度。自动自发是一种可以帮助你扫平挫折的积极向上的人生态度。

无论从事呼叫中心行业，还是从事其他任何行业，如果你是当领导者不在身边却更加卖力工作的人，那么你将会获得更多的奖赏与机会。如果你只会在别人注意时才有好的表现，那么你永远无法抵达成功的巅峰。最严格的表现标准应该是由自己设定的，而不是别人要求的。如果你对自己的期望比团队对你的期望更高，那么你就无需担心会不会失去工作。同样，如果你能达到自己设定的最高标准，那么升迁晋级也将指日可待。

三、承担责任

在这个社会中，大家必须坚守责任。因为责任是对人生义务的勇敢担当，也是对生活的积极接受，更是对自身使命的忠诚和信守。一个充满责任感、勇于承担责任的人，会因为这份承担而让生命更有分量。

作为一个人，社会在发展，所在团队也在成长，个人的职责范围也随之扩大。作为一名员工，不要总是以"这不是我分内的工作"为由来逃避责任，当工作指派给自己时，我们不妨视之为一种机遇。

在任何一个团队里，每一个员工都希望自己对于团队而言是不可或缺的。只有当员工为自己所在的团队承担责任时，他才会意识到自己在团队的执行过程中是重要的，他才会真正感觉到自己在团队里是有位置的。一个人承担的责任越多越重，证明他的价值越大。所以，你应该为自己所承担的一切责任感到自豪。证明自己的最好方式就是去承担责任，如果你能承担责任，那么祝贺你，因为你不仅向自己证明了自己存在的价值，也向团队，甚至向社会证明了你能行，你执行得很出色。

勇于承担责任，对自己而言，更多的不是压力，而是一种快乐和幸福；对团队而言，你是可以真正放心的员工。

四、随机应变

俗话说：机会是为有准备者提供的。随机应变能力往往并不表现为一时的灵感，更多的是捕捉到等待已久在瞬间出现的时机。很多人都懂得去做这方面的准备工作，为事业的发展设计了很多种"可能"，但有时由于个人和所处环境的局限性，"不可能"的因素便被忽略了，"不可能"的因素积累得多了，必然就会出现突发事件，这时就更需要理性地分析，果断地决策，快速地应对，从而化险为夷。随机应变能力是在竞争日益激烈，变化日益迅速的今天有效执行的必要条件。

五、知己知彼

狼群在狩猎时非常注重对对手特点的全面了解，以及与自身情况的对比。这使它们能够客观地分析形势，正确认识双方的强弱对比，找到正确的攻击方法。事实也确实如此,狼群以这种方法作战,几乎每战必胜,失误的几率极小。可以说,狼群的细致观察、充分了解对手特点的做法非常值得学习。如果团队的员工在执行中也能做到行动之前先全面了解任务的特点,并从自身情况出发进行对比分析,无疑会对团队找到正确的行动方案,保证任务的顺利完成有极大的帮助。所以,我们在执行过程中也应该注意对自身和对手的特点进行全面的了解,对双方的各种情况进行充分的对比分析,这样才能真正做到知己知彼、百战不殆。

六、追求创新

面对纷繁复杂、风云变幻、竞争激烈的环境,团队要想持续发展和基业常青,必须不断创新。创新意味着生存、发展和成功。善于创新,将能使执行的力度更大、速度更快、效果更好。赖利·巴熙迪说:"创新能力强的人,往往也有卓越的执行力。"面对新知识和新技术的爆炸性发展和应用,团队只有进行全面的创新和变革,才能适应新环境的发展变化。没有创新力,团队就很难提高执行力。

七、团队精神

一个人是否具有团队精神,将直接关系到执行力的强弱。只有善于合作,善于借助别人或团队整体力量的人,才能够把自己不能解决的棘手问题处理好。团结就是力量,合作才能共赢!这就是团队精神的精髓。是否善于团结共事和精诚合作,是衡量一个员工执行力水平高低的关键。

如在新中国60华诞阅兵典礼上,我们看到大阅兵时壮观、震撼的场面!这里面凝聚了多少人的汗水和智慧!这么多不同的团队在做同一件事,身为一个中国人你允许自己在这样举世瞩目的日子里犯错吗?答案是否定的,参加阅兵的每个人都有团队精神,每个人都为自己是中国人而感到骄傲与自豪!

对于一个团队而言,要想提升员工的执行力,必须要求每个员工相互协作、优势互补,强化团队精神。因为团队的整体执行力其实就是高层、中层、基层3个层级的总体执行能力和执行水平。在一个团队当中,任何一个层级的执行力水平都不足以代表团队的整体执行力,只有所有员工的平均执行力才能表明团队的整体执行力。

八、终身学习

在未来,每个人所拥有的唯一持久的竞争优势,就是是否有能力比对手学习得更快。

终身学习的人不能只限于某一个时期的学习,而应该终身都接受教育,"自我学习,自我提高"的使命要终其一生。

终身学习是通过一个不断的坚持过程来发挥人类的潜能,它激励并使人们有权利去获得他们终身所需要的全部知识、价值、技能,并在任何情况和环境面前都有信心,有创造性且高效地去完成任务。

终身学习是21是世纪最重要的概念之一,无论是用什么样的语言来形容都难以表达人们对这个概念的重视与推崇。在知识经济时代,学习必须成为人们生存的第一需要,成为人生一场永无止境的竞赛。终身学习是人们在知识经济时代的成功之本。学得愈多,愈觉察到自己的无知,因为一个人的卓越不可能是永恒的,只有不断学习,才能保证旺盛的生命力。

由于知识和信息的激增,一个人要想成为具有一定专长的人才,终身学习是唯一的途径。现代社会的飞速发展,对个人的要求越来越高,越来越苛刻。作为一名员工,要根据社会及团队对自己提出的新要求,学习专业领域里的新知识和新技能。知识经济社会是学习的社会,终身学习作为一种必备的能力,将在提高执行力方面发挥越来越重要的作用。

第三节 提升个人执行力的关键

一、先管理好自己的工作,安排好时间和日程,学会抓住重点

优秀的执行者总是围绕自己的主体业务编排月工作计划与日工作计划;他们总是能很好地区分事情的轻重缓急,并依自己的工作时间安排工作日程,我们可以根据重要且紧急——重要但不紧急——不重要但紧急——不重要不紧急分类安排,从而让真正重要的事情得到较好的处理。时间管理的课程之前大家已经上过了,相信

大家已经掌握如何管理好自己的时间，在这里就不再详细讲解。

二、学会授权

有效的管理者很明白什么事情必须自己处理，什么事情应交由下属处理，而自己只负责跟踪管理。他们从来都不轻易帮下属"做事"，他们认为，下属职责范围内的，经其本人思考和努力可以完成的工作一定要让下属自己完成，从而让自己有更多的时间去处理重要的事情，不至于因自己工作的延误而耽误部门、下属、同事、领导的工作，不至于使整个部门的工作陷入瘫痪状态。

拿破仑有一句名言，叫做"替才能开路"。这样的思想使得众多人才云集在他的麾下，成就了他的丰功伟业。他懂得授权他人，他的用人观念是：给属下造势，让他们发挥能量，成为真正的英雄。在他看来，给下属一些权力，就会得到回报，他们承担的责任越多，就会越早的展翅飞翔。可以说，适当的授权是成功的一半，一个事无巨细都要亲自过问而不懂得授权的管理者，永远也不会有大的建树。在我们呼叫中心，作为一名经理或主管，适当的时间，适当的工作也需要授权给员工跟进，在后面的章节中，我们一起探讨如何授权。

三、提高决策效率

有效的管理者会要求所有报告与报表文件都简洁明了，清楚准确，生动形象。有效的管理者善于利用会议与工作报告来了解情况、布置工作，并且从来不开无效会议或无效报告。开会前，他们会做好充分准备；开会时，他们能控制会议时间、进程、气氛，他们能得出结论：什么问题，怎么解决，由谁负责，什么时候完成；会后，他们会进行跟踪，要求及时回馈执行情况。

四、设计程序清单

有效的管理者会针对重复性的、规律性的工作设计一份程序清单，当再次做这件事时，则拿出清单"按部就班"，从而提高工作效率。例如：早会内容、质检报告、投诉报告、培训课程表、招聘时的事项清单以及现场巡查时的检查清单等。

五、管理好自己的下属

首先，是给每一个人一个合适的岗位，明确相关的工作内容或任务，这就是每个人必须清楚自己的岗位职责；同时，作为管理者必须清楚告知工作所要求的目标效果；不然就是在分配任何一项工作时都要求人、要费用。那么，怎样才能让下属自动自发的按照工作部署做好自己分内的事情呢？这里要强调的就是责任心的培养问题。

责任心是做好工作的第一要素，比任何能力都重要。因为有责任心的人工作会很努力、很认真、很仔细，这样就可以确保工作少出错；因为有责任心的人有团队纪律性，能够顾全大局，能够相互配合把工作做好，减少矛盾；因为有责任心的人能够在执行任务前做好周密计划与充分准备，从而把任务完成得井井有条；因为有责任心的人为人可靠，能够说到做到，有始有终，承诺过的事情就一定会负责到底，值得信赖。

其次，对员工进行适当的控制是必要的。在中国，信任往往意味着失控。我们应把信任与监控放在一起来看待，两者是同时并存的；如果把信任与监控割裂开来，两者都不长久，最终无法把管理工作做好。

通常可以运用以下几种方法来控制下属的作为。

工作计划：督促下属制定工作计划，目标清楚了，下属去做了。在工作计划表中，员工需要说明他在那天需要完成什么工作，在什么时间会有阶段性或突破性的工作成果。记住，工作计划的制定应该是由下属来完成的，而不是管理者来为下属制定的。这样，不管下属的工作态度和责任心如何？总会去思考如何完成这项工作，并会不知不觉将一些重要的时间点和相应需要达成的阶段性成果放在脑子里面，而作为管理者，你也会很清楚知道在什么时间你会得到什么阶段性成果，不至于全部依赖于下属的自觉性。

报告与反馈制度：可分为例行(周期性的、定时的)报告与意外报告，让你随时可以掌握工作的进展状况。

定期检查：定期检查工作的进展情况，一是发现问题与解决问题，二是指导工作并鼓舞士气，同时，还可以顺带布置工作。

听起来这是一项简单的工作，对下属工作的检查，管理人员的行为一般有以下两种。

第一种：管理者对布置的工作忘了检查，或者超过了对下属规定的完成时间后很久才想起检查。这就会造成下属在今后的工作中存在侥幸心理，认为领导在布置工作任务时说的很严重，但实际上也没有什么，做不做他也不管。那么作为领导就不要期望下一次的执行力了。所以这种方式绝对不可取。

第二种：管理者检查了工作，也是在要求的任务完成时间检查的，但是下属由于各种原因还是没有完成，这时候管理者只能够将下属批评一顿，重新约定一个新的完成时间。执行力还是没有得到体现。所以真正有效的管理者会不仅仅关注与工作结果的检查，而且会关注对任务执行过程中，根据下属的工作计划在一些关键的时间点或在计划执行的过程中检查。这样你就能够随时掌握工作的进展，在事情还没有变得不可收拾的时候进行调整，下属也会时时刻刻带着执行的压力工作，结果当然也不会偏离你的期望，执行力也就体现了。

工作评估：一是把你对下属前一阶段工作状况的分析与评估反馈给下属，并提出改进要求；二是提出下一阶段的期望；三是倾听下属的想法、期望、要求、建议，并提供必要的协助与支持。这个工作很重要，例如我们每个月的绩效面谈，员工自评也是草草一句话，什么"继续努力"，"谢谢"，"下个月会认真工作"……员工这样写，也许不是自己真实的表现，但是在实际工作中，有的主管认为每个月都给员工写绩效评语是一件很繁琐的事情，也认为没什么可写，我看过主管这样的评语"继续努力！"，"有进步！"，"注意考勤！"等等简单的几个字。有的甚至一个字都没有，拿给员工看完签个字就算了，连谈话都省了。有关工作评估的谈话，之前在员工辅导能力的课程中已经讲过，这里不再多讲。

制度规范：通过制定劳动纪律、工作规范来控制下属的行为。我们呼叫中心已经有一套很严谨的管理制度，但在实际执行中前台都比中台执行得好。具体原因值得好好研究一下。

工作会议：总结以前的工作，布置以后的工作，听取下属的意见、想法、要求等。

六、及时行动，绝不拖延

我们正处于一个讲究效率的时代，在风云变幻的现代社会中，存在着很多不确定因素，稍有迟疑，就可能使原来非常杰出的构想在片刻之间变得一文不值。因此，我们必须及时行动，绝不拖延。什么事一旦决定，马上付诸行动是他们共同的特点，

"现在就干，马上行动"是很多成功执行者的口头禅。

而与"马上行动"相对应的则是"拖延"。大多数人或多或少地存在着拖延的习惯。其实拖延的背后是人的惰性在作怪，而借口是对惰性的纵容。人们都有这样的经历，清晨的闹钟将你从睡梦中惊醒，想着该起床上班了，同时动感受着被窝的温暖，一边不断地对自己说该起床了，一边心里却不断地给自己找借口"再躺一会儿"，于是又躺了5分钟，甚至10分钟……

做事拖延的人绝不是称职的执行者。如果你存心拖延、逃避，你就能找出很多借口来辩解为什么事情不可能完成或做不了，而为什么事情该做的理由却少之又少。因为一个人把"事情太困难，太花时间"的种种借口合理化，要比相信"只要我够努力，够聪明，就能完成任何事"容易得多。

如果你发现自己经常为了没做某些事而制造借口，或是想出千百个理由来为没能如期实现计划而辩解，那么现在正是该面对现实好好检讨的时候了。

一位勤奋的艺术家为了不让任何一个想法溜掉，当他产生新的灵感时，会立即把它记下来，比如记在纸上，或者是衣服上——即使在深夜，他也会这样做。因为如果这个艺术家一定要等回到了画室，展开了画布，调好了颜料之后才开始构思，那么无论他再怎么苦苦思索也无济于事。因此，一个优秀的执行者应具有马上行动的习惯，就像这位艺术家，随时记录自己的灵感一样自然。

七、关注细节，追求卓越

贝聿铭是一位著名的华裔建筑师，他认为自己设计最失败的一件作品就是北京香山宾馆。他在这座宾馆建成后一直没有去看过。

实际上，在香山宾馆的建筑设计中，贝聿铭对宾馆里里外外每条水流的流向、大小、弯曲程度都有精确的规划，对每块石头的重量、体积的选择以及什么样的石头叠放在何处最合适等等有周详的安排，对宾馆中不同类型鲜花的数量、摆放位置，随季节、天气变化需要调整不同颜色的鲜花等等都有明确的说明，可谓匠心独具。

但是，工人们在建筑施工的时候却对这些"细节"毫不在乎，根本没有意识到正是这些"细节"方能体现出建筑大师的独到之处，随意"创新"，改变水流的线路和大小，搬运石头不分轻重，在不经意间"调整"了石头的重量甚至形状，石头的摆放位置也是随随便便。看到自己的精心设计被无端演化成这个样子，难怪贝聿铭要痛心疾首了。因此，香山宾馆的失败不能归咎于贝聿铭，而在于执行过程中工作们对细节的忽视。

可见，一个计划的成败不仅仅取决于设计，更在于执行。如果执行得不好，那么再好的设计也只能是纸上蓝图。唯有执行得好，才能完美地体现设计的精妙，而执行过程中最重要的就在于细节。

而在我们呼叫中心，所有的操作步骤都有表中动作，每个动作执行是否到位，从我们的质检和投诉报告中均能体现出。既然操作步骤是经过大家通过上千遍甚至上万遍操作得出的最佳操作步骤，你不执行或执行不到位，将使公司遭受损失，更能体现你是否是一个关注细节的人。

因此成功的管理者必不可少的一个素质，就是他们能够针对具体环境巧妙设计出解决问题方案的细节，这些细节体现着他们处理问题的原创性和想象力，因为也是这个时代最稀缺、最宝贵的东西。他们强调执行的细节，追求卓越。

第四节　怎样提升下属的执行力

一、让合适的人做合适的事

有效发挥人才的价值，让合适的人做合适的事，是提高下属执行力的重要途径之一。三国时期的诸葛亮在隐居时曾经写过一本兵书《将苑》。这本书的大意是说，出兵作战的时候，应该根据士兵的不同特长把他们安排在不同的岗位上。有的士兵骁勇善战，善于冲锋陷阵，把他们编到一组中，称为报国之士；有的士兵气势如虹、余勇可贾，把他们编到一组中，自然数为突阵之士；有的士兵步伐轻盈、身手敏捷，把他们编到一组中，称为搴阵之士……不同的将领和士兵有不同的特长，一位帅才应该懂得用人之长、避人之短，把他们安排到最合适的位置上，将人才的最大价值发挥出来。让合适的人做合适的事，才能提升他们的执行力，否则就很难达到目的。我们知道，执行力是有界限的，某人在某方面表现很好并不表明他也胜任另一工作。比如，一个 IT 工程师在开发系统方面很有成就，但他并不适合当一名推销员。反之，一名成功的推销员在产品促销上可能很有一套，但他对于如何开发系统却一窍不通。所以，领导者在用人时应考虑其执行力是否与职位的要求相匹配，因为只有选择适合职位要求的人才能为团队创造价值。要想提升下属的执行力，最关键的一点是找到合适的人，并发挥其潜能。柯林斯在《从优秀到卓越》中特别提到要找"训练有素"的人，要将合适的人请上车，不合适的人请下车。实际上，让合适的人做合适的事，远比制定一项新的战略更为重要。这一法则适合于任何一个团队。执行的过程就等于下一盘棋，要尽量发挥人才的优势和潜力，找到最合适的人，并把他们放在最合适的位置上，把任务向他们交代清楚，就可以做到最好。

二、坚持不懈地激发员工内在的潜力

世界上最容易的事是坚持，最难的事也是坚持。对于领导者而言，能否坚持不懈地激发员工内在的潜力，是界定其成功与失败的分水岭。

美国"旅馆大王"希尔顿的理念是微笑服务。希尔顿要求他的员工不论如何辛苦都必须对顾客保持微笑。"你今天对顾客微笑了吗？"——希尔顿的座右铭。在50多年中，希尔顿周游世界，巡视各分店，每到一处同员工说得最多的就是这句话。即使在美国经济萧条时期，许多旅馆倒闭了，希尔顿饭店在同样难逃噩运的情况下，他还是信心坚定地飞赴各地，鼓舞员工重振旗鼓，共渡难关。即便是借债度日，他仍然要求员对"对顾客微笑"。在最困难的时期，他向员工再三强调："万万不可把心中的愁云摆在脸上，无论遭到什么困难，希尔顿的服务人员脸上的微笑永远属于顾客！"

他的信条在希尔顿饭店得到贯彻落实，希尔顿的服务人员始终以其美好的微笑感动着客人。很快，希尔顿饭店就走出低谷，进入经营的黄金时期，并增添了许多一流设备。当再一次巡视时，希尔顿问他的员工们："你们认为还需要添置什么？"员工们回答不上来。希尔顿笑着说："还要有一流的微笑！如果我是一个旅客，我宁愿住那种虽然设施差一些，却处处可以见到微笑的饭店，也不会住只有一流设备，没有一流服务的饭店。"

微笑给希尔顿饭店带来了巨大的成功，不仅使希尔顿饭店率先渡过难关，而且发展成为当今全球规模最大的饭店集团之一。

任何事情，只要领导者坚持下去，就会得到回报。执行力也是如此，只要领导者坚持了，也就有了执行力。执行在于一以贯之，常抓不懈。在执行过程中，遇见一个困难解决一个困难，坚定决心，坚持不懈地做下去，最终总能到达目的地。

关于这一点，可以拿我们日常工作的一个案例跟大家一起探讨与思考：从2007年4月开始，每个业务组每个月都有一笔激励费用，最开始的时候每个业务组对待月度竞赛活动都很认真执行，绞尽脑汁去设计新颖的竞赛方案，做竞赛活动的宣讲，精心设计与制作现场板报，及时公布竞赛数据等工作，最开始的一年无论是经理、主管、顾问，大家的参与度都非常高，但时间长了，大家把这件事慢慢变成了一个例行公事，不再像以前费心思地去设计竞赛方案，激励费用是花了，是否每个月达到最初的效果呢？值得各位深思！

三、向下属授权

为什么要授权？

"授权"的含义相信大家都知道，但为什么要授权呢？

在一个企业中，团队结构有集权式和分权式两种。在进行决策性工作时，要采取集权式；而在执行决策时，则要采取分权式，即进行授权。在授权理论中有一个SBU策略，即Strategic Business Unit(战略性业务单元)，具体说，就是让各个部门变成一个战略性业务单位，在权限范围内可充分授权，在可以承担风险的范围内可以自主做决定，每个人、每个部门都是一个SBU，从而提高企业的绩效。

1. 有效授权的好处

有效授权可以增强执行力，提高团队绩效。好处有：

(1) 有利于时间管理
(2) 利用专业能力分工合作
(3) 激励团队成长
(4) 培养团队人才
(5) 提高领导和管理技巧

2. 未进行有效授权或授权过度的危害

反之，如果未进行有效授权，领导人或主管就要耗费时间去管制下属，这样会影响自己的工作,会造成时间和资源的浪费;没有充分运用人才的专业知识和技能,以致团队不能发挥最大功效;团队及其成员未获得权限去做其有能力承担的任务,会失去干劲,减弱执行力。

过度授权,过度细分工作会使得个人的工作变得单一机械化,限制了员工的积极性、主动性和创造力;每个人只关注自己的工作,不关心别人的工作,造成必须由第三者介入协助沟通而使工作变得更复杂;每个人都只是企业流程中的零件,不了解整体运作,造成没有人为最后结果负责,形成本位主义,容易引起冲突,无法形成优质团队。

3. 四种典型授权模式

四种典型的授权模式分别是操控型、教练型、顾问型、协调型。这个可以结合我们前面讲过的情景领导力类型。

(1) 操控型

操控型的特点是一切进展都要由自己来主导,不说明理由而只是下达命令,严密管制工作的进程,对于每个细节被授权者都不能做决定,被授权者没有自由决策的空间。操控型的缺陷在于容易打击士气,让下属觉得自己缺乏能力和自主性。

(2) 教练型

教练型的领导人会严密管制工作的进行,但不会详细指导被授权者应该怎么做。教练型所侧重的是清楚地说明所交付的任务,逐步引导被授权者去完成,当有必要时,会主动提供建议和支援。就像一场球赛,教练让球员上场去比赛,自己在旁边看他们表现的如何,如果局面不利,就会叫暂停,然后给球员指导比赛策略,但是具体的打法必须由队员自己去运作。

(3) 顾问型

顾问型的领导人给予下属更多的主动权,交付任务的时候只做大致的描述,会征询下属的意见和观点。顾问型领导人会提供被动的支持,只要下属提出要求,一般都会获得帮助和支援。

(4) 协调型

协调型的领导人只提供被授权者原则上的指示,全权委托下属自行决定工作如何进展。协调型领导会针对工作执行者的能力提供对应的权限,你具备多少能力,就赋予你多少职权,所以被授权者通常不会寻求协助,而是全部自行决定,只有在需要的时候，才做协调工作。

以上四种模式各自具有自己的优点和缺陷，需根据工作性质和授权对象确定选用哪一种模式。

4. 授权的技巧

(1) 选择适当的授权方式

在确定授权模式之前，应先确认问题是什么，界定工作内容，然后分析造成问题的原因，思考不同的执行方法，接下来尽可能收集与授权决策相关的资料，最后思考所有可能的选择，从中找到最好的授权方法。应当授权的工作首先是那些日常及琐碎的工作；有时候团队成员的专业知识和技术虽然不如部门主管，但是在他能够胜任的范围，还是应该把工作分配出去；对于那些有助于提升员工的专业知识、技能以及具有挑战性的工作也应该授权。

不应当授权的工作包括：超出员工的能力、经验和知识范围的工作；一定要借助领导人或部门主管的职权和经验才能完成的工作；只有领导人或主管才能建立、维系和发展的工作，比如业务规划、教育培训等。表 21-1 为授权模式选择表。

表 21-1 授权模式选择表

级 别	判 断 标 准	采取的授权模式
新手	低专业知识，高工作意愿	操控型
初级手	中等专业知识，工作意愿不确定	教练型
中级手	高专业知识，中等工作意愿	顾问型
熟手	高专业知识，高工作意愿	协调型

需要强调的是，对于复杂工作的授权，一定要设定彼此认同的目标。因为工作复杂度高，执行会比较困难，只有双方都认同，被授权者愿意接受，才能授权。主管要向被授权者做简报和演示，让他充分了解工作内容，和他一起商讨工作如何开展，如何进行，并不时地激励他。

(2) 设定团队的目标

在设定团队目标时，首先要确定把哪些工作分配给哪些人，然后帮助他们制定明确的目标。如果目标不明确，执行就容易出现偏差，员工就无法如期完成任务。最后要赋予动机，让员工了解任务的重要性，愿意主动积极地去工作。

设定目标要注意的事项：

① 目标明确，让被授权者知道该做什么事
② 目标必须得到被授权者的认同
③ 目标具有挑战性，但是能够完成
④ 目标和团队的整体策略相一致

在授权的时候，员工可能会提出各种问题，包括工作中可以获得哪些资源？预算是多少？多少人参加？有哪些权限？在权限范围内是否可以自主决定？任务完成的工作期限？如何进行沟通和反馈？如果出现问题，是否可以寻求支持？有什么奖惩措施？等等。对于这些问题，领导人或主管必须给予准确的回答。通过回答，让被授权者充分了解授权的背景、目标、大方向、小阶段、执行方案、时间期限以及其他相关问题。

5. 进行管制工作

在授权之后，主管必须对授权工作进行管制，定期召开会议讨论工作进度，实行目标管理；定期沟通工作表现，实行绩效管理；并且最好运用具体的统计数据进行考核，用达标率等数据来刺激被授权者，激励他改善工作，更好地发挥执行力。

(1) 善用表扬和批评的技巧

在管制过程中，主管应该善用表扬和批评的技巧。当被授权人表现出色，取得成绩和进步时，领导人要及时对其进行表扬，鼓励他再接再厉，保持前进的步伐；当被授权人出现失误，或者工作进度落后时，要及时对其进行批评，指出错误所在，帮助他改正。

需要提醒的是，不管是表扬还是批评，都必须详细化、具体化。在表扬员工的时候，不能简单地说"你做得好"，而要说明哪些事情做得好，怎么好，对个人有什么意义，对团队有什么影响，怎样继续保持等等；在批评的时候，重点要放在寻找失误的原因是什么，有哪些部分做的不足，怎样才能改进工作，咨询他需要什么帮助，并且要用激励来代替责备，鼓励他相信自己能够做得更好。

(2) 回应员工表现

部门主管应该积极鼓励员工汇报，建立便利的沟通渠道，方便员工汇报。在员工汇报的时候，要运用积极倾听的技巧，多听少说，以便于尽量多地了解情况和问题，并且要对所听到的问题做出及时回应，同时提醒员工在接下来的工作中可能会出现的问题，让他们提前做好准备。

建立主动汇报的团队文化，经常做双向简报，能够保持团队有充分的沟通，帮助部门主管得到更多有关工作状况的信息，获知更多更准确的品质资料，查证员工是否遵循了既定的指示，了解他们遇到了什么困难，需要什么支援，并且对执行工作的员工有更深刻的认识和了解。

(3) 工作检讨

工作检讨是管制工作中的一个重要步骤，通过工作检讨进行自我检查，自我批评，自我改正，能够有效地提高执行力。

工作检讨技巧：

① 召开讨论会

② 由员工自行提出工作检讨

③ 主管指导改善技巧

④ 必要时提供协助

6. 哪些应该授权

(1) 授权那些经常性的，必须要做的工作

作为领导者，有些工作你已经做了很多遍，并且是团队里的主要工作，你对它们了如指掌，知道这些工作关键所在以及具体的操作细节，它们是最容易授权的工作。因为你很熟悉它们，所以能很容易地解释清楚，尽管把它们委托给下属去做。

【实战演练一】

以下四位员工都是同一部门的同事，李主管要针对一些工作对他们授权，下面是这四个员工的基本情况，请你帮助该主管决定分别对他们采用哪种授权模式。

张淑萍：部门的元老级员工，专业技能强，也很积极

黄晓华：刚进入部门，经验不足，但是工作很努力

李　智：专业知识深厚，但是做事不是很主动

江　峰：进入部门有一段时间了，技术还可以，但是工作状态时好时坏

作为管理者，你首要的职责是给予你的团队成员良好的发展机会，达到这一目标的最好方法是将恰当的任务分配给恰当的人。你清楚你的工作，也了解某些任务能使团队成员获得进步，那么，你应该给予他们发展的机会。

某位营销部主管被要求每个月就本部门当前的工作情况作20分钟的汇报。他这样做了两年，这使得他有机会和董事们见面，因此他乐意这么做。他同时也意识到他所在的部门中有人会从这样的汇报中受益。当他与下属们谈到可能授权其他下属去作这个汇报时，他发现有几个人十分希望在董事们面前汇报工作。

接下来的6个月，作为一个试验，他让自己的下属去作每月的汇报，结果让他非常满意。董事长表扬他，说他的下属们表现很好，并对他主动授权让别人来汇报表示欣赏。下属们也珍惜这个机会，并且在汇报技巧方面表现出惊人的进步。

(2) 授权专业性强的事情

你会在法庭上做自己的辩护人吗？不大可能，除非你碰巧是个律师；你会给家人做手术吗？不大可能，除非你碰巧是个医生。你会寻找这一领域最专业的人来做，在团队里也是同样的道理，领导者必须发挥下属的专长。要让你的需要与下属的技能相适应，利用他们的才能，你可以将精力花在更有效的方面。

【实战演练二】

有四组题目，请每个组派一位同事上来抽题。
以组为单位判断以下哪些事情是可以授权，哪些事情不可以授权？为什么？
第一组：质量改进提升，团队文化建设，上司亲自交代你跟进的一项工作。
第二组：早会编写，开会时向领导汇报某项工作进度，团队业绩统计与分析。
第三组：话务预测与排班，月竞赛活动方案，市场活动具体执行情况反馈。
第四组：员工督导或辅导，系统优化方案，业务技能培训。

什么该授权，什么不该授权，在什么时候授权，应在实际工作中灵活掌握。你必须具体情况具体解决。有些任务你应当授权，但遇到特殊的情况可能需要你自己去完成。例如：你可能有一项常规性工作非常适合授权，但是，你如果授权的话，有可能工作不能按时完成，那么只有你亲自去做。同时，做事情也不要太小心翼翼，如果利弊似乎相当，那就大胆地授权，并监控其发展进程。如果你有些担心，你就自己多参与一点，但是不要停止授权。在小心地避开授权禁区的前提下，多寻找授权的机会。

7. 培养有执行力的下属

通用电气公司前CEO杰克·韦尔奇说："我们所能做的事就是以我们所挑选的

人打赌。因此,我的全部工作就是挑准人。"他不是在开玩笑,杰克·韦尔奇曾亲自与谋求通用电气公司 500 个最高职位的人进行了面谈。在全球最受赞赏的公司的主管中,能做到这一步的可以说几乎没有第二人。

一个优秀的领导者,应该根据员工的不同特点有计划地培养其执行力,把团队战略落实到每个员工的执行过程中去。在目标管理的培训辅导中,经常会提到"3个石匠的寓言"来帮助学员理解什么是目标,什么是目标管理。这个寓言是这样的:

有个人经过一个建筑工地,问这里的 3 个石匠在干什么？3 个石匠有 3 种不同的回答。

第一个石匠回答:"我在做养家糊口的事,混口饭吃。"

第二个石匠回答:"我在做最棒的石匠工作。"

第三个石匠回答:"我正在盖一座教堂。"

如果我们用"自我期望"、"自我启发"和"自我发展"3 个指标来衡量这 3 个石匠,就会发现第一个石匠的"自我期望"太低,在职场上,此人缺乏"自我启发"的自觉和"自我发展"的动力。第二个石匠的"自我期望"又过高,在团队中,此人一定是个特立独行、"笑傲江湖"式的人物。只有第三个石匠的目标才真正与团队追求的目标高度吻合,他的"自我启发"意愿与"自我发展"行为才会与团队追求的目标形成合力。

优秀的领导者应该清楚地知道他们需要什么样的人才。例如,联邦快递公司看重的是"敢于冒险的精神和坚持信念的勇气",宝洁公司的方针则是聘用优秀的年轻人,然后在长期的工作中加以培养。

企业的运行过程也是人才优化组合的过程,要知人善任,尽量从内部提拔人才,培养有执行力的下属。

第五节 提升团队执行力的主要方法

- 提升员工士气
- 重视执行中的创造性
- 高效执行,拒绝借口

第四篇 技能篇

一、提升团队执行力的重点

1. 加强团队成员之间的沟通

(1) 在执行中做到互动沟通

(2) 锻炼自己搜集信息的能力

(3) 学会有效聆听他人的意见

2. 坚持团队合作的六项原则

(1) 平等友善

(2) 善于交流

(3) 谦虚谨慎

(4) 化解矛盾

(5) 接受批评

(6) 创造能力

3. 让大家分享团队业绩

在团队发展艰难的时候，员工们往往众志成城，团结一心，共渡难关，可是在取得了一定成绩以后，原本团结的局面却往往出现裂痕，这种可以同患难却不能同富贵的现象，几乎困扰着每一个团队，是什么原因呢？

很多人把责任归咎于团队成员的素质差，嫉妒心太重，其实不然，其真正的原因就是团队里出现了几个霸占团队成果却不肯与他人分享的员工。

分享才能避免劳而无功，独占容易引起纷争，分享才能共利，在团队里，任何的成功都是群体团结劳动的结果，仅仅靠一个人是不可能成功的。

真正优秀的员工，当领导者宣布他被提升或者受到奖励的时候，往往表现得比较谦虚，在享受荣誉的时候，他绝不会忘了感谢那些和自己一起努力或者曾经帮助过他的团队成员，让所有曾经参与的团队成员都分享这一荣誉和喜悦。这样的员工，同事们往往都乐于看到他获得成功，当他获得成功的时候往往得到的是赞许和掌声。而且大家以后会更努力地团结在他周围，努力去争取更大的成功——因为每个团队成员都知道，不管取得多大的成功，他都不会忘记曾经帮助过他的团队成员。

而另外一些员工，获得奖励的同时，眼睛就从正常的位置挪到头顶上去，仿佛他已经超越了同事们，高人一等，连说话都高傲起来。这样的员工，把自己与团体分开来。对于这样的员工，谁还愿意在以后帮助他呢？

所以，只有让每个团队成员都能分享到团队的业绩，才能在以后的执行过程中，做到互相协调，共同进步。

4. 正确地运用团队智慧

即使在十分成功的团队里，多数团队似乎仍旧缺乏活力或团队氛围较差。其实这是因为团队的自身缺陷，团队成员相互不尊重，不愿倾听其他成员的见解，甚至彼此隐瞒所掌握的信息。这样的团队已经有名无实，成员们仅是为了开开会而聚在一起。

更多的情况下，团队活动力欠佳是因为本身设置就有问题：团队没有明确的目标，合理的指令或解决问题的工具；团队内部气氛紧张，成员连简单的谈话交流都无法进行，就更不用说交换和共享信息了。

团队智慧的低下是导致团队无法正常运行的元凶，其对团队的负面影响具体表现在以下七个方面：

(1) 目标错乱

人们由于过分注意主要目标的远期前景，在目标设定时经常失败。正确的目标设定应从整个团队为之奋斗的最终目标开始，然后在团队成员的参与下，将这一最终目标分割成为一系列相互关联，易于操作的短期目标。成功的团队总是着眼于长期目标，并着手于短期目标。因为短期目标易于实施，便于施展才能。可以长远打算，但必须着手于眼前。团队设立的目标越多，其运作的结果就越糟。尽管可以多方准备，但事物总有自己演变的规律。不断获得新知识，便会产生新的认识。因此就应该不停地修正目标，保持"时易事易"的灵活性。

(2) 决策模式不良

团队进行决策的方式本身就是最重要的决策之一。应该先了解情况，然后再大刀阔斧地行动，具体行动的实施因讨论结果不同而异。自然，正确的决策就产生出来了。

(3) 授权模糊

组织为了达到某种目的而创立了团队。组织可能会向其下属团队"授权"——

通常是很模糊的，即团队为达到既定目的可以在某种程度上采取一切必要的行动。但也可能组织没有这样授权。对此团队要么感觉手中无权，无法开展工作；要么就搞不清自己的职权到底是什么。不管怎样，这样的团队注定是要失败的。我们可以考虑用"边界管理"来替代授权。授权需要界定，不知道定义权力内容，谁将行使它，从何处开始并到何处结束，就谈不上真正的授权。边界管理是一种就一系列约束或边界进行商议并达成一致的方法。团队成员可以借此确定权力的约束或边界，并在边界内自由使用权力。而这些边界会因每个成员各自拥有的经验和专业知识不同而异。

(4) 竞争危机

竞争本质上就是一个输赢命题。胜者得利，而败者只好等到下次再翻本。竞争会对团队造成伤害，因为竞争导致团队成员之间缺乏信任，不能和平相处，无法顺利合作。另一方面，团队合作本身就是指参与各方在某些重要问题上共同努力取得成绩，并非是指个人各自行事。所以，通力合作对于团队中的每个成员都是互利互惠的。竞争者就是对手，和像家人一样的合作者不同，竞争者彼此封锁信息。合作者不仅需要互通有无，而且更需要依靠对方的经验和专业技能来实现团队的目标，进而达到自我实现。

(5) 前景不明

前景就是团队始终奋斗的远大目标，也是团队经理的目标。所以可以说，没有前景，就无所谓团队。前景来自于企业组织层面，是整个企业的指导方针。然后管理层将这项大政方针在企业各部门间具体化和细分化，让各部门认清自己在实现目标过程中担当的角色。经理和新目标之间的关系就像播种者和种子一样，经理将一个理念播种下去，然后悉心呵护并保持它在成员心目中的生命力。

(6) 不良氛围

打个比方：你不会在氨水中种花，也不可能在一氧化碳里培植健康的团队。所以如果环境氛围不利，团队也同样不能成长壮大。其实，创造一个健康、合作的氛围既不神秘，成本也不高。只需要在组织内发出一个简单明确的信号就可：压制破坏性、竞争性行为，鼓励从团体利益出发的行为。认真检查你的组织是如何运行的，是否有人隐瞒信息，不与他人分享？是否有人在他人遭遇困难时袖手旁观？在组织中，人们是否因为害怕而三缄其口？如有上述症状，那么团队合作将是治疗的特效药。

(7) 丧失信任

团队经理在满足不同人员需要时，会面对"众口难调"的困境。团队成员可能希望你扮演不同角色：父亲(母亲)式的，暴君式的，牧羊人式的，还有朋友式的。团队经理如果试图扮演所有这些角色，可能会让自己发疯。但如果一点也不在乎下属对你扮演角色的期望，同样也是很糟糕的。幸运的是，很多团队允许其经理不停地转换角色。明智的团队允许其成员之间相互制衡，这样每个成员就能够得到相应程度的动力、指导和许可。

二、执行要从领导者开始

1. 领导者是最重要的执行主体

许多领导者认为自己的任务就是制定战略，而执行属于细节事务的层次，不值得自己费神。这些领导者认为自己的责任就在于描绘远景，制定战略，至于执行是下属的事情，作为领导者只需要授权就行。这个观念是绝对错误的。相反，执行应该是领导者最重要的工作之一。

"知易难行"是大家都知道的道理。领导者制定战略之后需要自身也参与执行，因为只有在执行过程中才能够准确及时地发现能否实现战略，原战略有哪些部分应该调整。根据执行的情况随时调整战略，这样的战略才是应变环境的良方。如果领导者错把忽视执行当成必须的授权，等到发觉战略不能执行时再调整战略，可能已经为时晚矣。

关于领导者需要相当的执行力的问题，也许有人会忍不住大叫："我是领导者啊！这不是说我要事必躬亲吗？我的时间要用来筹划高瞻远瞩的战略！诸葛亮不就是事必躬亲，最后积劳成疾死于军中吗？"但就执行力而言，领导者不妨静心自问："有谁比自己更了解团队的人员、运营以及所面临的内外部环境？"只有领导者才能对以上问题有全局性的了解。

2. 领导者必须具备执行力

执行是否到位既反映出团队的整体素质，也反映出领导者的角色定位。领导者的角色不仅仅是制定战略和下达命令，更重要的是具备执行力。如果某位领导者认为从事管理工作不需要执行力，所谓执行就是下达命令后，由下属去实施的话，那么这位领导者的角色定位一定有问题。团队要培养执行力，应把工作重点放在各层领导身上。领导者的执行力能够弥补战略的不足，而完美的战略也会死在没有执行力的领导者的手中。在这个意义上，我们可以说执行力是团队管理成败的关键。为了更好地实现战略目标，我们就必须反思领导者的角色定位——领导者应该不仅仅制定战略，还应该具备相当的执行力。

3. 执行力离不开影响力

什么是影响力？作为领导者，说穿了，就是不要用条件去引诱别人，不要用权力去威吓别人，而是靠个人魅力就能真正地影响下属或其他人，这就是影响力。

如果下属不听话，领导者就处分或者给下属穿小鞋，这个不叫影响力，叫用利害关系去整人。

领导者必须具备影响力，特别是在团队中更需要如此，因为执行力需要有人去影响，如果离开领导者的影响力，那么在很多时候团队的执行力就会大打折扣。应该如何发挥领导者的影响力呢？对此，我们必须认清以下5个问题。

(1) 其实每个人都有影响力，只是大小、强弱、轻重不同。

(2) 你对每个人的影响力其实并不均等。

(3) 影响力并不是从头到尾都保持不变的强度，而是有阶段性的。刚开始也许你很有影响力，但以后就没有了；或刚开始没有，以后下属对你这个人真的了解了，你反而变得有影响力了。

(4) 影响力不外乎正面跟负面。用通俗的话来讲，就是把人带好或把人带坏。一个一天到晚不务正业的领导者，会在团队内部造成相应的懒散氛围，这就是负面的影响力。领导者非常喜欢读书，非常重视生活品质，非常重视文化氛围，团队就会受到他的影响，形成良好的风气，这就是正面的影响力。

(5) 只有正面的影响力，才会让大家的生命有价值。

如果由于你的影响，大家都变得很爱追求知识；由于你的影响，大家都开始注意创新；由于你的影响，大家的执行力越来越强大；由于你的影响，大家都注意职业道德；甚至由于你的影响，大家越来越像一家人，越来越像一个团队……那么，可以认为你是一个有正面影响力的人，否则你就是一个有负面影响力的人。

4. 执行力离不开指导力

指导力就是执行力的源头。

领导者，你要求下属所执行的战略，他们真的清楚，并且坚信吗？在执行前，你是否结合他们所在的位置,和他们一起讨论过具体执行的方法与策略?在执行中,你自己又是如何进行动态的监管,并提供及时的指导?当下属执行不力时,除了发挥职位的威慑力,来自你的建设性意见又有多少?

一个优秀的领导者,一定不能以超然的"领导者"自居,相反,他应是一个高度关注执行过程、切实指导执行方法的"指导者"。一味地抱怨下属执行力太差,只能说明你对执行的指导力太差。并且,从因果关系上来说,指导力决定执行力,指导力比执行力更重要!

现在,几乎每个团队都在学习执行力、强调执行力。在执行的过程中,不可忽视极其重要的一点也是执行力。作为领导者,如果你不能有效地指导下属,下属如何执行你的战略,整个团队的执行力如何体现?执行力的强弱不只是源自员工信念的强弱,相反,面对不同信念的员工,领导者应该施加不同方向,不同程度的指导,帮助下属寻找执行的规律、深化执行的方法、接近执行的目标。

由于信息的不对称,领导者总是比下属掌握更多的内外部资讯,这些资讯,包括来自市场,来自团队高层,来自团队内部其他支持部门的资讯。

由于职位的影响力,领导者也比下属更能发现和解决实际执行过程中存在的较大的隐性障碍,有些困难在下属看来,甚至是不可逾越的,但在领导者的指导下,就有可能轻松地予以克服。

由于事实上的上下级关系,领导者和下属之间在团队内部已经形成了事实上的"传、帮、带"关系,而这种关系,是其他部门的人,包括间接领导者,都不愿意或者很难介入的,所以作为领导者,指导下属又成了一种职责。换句话说,你不指导,谁来指导?

三、怎样做一个优秀的基层主管

1. 具有正确的观念,心态和行为

一位优秀的基层主管必然是一位高执行力的主管,而成为高执行力主管的前提条件是具有正确的观念,心态和行为。

优秀基层主管的条件:

(1) 严格自律

(2) 对事不对人

(3) 语出必行

(4) 追根究底

(5) 讲究绩效

(6) 勇于承担责任

(7) 奖惩分明

(8) 善于沟通

(9) 执行到位

(10) 具有开创性

2. 了解基层员工为什么不能发挥执行力

基层员工是企业最基本的组成要素，人数在企业中占的比重最大，是企业的主力部队，也是执行力贯彻的最终端，所有的执行文化必须落实到广大的基层员工身上，由基层员工去落实。因此，领导人必须非常重视基层员工的力量和作用，与他们多进行沟通，了解他们的想法和要求，对他们进行企业认同和企业价值的教育。

在企业中，往往存在基层员工不能发挥执行力，或者执行不到位的现象，原因有很多，其中主要的原因如表 21-2 所示。

表 21-2 基层员工不能发挥执行力的原因

不能发挥执行力的原因	具 体 表 现
员工缺乏认同感	因为对企业缺乏认同感，员工认为企业的事情与自己无关，自然不会为企业"卖命"，这种现象在国内企业中普遍存在，因此，企业一定要注重培养员工的"主人翁精神"，反复地向他们灌输以企业为家，以企业为荣，与企业共存亡、同兴衰的思想，激发员工的工作热情和责任心
员工缺乏价值观	价值观直接决定了一个人的行动，因此，要在员工中树立工作价值观和企业价值观，让员工了解企业创办的宗旨，企业的价值和追求的目标，企业对个人所具有的意义等等
执行力不佳	由于管理或者技术上的原因，往往使得一些员工不知道自己该做什么工作，或者不知道自己为什么要做这项工作，也不知道该如何来做，这些都是执行力不佳造成的后果。要避免这些不良现象，必须提高执行力

(续表)

不能发挥执行力的原因	具 体 表 现
制度混乱，奖罚不分	如果一个企业制度混乱、奖罚不分，就会造成员工努力和不努力、做得好和做得差都是一样的待遇，这样势必打击员工的工作积极性，最后形成大家吃大锅饭的局面。要改变这种状况，只有制定严格的奖罚制度，奖励先进，惩罚落后
存在员工不能超越的障碍	有时可能存在员工无法超越的一些障碍，如外界的干扰，自身的技能所限等等，这时主管应该帮助员工解决困难，给他创造一个良好的工作环境，或者针对员工的不足对其进行培训，提高员工的工作技能和知识水平

【实战演练三】

请完成下面的连线题，把员工不能发挥执行力的原因及其改进措施对应起来。

1. 员工吃大锅饭　　　　　　　a. 培养员工的"主人翁精神"
2. 员工不知道自己该做什么工作　b. 对其进行技能培训
3. 员工缺乏企业认同感　　　　　c. 制度严明，赏优罚劣
4. 员工缺乏企业价值观　　　　　d. 提高执行力
5. 存在员工不能超越的障碍　　　e. 让员工了解企业的宗旨、价值和目标

3. 正确的基层员工管理方法

发挥部门领导力。要想发挥部门领导力，需要部门主管具备以下条件。

(1) 有要求性

要求性首先是指对自己严格要求，从各方面要求自己做到最好，给团队做好表率；其次是指对下属严格要求，督促下属尽量做得更好。要求性是一个部门出色完成工作任务的保证，也是团队不断取得胜利的推进器。

(2) 有同理心

同理心是指将心比心，感同身受，部门所有成员同舟共济，命运相连，目标一致，而部门主管则应该经常从员工的角度替他们着想，通过换位思考切实了解员工。

(3) 资源共享

作为一个整体团队，应该做到资源共享，有用的资源、信息、成功经验以及取

得的成绩都应该与大家一起分享,而对于工作中的失误和损失,也应该由大家一起承担。

(4) 彼此信任

信任是人际交往的第一步,尤其是对于团队,彼此信任更是保证团队内部团结合作,共同努力的前提条件。

4. 通过期望增进领导力

通过期望能够有效地增进领导力,而且可以让下属充分发挥他的执行力,提高他们的积极性、主动性、合作性。

如何通过期望增进领导力:

(1) 观察你所期望的对象,确定目标
(2) 说出你对那个人的表现,比如最近的表现
(3) 描述你对他所做事的态度,是肯定还是否定
(4) 告诉他你对他未来的期望
(5) 让对方感受到你对他的信心
(6) 要求对方完成你赋予他的计时计量的目标

5. 适当的管制

(1) 管制的定义

简单地说,管制就是提前发现偏差,及时排除障碍,并且对事情的整个过程进行监测,防止弊端,以确保工作质量。管制的范围非常广泛,但是管制的目的都是相同的,即预防执行力不佳,提高执行力绩效。

为什么要进行管制?因为虽然制定了计划,可是每个人的理解力和想法都不一样,工作能力也不同,而且很多环境因素变化迅速,不可预测,因此只有监控计划的执行,才能随时解决执行过程发生的变化和产生的意外,对原有的计划进行修正和调整。

(2) 自我管制

管制的一个难点是如何把握管制的分寸,过多或过少的管制都不足取,对于这个难题,最好的解决办法是教导员工实施自我管制与管控。员工的自我管制是一种发挥自我支配性的自律行为,员工为了达成期望的结果,可主动设定一些管制点,进行自我管制,如果发现可能会出现的问题,则主动地去寻求解决问题的方法。

让员工自我管制，就像我国古代老子所强调的"无为而治"。在企业中形成这样一种执行力文化，员工自觉自发地去追求目标，管制自己的工作进度，约束自己的行为。当然，部门主管要发挥管制、引导和协助解决困难的作用。自我管制能克服主管管制过多或不足的困扰，是发挥管制功能的一个有效途径。

(3) 怎样进行管制

做好管制有三个步骤。

① 建立目标

有了目标才能行动，因此，第一步必然是确定明确的目标。

建立目标的要求：

a. 目标要明确、合理、可行

b. 目标要有比较好的检测标准

c. 目标要容易观察，而且是可以测量的

d. 目标要让员工参与制定

e. 目标要获得员工的认同

② 掌握执行的状况

只有做到即时管制，才能防患于未然，因此，管理者必须密切留意执行的状况，尽量做到在第一时间发现问题。

实例分享：某中心的销售项目中，由于监控不到位，没有做到及时掌握执行信息，晚了一天才想起要了解项目的执行情况，这时，项目中赠票已超额赠送多张，为企业带来了较大损失。虽然在这个过程中，无论是系统、产品设置还是流程都有很多缺陷，但在某些情况下，为了一个让项目能顺利的执行，各个岗位的管理者都必须及时掌握执行的情况，而执行者必须按照标准要求去执行，就像这个案例一样，发生的主要原因就是一线操作员工没有按照操作标准去操作，其次就是监管不及时所导致的。

③ 采取应对措施

只有针对所发现的问题及时采取解决措施，争取在第一时间解决问题，避免问题的拖延和堆积，才能保证执行力的顺利开展。

此外，管制的力度要根据工作性质而定，对于那些重复性少，有创造性，有弹性的工作，应该采取较宽松的管制，以免影响创造力的发挥；而对于那些工作性质固定，重复作业比较多的工作，则应该采取较严格的管制。

第四篇 技能篇

【实战演练四】

判断下面这些现象，哪些属于管制过多的征兆，哪些属于管制不足的征兆？请给它们分类。

1. 整个组织气氛沉闷，无精打采
2. 员工常常出现抱怨
3. 散漫、懈怠、个人主义严重
4. 工作形式化、表面化
5. 投诉、差错次数增加
6. 员工经常遮掩问题
7. 员工缺勤率增加
8. 员工缺乏创造力和主动改善的意愿
9. 延误、遗忘工作次数增加
10. 员工缺乏自主性，不敢做决定

管制就是追踪管理，有助于提高执行力。管制的方法相对来说是次要的问题，最重要的是：

(1) 明确知道通过管制要达成的目标
(2) 选择所要管制的项目
(3) 探讨如何选用最简单有效的方法

6. 快乐文化

执行本身是快乐的，虽然在执行中会遇到种种困难，种种不快，让人难受、愤怒或者悲哀，但过一段时期后回头看看你就会发现，战胜了这些困难和不快，你便拥有了巨大的快乐。快乐的执行，无疑是体现自身价值并且促使自我升华的途径之一。

一般而言，员工在执行中出现的失意和挫折感，并不是因为团队或者管理者没有给员工提供足够的空间，而是员工本人没有好好地利用自己的空间。

这时所说的执行应该包括两种：一种是外在的空间，是别人给予的，能够满足自己种种意愿的空间；另一种是自己拥有的内在空间，那才是"上帝慷慨给予的"无限的空间。无论遭遇怎样的不幸，一个员工拥有的内在空间都应该始终对自己开放着，从而为执行提供足够宽敞的"住所"，让自己在里面调整、歇息，然后自信而快乐地去面对工作中的困境。

事情的确就是这么简单：团队和管理者因我们提供的条件，其实都是我们的外在空间。如果我们不断提升自身素质，一心一意地去执行，我们的工作自然就不会拖沓，我们的工作业绩也就不会持续低迷。

"执行的难度太大，我不行"，这是典型的因执行不了而给自己找借口，也是对执行过程中遇到的挫折的消极逃避。有着这样的思想并且如此作为的人，自然不会受到快乐之神的光顾。

我们知道，这种思想产生的根源在于员工对自己即将执行的任务缺乏理智的思考，所以对其中必将遇到的挫折和压力准备不足。"紧急预案"不够周全或者根本就是一片空白，员工对不期而至的挫折和压力的承受能力自然就显得不够，快乐自然也就与执行形同陌路。其实，执行是员工工作的应有之义，执行绝不是员工工作以外的东西。

为了不至于陷入消极执行的怪圈，每一个员工应该摒弃以下这些思想：

① 执行的事务不能给自己带来足够的回报
② 执行的业绩得不到应有的肯定
③ 执行中没有自己的需要

我们应该知晓一些不证自明的真理。例如，执行的业绩让公司受益，员工本人自然也会得到应得的回报；成功的执行必将体现员工的自我价值，让员工脱颖而出；战胜执行过程中遇到的挫折和压力是优秀员工的标志；成功的执行本身就是员工最大的收获，即使团队一时没有给予员工足够的认可。

思考题

1. 如何诊断团队的执行力问题？
2. 如何提升员工的执行力？
3. 个人执行力的关键因素是什么？
4. 如何有效提升团队的执行力？
5. 个人执行力和团队执行力之间应如何互相促进？

第二十二章

沟通技巧

中国古代文献中定义：

沟：水渠

通：贯通，往来，通晓……

沟通是人与人之间，人与群体之间思想与感情的传递和反馈的过程，以求思想达成一致和感情的通畅。我们可以将沟通理解为一种信息的双向甚至多向的交流，将信息传递给对方，并期望得到对方作出反应的过程。沟通的形式和复杂程度取决于传递信息的性质，目的和传递者之间的关系。沟通的方式多种多样，有正式沟通和非正式沟通，有语言沟通和非语言沟通，有即时沟通，也有书信、短信、邮件、论坛的沟通。而沟通又包括：沟通的内容，沟通的方法和沟通的动作。就其影响力来说，沟通的内容占7%影响最小，沟通的动作占55%影响最大，沟通的方法占38%居于两者之间。

第一节 沟通的重要性

沟通在工作中就如人的血脉，在生活中也同样重要。如果沟通不畅，就如血管栓塞，其后果是可想而知的。所以要学会沟通，就一定要懂得其途径。因为它不只是语言，还包括动作、姿态、眼神、表情等等。有时一个眼神，一句我来了，抱一下肩膀，笑一笑……都会有很大的作用，让你工作开心，事业有成。

下行沟通的重要性：如果你没有和下属得到合适的沟通，那么你们的关系就不会很好，工作的开展也就不畅，同事也不会真的服你。也许他会一时尊重你的职务，可后果是他会离开，去找自己的前途。管理人要做有效的领导，沟通的能力是关键之一。

上行沟通的重要性：如果你没有和你的上司有良好的沟通，那么你的上司会对你有一种不相信的心态，就是你做好了，他也不怎么喜欢你。

平行沟通的重要性：也就是人际关系了，如果你的人际关系不好，沟通不畅，工作就不会顺心。因为没有人会和不懂沟通的人有良好的合作。

所以沟通是相当重要的。生活中没有沟通，就没有快乐人生。事业中没有沟通，就没有成功。工作中没有沟通，就没有了乐趣和机会。

研究表明，我们工作中 70% 的错误是由于不善于沟通，或者说是不善于谈话造成的。随着信息时代的到来，市场竞争的加速使沟通能力更加重要。

良好的沟通能力是构成事业基础的一个要项。能简明，有效的表达自己的意思，又能清楚的了解别人的用意，就拥有最好的机会。

——美国保德信人寿保险公司总裁 Robert Beck

沟通的目的和作用

(1) 可以增进人与人之间，人与组织之间，组织与组织之间以及个人对本身的了解和理解

(2) 可以提高管理的效能

(3) 可以获得更多的帮助和支持

(4) 可以激励员工的积极性和奉献的精神

(5) 可以使组织拥有团队的效能

(6) 可以提升个人的成功几率

第二节 沟通失败的原因

1. 沟通中的陷阱

(1) 傲慢无礼：包括评价对方，扮演或标榜自己为专家，讽刺挖苦，过分和不恰当的询问

(2) 发号施令：命令，威胁，多余的劝告

(3) 回避：模棱两可，保留信息，转移注意力

2. 沟通中的障碍

沟通中的障碍有很多，通常呼叫中心所涉及的主要集中在以下几个方面

(1) 注意力分散，一心二用

(2) 思维简单、模式化，喜欢直接跳入结论

(3) 不善于倾听，只选择想听的内容

(4) 先入为主，思想僵硬

(5) 过早的进行评价，善于猜想，存在偏见

(6) 存在听力障碍

其中最大的障碍就是思维定式，我们的父母和对我们的生活有影响力的人们以及我们的自身生活经历共同形成了我们的信仰，思维定式，心理定式以及看待世界的方式。而人与人是不同的，这些差异在沟通中就会形成障碍。认清这些障碍将有助于我们克服它们，我们可以通过询问，变化信息，调整我们的语速音量来获得理解。同时另一方面，无论外界的环境如何变化，保持一种积极向上的心态，就能控制自己的思想和行为，或许还能影响他人也这样做。

3. 沟通的基础

价值观，是有效沟通的基础。是人们的行为准则，价值观的冲突是一切矛盾的根源。每个人的价值观不同，造成了我们在沟通中的冲突。因此必须尊重他人，理解他人。

尊重：无论我们是否同意别人的观点，我们都要尊重他人，给予他人说话的权利，并且以我们的观点去理解他人，同时将我们的观点更有效的与他人交换。

理解他人的参照系统：参照系统重叠的部分越多，通过自然沟通和有意识的发展"神入"技巧，我们的沟通效果会更好。

表达真诚的小技巧

① 表达看法、建议、要求时，语速要放慢容易给人诚实的印象。说话很快则容易让人产生轻浮的印象。

② 有十足理由的观点和要求时，如能以轻声的语气说，较容易让人相信和接受。

③ 与人交谈时，上半身往前倾斜，可表现出你对交谈者和所谈事情的浓厚兴趣。

④ "星期日也无妨，随时随地听您的吩咐"这句话可使对方感觉到你的诚意。

⑤ 认真时有认真的表情，开玩笑笑时则尽量去笑，会给人良好的印象。

⑥ 与客人朋友或者同事握手时，走得比常规距离更近一些，能表现你的友好和热情。

⑦ 恪守在谈话间所订的诺言，可增强对方认为你是很诚实的印象。

⑧ 以手势配合讲话，比较容易把自己的热情传递给对方。

4. 性格模式与有效沟通

性格是指一个人表现在态度和行为方面的较稳定的心理特征。积极与消极，果断与寡断等。性格模式主宰了一个人的处事态度和行为方式。因此单一的沟通方式面对不同性格的人往往是沟通失败的主要原因。针对不同性格的人，我们要灵活运用我们的沟通方式，这样才能做到事半功倍。性格模式一般可以分为以下几类：

(1) 追求型与逃避型。人类一切的行为都是绕着追求快乐、逃避痛苦的渴求打转。例如你把手抽离点燃的火柴，乃是为了免于被灼伤；你坐观夕阳美景，乃是因白昼渐没于黑夜时的壮丽天演能带来快乐。

至于对可多种解释的行为，此种性格的分类依然适用。例如甲之所以徒步几公里，是因为爱好运动；乙也这么做，是因为极其厌恶乘车，丙之所以阅读福克纳、海明威的文章，是因为欣赏他们的文采和洞察力；而丁虽也看他们的作品，目的只是不想让别人觉得他太粗俗，但并非真有兴趣。从此四人的行为上，可以看出甲、丙二人是在追求能让他们快乐的事物，而乙、丁却是在避开会令他们痛苦的事物。

(2) 自我判定型与外界判定型。你找个人问问，看他如何得知自己表现不错。对某些人而言，他不能肯定，全看外界评语。例如主管拍拍他的背，夸他干得好，被提升了，得了一笔可观的奖金，受同事注目及赞誉等。像这类的人，就属于外界判定型的人。

对另外一些人而言，这个答案来自自我。当他们表现得不错时，自己会知道。如果你是个自我判定型的人，不管你得了多少奖，若自己不觉得它有特殊之处，任何外来的赞誉都不足以使你肯定自我。相反，即使你所做的只得到主管和同仁的些许注意，但是你认为已竭尽全力，这种肯定将远过他人的肯定。

(3) 自我意识型与顾他意识型。有些人的处事观点，着重于其中是否跟他有切身关系；另外一些人的处事观点，则着重于其中是否跟大家有切身关系。当然，不会有人偏向于这两个极端，否则如果你是前者，就是个自私自利的人；如果你是后者，往往就成为一个"烈士"。

倘使你现在正负责公司员工的招募，你会不想知道哪些应征者最合适哪些空缺吗？不久之前，有家大航空公司发现公司里 95% 的抱怨，来自 5% 的少数员工。这 5% 的人，自我意识甚强，经常只顾自己的看法，不理会他人。请问这种人是不是好员工呢？可以说是，也可以说不是。他们很可能有才华、工作卖力、为人和气，但是因为摆错了位置，所以就不能施展所长。

在服务业里，就像刚刚说的航空公司，很明显的是需要顾他意识型的员工。可是如果你想雇个编辑，很可能就得找自我意识型的人。或许你已有过许多经验，不解有些员工为何表现虽然不错，却牢骚满腹？这种情形就像一个自我意识很强的医生，虽然医术高超，可是却欠缺关怀他人的意识，做事自然不会有劲。像他这类型的人，可能在实验室工作要比治病会好得多。量才适性实在是每个企业当前最大的问题，不过若能知道每位员工处事的性格，这些问题便能迎刃而解。

(4) 配合型与拆散型。有些人在处事的观点上，着重寻求共同点，这种人归类于配合型。另外一些人在处事观点上，是着重寻求差异点，此种人归属于拆散型。当然在这两种极端之间仍然会存在许多大同小异型和大异小同型的人。前者是在许多共同点上会找出一些小差异来，而后者便会在许多差异点上找出一些小相似来。

拆散型的人在社会上居于少数，但是他们倾向于专看配合型的人所见不到的，所以实在是非常重要的。拆散型的人经常是煞风景的人；当大家都在欢乐狂潮中时，他们却会当头浇了一些冷水，浇熄大家的热情。不过他们敏锐的挑剔和分析，却是经营任何企业不可少的。

如果有份作业重复性很高的工作，你是否会找拆散型的人去做呢？我相信你不会，相反，你会去找一位配合型的人，他必然会万分高兴地待在那个职位上，除非你调动他。然而,若有一份工作是具有高度弹性及变化,你会用一位配合型的人吗?很明显地你不会。就长期观点来看,知道这种类型性格的差异,将十分有助于寻找合适的人去胜任合适的工作。

(5) 可能型与需求型。你去问一个人,为何他进入现在的公司服务,为何他买了现在的车子及现住的房子。那个人的回答很可能是需要,而不是想要。像这类型的人做事,是因为不能不做,而不是因为做了这事,会有什么机会。在他们的人生里,从没想到要主动寻求无穷可能的变化,只是随命运的安排,碰到什么算什么。例如当他们需要一份新工作、一辆新汽车或一间新房子,那么就出去碰运气了。

另外有一类型的人,是喜欢发掘可能性。他们的行为动机发自于"想去做"而不是"得去做",所以他们会寻求各种可能的方法、体验、选择,以达成追求的目标。像第一种需要型的人,注重他已知的、安全的事物;第二种可能型的人,则注重他未知的,希望能从其中找出蕴藏的机会。

5. 接听电话的技巧

(1) 记录电话内容

在与客户交谈时最好摆放一些纸和笔这样可以一边交谈一边随手将重点记录下来,交谈结束后,对记录下来的重点妥善处理或上报认真对待。

(2) 重点重复

客户打来电话订货时,他一定会说产品名称或编号,什么时间要获取。这时不仅要记录下来,还应该得利向对方复述一遍,以确定无误。

(3) 让顾客等候的处理方法

在与客户交谈前,必须准备一些报纸或其他消遣的读物。如果交谈过程中,需要对方等待,必须说:"对不起,请您稍等一下"之后要说出让他等候的理由,以免因等候而焦急。如果对方打电话催时必须向对方道歉:"对不起让您久等了。"如果让对方等待时间较长,应告之理由,并让他看看你事先准备的一些报纸或其他消遣的读物以消磨时间。

(4) 对方声音小时的处理方法

如果对方声音太小,你可以直接说:"对不起请您声音大一点好吗?我听不太清楚您讲话。"绝不能大声喊:"喂喂大声点!";要大声的是对方,不是你。

第三节　有效的沟通技巧

成功沟通有两个关键的因素：给予有用的信息和收集有用的信息。就像我们的双手，在一只手上我们想要陈述我们的观点，清晰公正有说服力。在另一只手上我们需要倾听别人的观点，这是成功沟通必须的。

1. 提问，收集正确的信息

学会从对方的角度去思考问题，是成功沟通的第一步。收集信息的主要方法有两种：发问和倾听。发问可以采取开放式问题和封闭式问题，提问的艺术在于知道什么时候提什么问题。而倾听也不仅仅是听，还必须辅以复述、理解、引导的方式来表达我们的意见。

(1) 开放式提问：通常没有固定的答案。开放式提问是收集信息的最好方式，可以帮助我们获得一些无偏见的需求，帮助我们更透彻的了解对方的感觉，动机和顾虑。会让我们有机会进入对方的内心世界从而提高沟通成功率。

开放式提问的重要性：
① 能引起对方慎重思考
② 能引发对方的内心所思
③ 能集中对方的注意力
④ 能从容的控制整个面谈过程
⑤ 能根据对方的反应推断对方的性格
⑥ 聪颖而有深度的提问能令对方尊重您
⑦ 有助于确认对方的需求

例："李先生，请问您在提高工作效率方面有哪些经验？"

(2) 封闭式提问：提问中已经给对方预设答案选择。封闭式提问通常可以简单直接的获得需要的信息，避免啰嗦，但因为带有引导性往往不能了解全部细节。

例："李先生，您喜欢吃中餐还是西餐呢？"

(3) 如何提问
① 选择有助于实现自己目标的问题，了解情况使用开放式提问，促成则用封闭式提问
② 具体问题具体发问

③ 沟通前列出所有问题
④ 控制语气
(4) 提问的几点注意事项
① 避免"多重问题"
② 运用诸如"你认为呢？你觉得如何？你的意思是……"等中性问题
③ 避免审讯
④ 多个问题之前先征询意见
(5) 五个有用的反问句
① 你认为如何？
② 你觉得怎么样？
③ 能不能请教你一个问题？
④ 你知道为什么嘛？
⑤ 不知道……

作为呼叫中心的一线主管，与下属建立有效沟通至关重要。这里我们介绍一些通用的技巧：

- 将"影响员工"列入管理目标
- 时常对员工卓越的工作表现作有意义的赞赏
- 以轻松的形式与员工交流
- 探访员工工作的地方，在工作场所与他们会面
- 以开放的心态咨询及聆听员工的意见，尝试了解员工的立场
- 与员工分享非机密的资料，并咨询他们的意见
- 停止打击员工士气的行动或项目，并借此作为一个学习机会
- 聆听占时间 80%；说话占 20%
- 向员工收取他们留传的谣言，并作跟进
- 置身于员工的岗位中，为员工提供有关的资料
- 每次管理层会议召开后，都向员工提供有关的资料
- 询问员工："我是否已将我的愿望、使命和目标清楚地列明
- 询问员工："我怎样可以帮助你的工作？"
- 询问员工："什么因素会令我们的顾客更满意或不满？"
- 赞赏于众人前；提缺点于个别中

- 找寻每位员工的优点
- 每天围绕一个主题，主动与员工交谈
- 与生疏的员工打开话匣子
- 制订每月与员工沟通的目标
- 与员工一起享用午餐，借此机会建立彼此间的信任

2. 倾听，重要的沟通手段，让聆听变为一种习惯

上天赋予我们一根舌头，却给了我们一对耳朵，所以，我们听到的话可能比我们说的话多两倍。医学研究表明，婴儿的耳朵在出生前就发挥功用了。有效的聆听是一个主动的过程，字眼提供给我们字面上的信息，而语调和肢体语言则让我们了解到说话者的情感和精神层面。

听的层次
① 听而不闻
② 虚应了事
③ 选择性地听
④ 专注地听
⑤ 设身处地地聆听

不良的倾听习惯
① 打断别人说话
② 经常改变话题
③ 抑制不住个人的观点
④ 生对方的气
⑤ 不理解对方
⑥ 贬低说话的人
⑦ 在头脑中预选完成说话人的语句
⑧ 只注意听事实而忽略了说话人的感情
⑨ 在对方还在说话的时候就想进行如何回答
⑩ 使用情绪化的言辞
⑪ 不要求对方阐明不明确之处
⑫ 显得不耐心，思想开小差

⑬ 注意力分散，假装注意力很集中
⑭ 回避眼神交流，双眉紧蹙
⑮ 神情茫然，姿势僵硬
⑯ 不停地看时间

有效倾听的九个原则
① 不要打断说话人
② 设身处地的从对方的角度思考
③ 要努力做到不发火
④ 针对听到的内容而不是说话者本人
⑤ 使用鼓励性言辞，眼神交流，赞许的点头等
⑥ 避免使用情绪性言辞，如"您应该……，绝对……，等"
⑦ 不要急于下结论，完全了解到说话者的重点后再提出反驳
⑧ 适当的提问以澄清观念
⑨ 复述，引导，确认，对说话者的用词加以确认，对接收到的信息加以确认，对说话者的语言、语调、肢体语言加以确认

3. 有效表达的重要目的：获取对方的信任

人与人在搭"心桥"之前，需先搭一座"语桥"。人性的弱点是喜欢批评别人，却不喜欢被批评，喜欢被人赞美，而不喜欢赞美别人。因此造成了人与人之间的距离。要获取他人的信任，微笑和赞美可以帮助我们事半功倍。赞美，受人欢迎的最佳方式。微笑，则是任何事情的通行证。中国有句俗话"伸手不打笑脸人"，可见微笑的功力不仅能让我们自己增加自信，还能打动对方。下面我们来谈谈如何获取对方的信任。

(1) 建立信赖感
① 永远坐在对方的右边
② 保持适度的距离
③ 保持适当的眼神交流
④ 不要打断对方说话
⑤ 不要想一会儿你要说的话
⑥ 要做记录

⑦ 重新确认
(2) 赞美的方法
① 保持微笑
② 找赞美点
③ 请教也是一种赞美
④ 间接赞美
⑤ 赞美对方的缺点
⑥ 用心去说，不用太修饰

4. 交谈，良好的开端将决定沟通的结果

中国有句谚语"鸡不会被自己的双脚绊住，人则会被自己的舌头拖累"，可见交谈是需要锻炼，是有技巧的。交谈者必须充满自信，只有充满自信的人才能充分的表达自己的想法，自信的人不随波逐流或唯唯诺诺，有自己的想法与作风，但却很少对别人吼叫、谩骂，甚至连争辩都极为罕见。他们对自己了解相当清楚，并且肯定自己。因此让我们从自信开始，迈出成功沟通的第一步。沟通，大家第一反应会想到说话，的确在沟通方面，说话是必不可少的环节，下面我们来看看交谈的种类。

交谈分为如下三种类型。

社交交谈：通过语言接触，分摊感觉，是建立社交关系的闲聊。

感性谈话：分摊内心感受，卸下心中包袱，是宣泄沟通、人际关系的润滑剂。

知性谈话：传递信息，更像一场乒乓球赛，你来我往，双向沟通。

万事开头难，因此首先要清楚我们的目的，为什么要进行沟通，要达到什么效果，如何进行这场讨论。

三种语言组织形式：界定主题，问题引导型，一问一答式。

(1) 如何叙述清楚
① 比较和比喻
② 重复叙述
③ 统计数字
④ 使用事实，并交代事实的来源
⑤ 使用视觉道具

⑥ 围绕主题，突出重点

(2) 沟通中的身体语言

① 头部的动作，从点头的态度可以看出是善意的肯定还是敷衍的应付

② 眼睛，要经常注视对方的眼睛，但最好每次不要超过3秒钟

③ 手部的动作，表示肯定的：手部放松，手掌张开，手摊开并清除桌上的障碍，抚摸下巴表示否定的；双手交叉在头部后或手指按在额头中央，不断的玩桌上的东西或者将它重新放置，在身体前边握拳头

④ 脚步的动作，相互交叠或跷起二郎腿

⑤ 清嗓子，多为紧张或不安

⑥ 吹口哨，多为虚张声势或掩饰不安

5. 契合，沟通的最高境界

据《辞海》解释，契合就是意气相合之意，我们只需要改变自己就可以达到契合，模仿对方，让自己与对方相似，成为同类。

(1) 契合的力量

① 不管我们想做什么，在这个世界上必然有人能帮助我们更快且更容易的实现

② 唯有借助契合的能力，才能把他们凝聚在我们的周围

③ 因为契合能使我们进入别人的内心世界，让别人觉得我们了解他

(2) 如何建立契合

① 善于模仿，敏锐的观察

② 反复练习模仿，利用一切机会练习，不要模仿别人的缺点或短处

③ 不要失去自我，要有弹性

思考题

1. 沟通的技巧有哪些？
2. 从沟通对象的角度来讲，沟通有哪些分类？
3. 如何做到积极有效的沟通？
4. 与客户和与员工间的沟通有哪些区别？
5. 影响沟通成效的因素有哪些？

第二十三章 报表管理

呼叫中心的很多数据统计都是以秒为单位的，从这个意义上看，呼叫中心似乎是最精细化管理的行业之一。

精细化管理中，报表的重要性就不言而喻了。通过报表，不单能看出我们工作的各方面表现，还能从中看出我们的可发扬之处和需改进之处。通过报表，我们能看出个人表现也能看出团队绩效。可以说，我们在管理中随时需要以报表为依据，报表是我们进行管理必不可少的工具之一。

从报表的类型上看，呼叫中心的报表可以涵盖呼叫中心管理的方方面面，从业绩统计、绩效统计、事件记录、销售报表等等，报表助力于我们在呼叫中心管理的每个角落。

第一节 报表的种类

报表可以从不同的维度制作。从内容方面分，可以分为人员管理报表、销售数据报表、工作事件报表等等，也可以说，内容报表就是管理维度报表。从时间方面分，报表可以分为日报表、周报表、月报表、年报表等。从使用角度分，可分为座席员报表、管理报表、客户报表等。从表现形式分，可分为数据图表、柱状图、饼形图、散点图等。

一、内容方面分类的报表

1. 运营报表

运作报表是指直接反应运营效果、表现的报表,此类报表数据基本都可从应用系统中取出。

(1) 个人工作表现报表

此报表可包括接听量、通话总时长、平均通话时长、等待时长、离席时长、小休时长、话后处理总时长、话后处理平均时长、置忙时长、分机呼叫、在线时长、工作效率等。

(2) 团队工作表现报表

此报表可包括来电量、中继线来电量、接听量、20秒接听量、放弃量、接听率、放弃率、服务水平、通话时长、话后处理时长、平均应答时长、平均放弃时长等。

2. 人员管理报表

(1) 绩效报表

绩效报表是依据各呼叫中心的绩效考核方案制定的,是一种包含了人员各方面表现的综合性报表,如表23-1所示。

表23-1 绩效考核表

月　份:　　　　　　　　　　　　　　　　　　　组　别:

姓名	质检成绩(60分)	工作纪律(10分)					工作状态(20分)								考试成绩(10分)				加分项	总分	绩效奖
							话后处理时长(10分)				工时利用率(10分)			小计	业务考试(5分)		打字考试(5分)				
		违反次数	得分	实际出勤率	得分	小计	实际值	平均值	差异(%)	得分	实际值	标准值	得分		成绩	得分	成绩	得分			

(2) 排班表

排班表是呼叫中心非常重要的管理指示工具，其直接影响到接通率、人员利用率等关键指标。排班表的内容较为简单，难的是排班模式的确定和人员数量的具体安排。尤其是人员安排与业务数量的匹配程度。具体方法可见本书的排班章节。

排班表重要的一点是，随时将业务量与排班表进行匹配性比较，及随时进行的评估和调整。

(3) 考勤表

考勤表不仅包括日考勤表，还包括休假统计、排班遵守情况、换班统计表、补休表、请假表等。

(4) 人员情况统计表

这是最基本的人员统计表，包括人员的基本统计如学历、毕业学校、专业、年龄、籍贯、入职时间等，还包括工作表现、各次考试成绩、绩效成绩等。一份详细的人员情况统计表相当于员工的档案表。在人员流失率分析、人员选拔、人员成长分析等工作中会起到非常直观的作用。

二、质检报表

1. 质检个人成绩表

作为个人工作质量的统计报表，此报表可包括每个被监听电话的编号、来电号码、通话时长、通话时间、内容简介、打分明细、得分简评等。

2. 质检团队报表

此报表主要是用来统计团队的工作质量，也可用于作为人员的表现对比。可包括致命错误数、致命错误率、非致命错误数、非致命错误率、每项评分标准的得分情况及扣分情况、典型扣分项目及原因分析等。

3. 质检申诉表

主要是用于座席员对质检评判不够满意或不够理解时的申诉报表，此报表多用于对质检员工作质量的评价方面。具体内容除包括个人质检成绩表的内容外，还需包括申诉理由，重新评价结果及理由等。

三、考试报表

1. 业务考试成绩

一些呼叫中心的基础业务知识需要座席员记忆或需要熟练掌握、深度理解、灵活性判断等情况时,需要对座席员的业务知识进行阶段性检验。此报表的内容比较简单一般包括成绩及名次即可,也可包括与标准对照结果、变化趋势及备注性说明。

2. 打字成绩

打字考试可分为看打和听打。报表比较简单,包括打字数量、正确率、得分、名次。

3. 测线成绩

测线指每月对座席员业务熟练程度的考核,以电话模拟的方式进行,适用于对新员工的考核和此业务不常出现等情况。报表一般包括测线人、测线内容、应答内容、评分、评价、存在问题及改进方式等。

4. 培训成绩

主要用于培训效果的检验。一般包括考试内容、成绩、名次等。

四、业务报表

1. 业务数据表

指各项目的业务数据,包括来电量、接听量等基本数据,还需包括订单量、成交量、成交率、成交金额等,对于销售型业务还需包括呼出电话数量、成功接听量、电话无效、关机、拒绝、预约等数量。

2. 投诉管理报表

投诉管理报表的意义在于投诉原因的分析及改进建议,所以投诉报表的内容除包括客户情况、客户级别(金卡等)、时间、缘由、处理人、处理方案、客户要求、处理结果、客户满意情况、问题分析、改进建议、具体措施等。

五、特殊事件报表

此报表主要是对日常特殊事件的记录,主要体现突发事件对于运营表现的影响。如系统瘫痪记录、系统错误记录、停电事件及其他意外事件。

1. 以时间分类的报表

从时间角度对报表进行分类是指各报表的应用频次、应用范围及性质所定。

(1) 日报表

运营类各报表、排班报表、考勤管理类的出勤报表、换班表、补休表、质检报表中的个人打分表、业务类各报表。

(2) 阶段性报表

阶段性报表包括周报表、月报表、季度报表、年度报表等,可根据团队性质、业务需要等进行制定。

2. 以使用分类的报表

从使用角度分类,是针对报表使用对象而言的。不同的报表内容不同,其适用对象也不尽相同。

(1) 座席员使用报表

是针对基层员工的报表,主要用于座席员成绩表现,以使得座席员更清晰的了解自己的工作表现及在团队中的位置等,一般都可以以日报表的形式出现,并且需放置在显眼或方便的位置,便于员工查看。绩效类、质检汇总类可以从月度形式体现。

(2) 管理报表

管理报表是为管理人员进行业务分析、管理效率分析、人员使用分析等目标制作的。尤其是一些业务报表,由于涉及销售数据等保密性信息,需严格限制使用范围。

管理报表一般包括团队表现类报表及业务报表等,但也包括一些其他报表。

① 巡场记录表

指用于现场管理的报表,这类报表一方面用于巡场人员现场记录用,另一方面也用于对现场管理的统计使用,据此作为整改或奖惩的依据。

② 沟通情况表

主要用于管理人员与员工的沟通记录，既可用于对管理人员工作的评价也可用于对员工状况的了解以设定相应的措施等。包括沟通内容、主题、时间、对象、效果、员工反馈、跟踪事项等。

③ 班会报表

班会报表可用作对班会内容的记录，避免重复工作，也可作为对员工参会情况的记录。一般包括时间、主持人、参加人、主题、问题等。

(3) 客户报表

客户报表既包括对于客户情况的统计，也包括外包呼叫中心对甲方的报表。

客户情况一般指对客户情况的分析，尤其是对于特殊客户的行为分析。如金卡客户的数量、客户重复购买情况统计、客户拒绝原因、客户建议等。也包括客户的一般资料，如老客户的数量及变化趋势、新客户的变化趋势、客户的特性分析等。

外包型呼叫中心报表内容一般需依照甲方要求而定，也可以用 PPT、Excel 等形式体现。

第二节 报表应用

报表制作的目的在于应用，从各种数据中，我们几乎可以看到一个团队运作的所有表现。所以，在报表制作完成后能够充分、正确的使用，能用其来进行有效管理才实现了报表的真正效用。

一、数据表象背后的真相

报表看起来就是数据的堆积，但数据本身并不具有实际的意义。比如，一个员工的通话时长是 2 分钟，话后处理时长是 1 分钟。单从这 2 分钟和 1 分钟来看，我们并不能直观地看到这些数据的实际意义。那么，数据的实用价值是在分析中体现的，我们看报表，更多的是要看数据所显示的问题及现象。

呼叫中心的最终价值即在于能为企业提供客户感受、意见、期望和不满。那么，报表的最终目的也在于此，通过报表，我们需要看到其中存在的问题，尤其是对于典型性问题的分析，如问题出现的原因、现象、涉及的部门等，以及由此的改进建议等。这些才是数据的最终价值。

所以，任何一个报表使用者，不应只注意报表的数据，还应看到报表的真正意义和背后所显现出来的问题，这样，才能保证报表的实际使用意义。

二、报表的适用对象

同样一张报表，对于不同的使用者，往往具有不同的意义。比如，同样的一张质检申诉表，座席员关注的是自己的申报是否被受理，结果是否能够接受。质检员关注的是自己的评判如何能被座席员接受，座席员的申诉理由，是否该更改结果等。主管关注的是，每个质检员被申诉的数量，申诉的理由是否成立等。

所以，我们在使用报表时，应确定报表的使用对象。即在制作时就应考虑到使用者的关注点和意图。一般来讲，一张报表制作不应涵盖太多的使用对象，针对不同的使用对象，最好制作不同的报表。这样，不仅可提高报表使用的效率，也可避免不必要的数据泄漏及理解有误等。

三、报表的系统使用

报表的制作目的之一是对数据进行留存，留存的目的主要是用于趋势分析及预测分析。那么，历史数据的使用和挖掘就非常重要了。我们在报表的使用时，要注意系列报表的共同分析。

从横向上看，报表的系列使用指一种报表与其他报表的同时使用和合并分析，如个人工作业绩表现与质检报表分析，可以让我们不单看到员工的业绩也能看到员工的工作质量，即量与质的综合分析才能更清楚的分析员工表现。对于同一张报表，我们也可以同时看待不同的数据项，如在看团队的接通率时也要看服务水平等。

从纵向上看，不同时期的数据表现能让我们看到走势。如员工质检成绩的提升或下降、来电量的上升或下降等。纵向数据分析，也可以起到预测功能。这在排班管理中尤为重要。

四、报表的验证分析

报表数据所显示出来的结果,有时需要我们进行验证。因为有些数据不能排除系统出错、作弊、概念定义错误等情况。

就如我们在查看客户取消订单时,往往要听取录音,因为频繁的取消订单,不能确定是客户自愿取消还是员工转移了订单。在我们查看员工登陆时长时往往需要查看员工接听电话的时间,因为有的员工将系统登陆后即转为置忙状态,而去吃早餐等。

所以,我们在使用报表时要注意报表的真实性检验。只有经过检验的报表才有分析价值,错误的报表会导致工作偏离向错误方向,害处非常大。

第三节　报表管理

报表的管理可以帮助我们提高报表的价值和制作的效率,有效对报表进行管理可以使我们的管理工作事半功倍。

一、报表制作

一般情况下,在制作报表时必须遵循如下规范。

1. 分类规范

主要是需针对不同的使用对象制作不同的报表,报表需要有较高的针对性。

2. 格式规范

在制作报表时,应确定不同报表的固定模板。模板一旦形成,不要随意改变。各类报表必须按照规定的格式和模版进行制作。需要提前根据客服中心统计报表汇总明细文档,制作出不同报表的规范模版,而今后在制作报送报表时,则必须严格按照规范模版来制作,以达到工作的标准化和规范化。

3. 内容规范

分析报表中反映的问题要明确、翔实，对问题的解决要跟踪，落实问题的处理结果，对本周期的突出事例要进行重点分析。报表内容要求客观、准确、简洁、数字准确，文字表达流畅、到位。

4. 命名规范

报表名称要按照规定统一命名，以客服中心统计报表汇总明细中的报表名称作为主名，以时间、日期为记录、检索字段作为附名。同时，命名的文字应清晰准确，即通过报表名称即能看出此类报表的使用目的及基本内容等，以提高报表使用效率。

二、报表报送

在报送报表时，必须遵循如下规范。

由于很多报表的数据具有保密性，那么报表的报送也就非常重要了。同时，明确报表的报送对象也有利于提高工作效率，尤其对于高层管理人员而言。

报表报送负责人要按照客服中心统计报表汇总明细中关于报表的统计周期、接收人和报送时间的规定，按时组织报送各类报表，不得出现延误现象。

客服中心需要提供给各部门的各类工作报表必须经过严格审阅后方能报送。审阅人一般情况下为客服中心的部门总监、经理或主管。

三、报表存档

各类报表在制作、报送完毕之后，还必须按照一定的规范归档整理，以便于后续查找。

客服中心所有的报表除报送负责人自行整理归档外，还必须按照规定的存放路径和方法统一归档保存，由网管负责对所有报表进行备份。

在制定存放的文件结构和路径时，内送报表的文件存放结构和路径为：部门—报表种类—时间—报表，外送报表的文件存放结构和路径为：报表种类—时间—报表，此举的目的是简化存放及检索的路径。

四、报表管理

客服中心所有报表的基本管理权在统计专员，即统计专员会按照客服中心统计报表汇总明细和上述的具体规定对各报表报送负责人的工作进行检查，对出现的问题上报相关人员。

五、专人管理

由于数据制作的繁杂性和专业性，一些大型呼叫中心往往需要设专职岗位进行数据管理。除了管理人员需要敏感的数字能力外，大量数据的处理、报表的生成及结果的分析应由专人来做，比如设立运营分析师的位置来负责日报、周报及月报的制作发行。大量共用性数据，如来电者的信息分析也需要这样一个专家来负责处理。

思考题

1. 如何深入挖掘每种报表的使用价值？
2. 如何将各种报表有机结合以提高效率？
3. 在制作报表时应考虑哪些因素？
4. 如何提高报表制作的效率？